> coleção = *decolonização e psicanálise* <.> volume = *ocupar a psicanálise: por uma clínica antirracista e decolonial* <

> volume = *ocupar a psicanálise: por uma clínica antirracista e decolonial* <
> coleção = *decolonização e psicanálise* <

ISBN 978-65-81097-52-3

Embora adote a maioria dos usos editoriais do âmbito brasileiro, a n-1 edições não segue necessariamente as convenções das instituições normativas, pois considera a edição um trabalho de criação que deve interagir com a pluralidade de linguagens e a especificidade de cada obra publicada.

> n-1 edições <

> coordenação editorial <.> *peter pal pelbert · ricardo muniz fernandes* <
> preparação <.> *gabriel rath kolyniak* <
> direção de arte <.> *ricardo muniz fernandes* <
> assistência editorial <.> *inês mendonça* <
> ilustração na capa <.> *thiago balbino* <
> projeto gráfico <.> *luan freitas* <

> psilacs <

> coordenação da coleção decolonização e psicanálise <.> *andréa guerra* <
> revisão <.> *rodrigo goes e lima* <
> apoio técnico <.> *fábio santos bispo* <
> realização <.> *ocupação psicanalítica* <

1ª edição | São Paulo | Abril, 2023 | n-1edicoes.org

seção 3 <.> ocupar a clínica: por uma práxis antirracista

> prefácio

<.>

david, emiliano <

O trabalho desenvolvido pelo Coletivo Ocupação Psicanalítica chega em período oportuno, afinal, a psicanálise brasileira vive um movimento flagrante de *ocupação negra*. E, por que ocupação? Esse significante exige o reconhecimento de que o campo psicanalítico já pertence aos negros(as) e precisa se ocupar das questões referentes às relações raciais. Por isso ocupar! Assim como os secundaristas que ocupam uma escola que já é deles(as) por direito, mas estão impedidos(as) (ou atalhados/as) desse exercício com liberdade.

O exigido reconhecimento daquelas(es) que sempre fizeram parte (embora minoritariamente) da psicanálise, mas são invisibilizadas(os), impõe a retirada do véu, característico da branquitude psicanalítica, que costuma deixar tudo da cor literal dos véus da cultura de suposta pureza patriarcal (a cor branca). Freud, ao chegar aos Estados Unidos da América, alertava que estava levando a peste, o avesso da pureza, devido à condição crítica, subversiva, incômoda da psicanálise; todavia, quando a demanda é racial, os(as) psicanalistas (em sua maioria) parecem ser tamponados(as) pelo bioco. Assim, ao invés de sustentar a peste, se escondem no traje de proteção pesticida.

Esse movimento de ocupação exige não apenas o importante reconhecimento de negras(os) que compuseram, com ampla participação, o início da psicanálise no Brasil, como Virgínia Leone Bicudo e Juliano Moreira, mas também o resgate dos trabalhos do final dos anos 1980 e início dos anos 1990, reeditados no Brasil, como Tornar-se negro, ou As vicissitudes da identidade do negro brasileiro em ascensão social, de Neusa Santos Souza[1], e A cor do inconsciente: significações do corpo negro, de Isildinha Baptista Nogueira[2], que foram reeditados no Brasil no último ano.

O livro que aqui se prefacia chega para compor a vasta contribuição contemporânea de psicanalistas antirracistas, na sua maioria pretas e pretos, que tem OCUPADO – sim, em caixa-alta – e transformado as formações de psicanálise, seja nos institutos/escolas ou nas disciplinas de cursos superiores e de pós-graduação em Psicologia.

A nossa presença nesses espaços tem trazido questionamentos antes nunca pensados, assinalando a ausência de professoras(es) negras(os) nos espaços de transmissão, ou mesmo

---

1 > Neusa Santos Souza, Tornar-se negro, ou As vicissitudes da identidade do negro em ascensão social. Rio de Janeiro: Zahar, 2021.

2 > Isildinha Nogueira, A cor do inconsciente: significações do corpo negro. São Paulo: Perspectiva, 2021.

a lacuna epistemológica afro-diaspórica nos cursos. No entanto, os apontamentos ultrapassam as questões concretas, estendendo-se para as dimensões transferenciais das relações raciais, sem as quais, poderíamos afirmar, não é possível realizar uma análise dentro do contexto brasileiro sem repetir as lógicas de poder que estruturam nossa sociedade. Lembro as(os) leitoras(es) de que este livro é produto do curso de extensão online Ocupar a psicanálise: reflexões para uma prática antirracista, realizado em 2021, no qual as relações raciais não foram apenas matéria, mas sim exercício afetivo coletivo, promotor de subjetividades.

Neste sentido, este trabalho ratifica que a psicanálise antirracista é fruto da experiência antirracista – uma práxis. Assim, esta obra se revela mais do que pertinente, sobretudo desafiadora, já que esse campo insiste (por vezes) em considerar a pauta racial, interseccionada à classe e ao gênero, como política identitária, promovendo dúvida em torno da necessidade do debate e dificultando o seu avanço, como sabemos acontecer em todas as instituições que não estão ativamente buscando formas de evitar a reprodução do racismo institucional.

Se raça está na edificação da sociedade brasileira e o racismo na edificação do capitalismo, por que algumas psicanálises negam manejar, clínica e conceitualmente, os possíveis efeitos psicossociais das relações raciais? Tal manejo e conceituação visa a crítica à identidade quando essa está a serviço da fixação, negando as diferenças, como nos ensinam importantes intelectuais como Lélia Gonzales, Frantz Fanon, Paul Gilroy, Beatriz Nascimento, Michael Hardt e Antonio Negri, entre outras(os). Contudo, a crítica à identidade dessas(es) autoras(es) não nega que as desigualdades psicossociais capitalísticas estão organizadas por raça, gênero e classe, marcadores que forjam não apenas a identidade daquelas(es) que seriam supostas vítimas desse sistema, mas acima de tudo, forjam um identitarismo branco, “o que queremos é libertar tanto o branco de sua brancura como o negro de sua negrura”, afirmou Fanon em Pele negra, máscaras brancas[3].

É evidente que esse processo de superação da raça não se faz negando a sua existência psicossocial, pelo contrário. A denegação e o não dito são objetos de trabalho analítico. Se o Brasil ainda sofre os efeitos do mito da democracia racial tornando o racismo uma espécie de desmentido (Verleugnung) que desautoriza a experiência do racismo sobre pessoas negras(os), a psicanálise não deve recuar (mais uma vez) diante desse fenômeno estruturante das relações raciais brasileiras.

Convidamos o identitarismo universalista branco ao divã, movimento fundamental. Assim, quem sabe a considerada “política identitária” estaria voltada para a abolição da própria identidade narcísica da branquitude.

---

3 > Frantz Fanon, *Pele negra*, máscaras *brancas*. Salvador: EDUFBA, 2008.

Se Freud erigiu a psicanálise intrinsecamente social, não há retorno frente às perspectivas que conferem à análise dimensões sociopolíticas. O que há é ocupação!

Mas por que há agora o interesse das instituições de psicanálise de ocupar-se da racialidade? O que a história nos mostrou, em outros momentos, ser o destino das aberturas que só são possíveis pela força do movimento negro? Por que é tão fácil retroceder? Quais são os jogos de poder que recuperam sempre o silenciamento, mesmo no campo que se esperaria ser o da escuta do trauma? Como a psicanálise vai elaborar seu trauma colonial? Como lidar com o desejo de onipotência que se esconde por trás do discurso do não todo?

Essas são algumas questões que esse livro (re)coloca em diálogo coletivo.

Boa leitura!

> guerra, andréa[4] • ribeiro, cristiane[5] • jorge, enrico[6] • bispo, fábio [7] • souza, marcela[8] • rosa, nayara[9] • mendonça renata[10] • penha, sonia[11] • santos, tayná[12] <.> fundamentos para uma clínica antirracista e decolonial[13] <

introdução

Pautado com incisividade nos últimos tempos globais, o racismo estrutural, compreendido como o conjunto de políticas e práticas discriminatórias que integram a organização da sociedade nos campos público e privado e implicam a segregação de determinados sujeitos[14], ainda não é um tema recorrente e clássico de trabalho no campo psicanalítico. A razão dessa decalagem histórica também é estrutural e complexa, motivo pelo qual deixaremos

---

4 > Universidade Federal de Minas Gerais.

5 > Nzinga – Coletivo de Mulheres Negras de Belo Horizonte.

6 > Universidade Federal de Minas Gerais.

7 > Universidade Federal do Espírito Santo.

8 > Secretaria de Estado de Justiça e Segurança Pública de Minas.

9 > Universidade Federal do Rio de Janeiro.

10 > Universidade Federal de Minas Gerais.

11 > Associação Vitoriana de Ensino Superior.

12 > Universidade Federal de Minas Gerais.

13 > Este artigo foi originalmente publicado no volume 23 do periódico espanhol *Quaderns de Psicologia*, tendo sido levemente modificado para esta introdução. Andréa C. G. Guerra, Cristiane S. Ribeiro, Enrico M. P. Jorge, Fábio S. Bispo, Marcela F. Souza, Nayara P. F. Rosa, Renata L. Mendonça, Sonia R. Penha e Tayná C. P. Santos, "Ocupação antirracista e decolonial do espaço psicanalítico", *Quaderns de Psicologia*, v. 23, n. 3, 2001, e1787. Disponível em: <https://doi.org/10.5565/rev/qpsicologia.1787>. Acesso em: 1º set. 2022.

14 > Cf. Silvio L. de Almeida, *Racismo Estrutural*. São Paulo: Pólen Livros, 2019, e Achille Mbembe, *Crítica da razão negra*. 2. ed. São Paulo: n-1 edições, 2013.

para discuti-la em nova ocasião. Aqui, pretendemos mapear, no campo psicanalítico, os marcadores conceituais que podem demonstrar o esquadrinhamento do fenômeno, complexificado e atualizado. O psicanalista cidadão[15] é aquele que toma partido e participa do debate democrático, construindo sua posição em interface com outros saberes, notadamente considerando o real da experiência do inconsciente como elemento ao mesmo tempo disjunto e conjunto com a realidade material. Há uma comunidade de interesses entre a psicanálise e a democracia, dado que a psicanálise se ocupa das distintas formas de segregação. Assim, tanto no debate político quanto na clínica, a prática do psicanalista é pensada, hoje, em uma linha de continuidade que toma o inconsciente como elemento para pensar a transformação das condições sociais de desigualdade. Essa perspectiva engendra novos questionamentos dirigidos à análise do fenômeno do racismo e implica politicamente a psicanálise a partir de seu aforismo: "o inconsciente é a política".[16]

Sua retomada colonial evidencia o avesso do discurso capitalista, a ser explorado em suas consequências decolonizadoras, que aspiram romper com a lógica reducionista que institui a experiência europeia como universal, no nível do poder, do saber e, especialmente, do ser. O sujeito descentrado da razão ocidental, como veremos, precisa ser geopoliticamente demarcado, assim como sua história, estruturalmente reenquadrada. A tela do Outro ocidental, sobre a qual se projetam os corpos, transforma coordenadas contingentes de exercício de saber-poder em coordenadas supostamente universais, ditando o modo verdadeiro de leitura de mundo, ao mesmo tempo em que ordena os modos de o corpo gozar deste e neste mundo.[17] Nessa perspectiva, pretendemos interpretar o texto francês de Jacques Lacan a partir das coordenadas decoloniais e antirracistas, especialmente latino-americanas, surgidas no século XXI, retomando, sob novo prisma, a interpretação que ali se aloja. Nosso objetivo é descentralizar o texto a partir de uma geopolítica de que se pretende, aqui, fazer-se interpretante. Vejamos até onde nossa análise consegue caminhar. A fim de alcançarmos nosso horizonte, partiremos do racismo no contexto brasileiro e seguiremos com sua perspectiva estrutural, ampliada pela hipótese da Colonialidade assentada na raça como avesso do sucesso alcançado pela Europa na Modernidade. Na sequência, discutiremos uma abordagem do racismo pelo viés da branquitude, para que, preparado o campo, adentremos a discussão de Jacques Lacan sobre segregação e racismo, a fim de extrair suas consequências nessa virada decolonial.

---

15 > Laurent, Éric. "O Racismo 2.0" in: *Lacan Quotidien*, n. 371, 2014, 1-1. Disponível em: <http://ampblog2006.blogspot.com.br/2014/02/lacan-cotidiano-n-371- portugues.html>.

16 > Jacques Lacan (1967). *O seminário, livro 14: a lógica do fantasma (1966-1967). Sessão de 10 maio 1967* (manuscrito inédito).

17 > Enrique Dussel, *1492: o encobrimento do outro. A origem do "mito da modernidade"*. São Paulo: Vozes, 1993. Ver também Immanuel Wallerstein, The Modern World System. Nova York: Academic Press, 1974, e Immanuel Wallerstein, World-System Analysis. Durham: Duke University Press, 2004.

contexto

Transcorridos 132 anos da oficial abolição da escravização, verifica-se que a população negra continua concentrada nos degraus mais inferiores da hierarquia social. No Brasil dos últimos anos, as desigualdades sociais têm sido objeto de estudo estatístico e geográfico. Em conformidade com o Programa de Atividades para a Implementação da Década Internacional de Afrodescendentes (2015-2024), aprovado pela Organização das Nações Unidas, que visa a promover o respeito, a proteção e o cumprimento de todos os direitos humanos e das liberdades fundamentais desse contingente populacional, foi publicada, pelo Instituto Brasileiro de Geografia e Estatística (2019), a *Síntese de indicadores sociais: uma análise das condições de vida da população brasileira*, a qual focaliza essas desigualdades sociais.

Na síntese supracitada, observou-se que, no mercado de trabalho, em 2018, a taxa de subutilização correspondeu a 18,8% de brancas(os) e 29% de pretas(os). Já se levarmos em conta os cargos gerenciais, 68,6% são ocupados por brancas(os), enquanto apenas 29,9% são ocupados por pretas(os). O indicador de distribuição de renda e condições de moradia também é categórico na denúncia dessa desigualdade racial e ao contabilizar o número de pessoas abaixo das linhas de pobreza (inferior a R$ 21,78/dia ou a R$ 7,52), totalizando o percentual de 19% de brancas(os) e 41,7% de pretas(os). Se levarmos em conta a violência sofrida pela juventude brasileira indicada pela taxa de homicídios — 100 mil jovens no último censo de 2017 —, temos os percentuais de 34% de brancas(os) e 98,5% de pretas(os).

Nesse sentido, como observado no Atlas da violência[18], ao longo do período de uma década (2007-2017), a taxa de letalidade de pretas(os) cresceu 33,1%, enquanto a de não negros apresentou um crescimento de 3,3%. O Atlas da violência de 2020[19] apresentou o crescimento de 11,5% de mortes entre jovens negros na última década, contra o decréscimo de 13,5% entre jovens brancos. Além disso, no último ano dessa década, estimou-se que 75,5% das vítimas de homicídios foram indivíduos negros.

Outro tema essencial na reprodução das condições de vida da população brasileira é a educação. A taxa de analfabetismo, em 2018, totaliza 3,9% e 9,1%, sendo, mais uma vez, o maior percentual da população preta. Seguindo essa estrutura, a representação política contabilizada pelo percentual de deputadas e deputados federais pretas(os) eleitas(os) nas últimas eleições, em 2018, atingiu a marca de apenas 24,4%. Tudo isso adquire ainda mais

---

18 > Instituto de Pesquisa Econômica Aplicada, Fórum Brasileiro de Segurança Pública, *Atlas da violência 2019*. Brasília, Rio de Janeiro, São Paulo: Instituto de Pesquisa Econômica Aplicada, Fórum Brasileiro de Segurança Pública, 2019. Disponível em: <https://www.ipea.gov.br/atlasviolencia/download/19/atlas-da-violencia-2019>.

19 > Instituto de Pesquisa Econômica Aplicada, *Atlas da violência 2020*. Brasília: Instituto de Pesquisa Econômica Aplicada, 2020. Disponível em: <https://www.ipea.gov.br/atlasviolencia/download/24/atlas-da-violencia-2020>.

relevância quando levamos em conta que as pessoas negras são maioria, totalizando 55,7% da população brasileira, de acordo com o Instituto Brasileiro de Geografia e Estatística.[20]

O racismo estrutural grita, humilha e adoece a população negra[21]. Segundo o documento publicado pelo Ministério da Saúde (2017), A Política Nacional de Saúde Integral da População Negra (PNSIPN): uma política do SUS, há um compromisso no combate às desigualdades e na promoção da saúde da população negra de forma integral, tendo em mente que a ausência de saúde é um resultado de "injustos processos socioeconômicos e culturais — em destaque, o vigente racismo — que corrobora a morbimortalidade das populações negras brasileiras"[22]. Além disso, o Ministério da Saúde reconhece que, para uma implementação de políticas exitosas, é necessário que todo o trabalho do SUS se atente "às suas vulnerabilidades e ao reconhecimento do racismo como determinante social em saúde[23]". Aqui, compreendemos que a política pública de saúde, sob a forma do SUS, ainda que não tenha ações direcionadas à saúde mental do povo preto, reconhece as desigualdades que acometem essa população no âmbito da saúde, certo de que suas condições de vida resultam dos despóticos processos sociais, culturais e econômicos próprios às consequências da colonização do Brasil.

Essa ampla demonstração de dados comprova as severas desvantagens da população preta no tocante às dimensões necessárias para a melhoria de suas condições de vida e, mais ainda, de sua sobrevivência. Além disso, o reconhecimento pelo Ministério da Saúde de que a sociedade brasileira se constituiu sobre as bases da desigualdade, mantendo a população negra no lugar da classe social mais pobre, subalternizada e marcada por precarizações diversas, nos convoca a pensar a premente necessidade de ações efetivas que se atentem para essa realidade. Desse modo, a ausência da saúde mental de pretas e pretos na Política Nacional de Saúde da População Negra indica a urgência de políticas públicas que reduzam a desigualdade e ampliem a equidade no acesso aos bens e serviços públicos frente à diretriz governamental que determina a redução da exclusão social e o acesso universal à saúde como condições fundamentais para a democracia.

Ainda não é possível vislumbrar a superação do abismo racial, pois, como apontam as edições de 2019 e 2020 do Atlas da violência, houve um aumento da violência letal contra públicos específicos, dentre eles, a população negra. Nesse sentido, pode-se pensar que, para

---

20 > Instituto Brasileiro de Geografia e Estatística, *Pesquisa Nacional por Amostra de Domicílios Contínua trimestral*. Rio de Janeiro: IBGE, 2021. Disponível em: <https://sidra.ibge.gov.br/tabela/6403#resultado>.

21 > Silvio L. de Almeida, *Racismo estrutural*. São Paulo: Pólen, 2019.

22 > Ministério da Saúde, *Política Nacional de Saúde Integral da População Negra: uma política para o SUS* (3. ed.). Brasília, DF: Secretaria de Gestão Estratégica e Participativa, Departamento de Apoio à Gestão Participativa e ao Controle Social, 2013, p. 7. Disponível em: <http://bvsms.saude.gov.br/bvs/publicacoes/politica_nacional_saude_populacao_neg ra_3d.pdf>.

23 > Idem

esses sujeitos, o racismo assume o estatuto do que não tem significação, ou seja, não há como considerar que o inconsciente está ileso dos impactos do racismo. No contexto brasileiro, conforme apontado pelas duas últimas edições do Atlas da violência, essa impossibilidade pode ser entendida também pela alta letalidade cotidiana a que é submetida a população negra. Para demonstrar esse ponto, recorreremos a algumas elaborações sobre como o racismo incide na vida psíquica e no sofrimento mental dessa população. Toni Morrison[24] usa a expressão "dessemelhança" para descrever a "branquitude" como uma identidade relacional construída por brancos, definindo, eles próprios, como racialmente diferentes dos outros. Frantz Fanon[25] lança mão da linguagem do trauma, que se legitima nas experiências cotidianas de racismo, pois, nele, o sujeito é violentamente clivado de sua identidade com a sociedade, inconscientemente pensada enquanto branca. Por fim, Isildinha Nogueira[26] traz a concepção de "apartheid psíquico", parafraseando o regime de segregação racial adotado na África do Sul, para dizer sobre a consciência que o negro pode ter de sua condição e das implicações histórico-políticas do racismo, o que, contudo, não impede que ele seja afetado pelas marcas da realidade sociocultural que o racismo imprime enquanto trauma. O olhar preconceituoso e a atitude violenta e cotidiana[27] do racismo recreativo, que caricaturiza e inferioriza pessoas negras sob uma pretensa forma de humor[28], são os maiores responsáveis por defesas psíquicas adoecedoras e pela indispensável atenção à saúde mental da população negra.

Diante desse quadro, propomos uma análise da problemática em três perspectivas: a da colonialidade, a da branquitude e a da segregação. Nosso propósito, com este artigo, é dar início à fundação de uma prática clínica antirracista, colaborando com a reversão das situações complexas que envolvem o racismo e o sofrimento mental da população negra.

colonialidade e racismo

A psicologia clínica nasceu de uma prática individualista e burguesa, tendo sido concebida para a população branca que exercia o poder hegemônico de classe. No campo clínico, até meados do século XXI, dada sua vertente prioritariamente individualista, manteve-se num padrão clássico de atendimento individual do sofrimento mental, que não considerou a

---

24 > Toni Morrison, "Playing in the Dark: Whiteness and the Literary Imagination" in: Racism in America: a reader. Cambridge, Londres: Harvard University Press, 2020. Disponível em: <https://doi.org/10.4159/9780674251656-004>.

25 > Frantz Fanon, Pele negra, máscaras brancas. Salvador: EDUFBA, 2008.

26 > Isildinha B. Nogueira, "Cor e inconsciente" in: Noemi M. Kon, Cristiane C. Abud, Maria L. da Silva (orgs.), *O racismo e o negro no Brasil: questões para a psicanálise*. São Paulo: Perspectiva, 2017, pp. 121-126.

27 > Cristiane Ribeiro, *Tornar-se negro, devir sujeito: uma investigação psicanalítica acerca das reverberações clínicas e políticas do racismo*. Belo Horizonte: Universidade Federal de Minas Gerais, 2020. Dissertação de mestrado.

28 > Adilson Moreira, *Racismo recreativo*. São Paulo: Jandaíra, 2019.

interseccionalidade e não se propôs à revisão de seus pressupostos teóricos, de seus modelos de intervenção ou de sua posição política quanto à participação e posicionamento no debate público face ao desvelamento, cada vez mais pungente, das diferenças de classe, gênero, raça e etnia. Apesar de Sigmund Freud[29], com a orientação psicanalítica, já ter proposto, desde o início do século XX, uma ampliação da clínica psicanalítica em clínicas públicas[30], somente nas últimas décadas do século XXI os efeitos das teorias sociais críticas, feministas e interseccionais impuseram novas questões no âmbito da clínica psicanalítica.

As particularidades das diferentes manifestações subjetivas permanecem irredutíveis ao desejo de universalização e homogeneização do poder dominante. Em outras palavras, o modo como se sofre psiquicamente é sempre singular, intransferível e não generalizável. Entretanto, a maneira como se desenham esses sofrimentos, como se esquadrinham as populações que sofrem e como elas são seccionadas para a organização da oferta de assistência, modulada por cor, raça e gênero, exige a revisão de seus pressupostos e a elucidação crítica das hierarquias teóricas e terapêuticas que reproduzem um sistema segregacionista.

O modo como são apreendidas, especialmente, as figuras do estrangeiro incorporado em determinada cultura varia em discurso e em prática cotidiana[31]. Não se reconhece a hibridez produzida entre as diferenças locais[32], nem a constituição de um espaço terceiro, nem branco, nem negro, nem masculino, nem feminino, nem central ou periférico[33], que dariam causa a uma nova clínica. Essa cisão, reverberada no interior do campo psicológico, reproduziu-se entre o social comunitário e o singular clínico, redundando num empobrecimento dos campos de atuação do psicólogo, seja comunitário ou clínico, acerca dos desenhos da prática psicológica de abordagem e cuidado do sofrimento mental.

Caminhamos para um falso antagonismo epistêmico-clínico, no qual parceiros éticos e políticos de uma causa comum de superação dos processos de segregação posicionam-se em campos de embate como inimigos[34]. Reproduzem-se discursos acusatórios entre campos de poder que em nada beneficiam o processo político de transformação das condições subjetivas e sociais de vidas em sofrimento. Passa-se do plano das hierarquias de poder epistêmico para o plano da disputa no campo da prática. E, dessa maneira, mantém-se a reprodução das estruturas de exclusão e inacessibilidade no âmbito da psicologia.

---

29 > Sigmund Freud, "Linhas de progresso na terapia psicanalítica" in: *Edição Standard Brasileira das Obras Psicológicas Completas de Sigmund Freud*, v. 17. Rio de Janeiro: Imago, 1976, v. 17, pp. 197-211.

30 > Elisabeth Ann Danto, *As clínicas públicas de Freud: Psicanálise e Justiça Social.* São Paulo: Perspectiva, 2018.

31 > Edward W. Said, *Cultura e Imperialismo.* São Paulo: Companhia das Letras, 2011.

32 > Homi K. Bhabha, *O local da cultura.* Belo Horizonte: Editora UFMG, 2013.

33 > Thamy Ayouch, *Psicanálise e hibridez, gênero, colonialidade e subjetivações.* Campo Magro (PR): Calligraphie, 2019.

34 > Chantal Mouffe, "Por um modelo agonístico de democracia" In: Revista de Sociologia e Política, n. 25. 2005, p. 11-23. Disponível em: <https://revistas.ufpr.br/rsp/article/view/7071>.

Especialmente em países advindos de uma estrutura tripla de colonização do poder, do saber e do ser[35], herdeira de diferentes epistemicídios, dos quais ao menos quatro não podemos deixar de mencionar aqui, experimentamos um segundo nível de problema do campo clínico: o não reconhecimento da raça como fundadora de um modo de ocupação na centralidade moderna imperialista[36] do uso necropolítico dos corpos[37]. "A colonialidade é o lado obscuro e necessário da modernidade, é a sua parte indissociavelmente constitutiva"[38].

Sobre a colonialidade, testemunhamos a experiência de epistemicídio como uma destruição de conhecimento associada à destruição de seres humanos[39]. A centralidade da produção de conhecimento em apenas poucos, talvez cinco países hegemônicos (França, Alemanha, Inglaterra, Estados Unidos e Itália), evidencia a falácia do universal como elemento discursivo legitimador de um sistema opressivo no mundo das ideias. O fundamento desse sistema de privilégio epistêmico é a inferioridade epistêmica como seu contraponto. O Sul global[40] e o não ocidental, não masculino, não branco, sofrem a inflexão do racismo-sexismo-classismo, tomados como pensamentos locais ou inferiores, não passíveis de replicação universal, menores. Os quatro epistemicídios históricos que redundaram na codificação da visão de mundo orientada pela modernidade imperial e suas refrações neoliberais contemporâneas ainda hoje assaltam corpos e pensamentos, destituindo-os de validade. A partir de Ramón Grosfoguel[41], elencamos os epistemicídios e genocídios que sustentaram o corte fundador da episteme moderna, no século XVI:

a) contra os muçulmanos e judeus na conquista de Al-Andalus em nome da "pureza do sangue";

b) contra os povos indígenas do continente americano primeiro, e, depois, contra os aborígenes na Ásia;

35 > Enrique Dussel, *op. cit.*; Aníbal Quijano, "Colonialidad del poder, eurocentrismo y América Latina" in: Edgartdo Lander (org.), *Colonialidad del saber, eurocentrismo y ciencias sociales.* Buenos Aires: Consejo Latinoamericano de Ciencias Sociales (CLACSO), 2000, pp. 107-130; Joaze Bernardino-Costa, Nelson Maldonado-Torres e Ramón Grosfoguel (Orgs.), *Decolonialidade e pensamento afrodiaspórico.* São Paulo: Autêntica, 2019.

36 > Ramón Grosfoguel. "Para descolonizar os estudos de economia política e os estudos pós-coloniais: transmodernidade, pensamento de fronteira e colonialidade global", *Revista Crítica de Ciências Sociais*, n. 80, 2008, pp. 115-147.

37 > Achille Mbembe, Necropolítica. São Paulo: n-1 edições, 2018.

38 > Walter Mignollo, *Historias locales/disenos globales: colonialidad, conocimientos subalternos y pensamiento fronterizo.* Madri: Akal, 2003, p. 30.

39 > Boaventura de Sousa Santos, "Para além do pensamento abissal: das linhas globais a uma ecoloçgia de saberes", *Revista Crítica de Ciências Sociais*, n. 78, 2007, pp. 3-46. Disponível em: <https://doi.org/10.4000/rccs.753>.

40 > Ibidem

41 > Ramón Grosfoguel, "A estrutura do conhecimento nas universidades ocidentalizadas: racismo/sexismo epistêmico e os quatro genocídios/epistemicídios do longo século XVI", *Sociedade e Estado*, v. 31, n. 1, 2016, pp. 25-49. Disponível em: <https://doi.org/10.1590/S0102-69922016000100003>.

c) contra africanos aprisionados em seu território e, posteriormente, escravizados no continente americano;

d) contra as mulheres que praticavam e transmitiam o conhecimento indo-europeu na Europa, que foram queimadas vivas sob a acusação de serem bruxas.

A matriz colonial do poder, assim, reúne o controle da economia, da autoridade, da natureza e dos recursos naturais, do gênero e da sexualidade, da subjetividade e do conhecimento[42]. Realizar uma prática psicológica orientada a comunidades e a sujeitos, portanto, não pode desconsiderar essa dimensão. E mais, a orientação ética dessa prática deve incluir o maior número dessas variantes, dado que são todos juntos, num sistema de interdeterminação plural, que confluem para a composição do quadro histórico e geopolítico de sofrimento mental dos povos colonizados. A modernidade, assim, pode ser tomada como um mito moderno que oculta, em seu avesso, a colonialidade[43]. Há, entretanto, nesse quadro, uma invariante: a raça como "o princípio organizador que estrutura todas as múltiplas hierarquias do sistema-mundo"[44]. A raça não é apenas uma herança arcaica — ou atualizada no racismo estrutural — da escravização. Ela é a causa e a alavanca da condição de possibilidade. A raça, como construção social[45], é o fundamento legitimador constituído como avesso da Modernidade. Quanto mais se firmava o racismo, mais se justificava o avanço predatório e destrutivo do sistema imperial. Quanto mais o padrão universal do homem branco se estabelecia, mais a distinção racial como seu balizador encontrava terreno firme para se estabelecer. A raça, portanto, é o fundamento da modernidade colonial, o silêncio não dito de sua hegemonia. A luta contra o racismo, desse modo, é mais do que uma prática cotidiana de superação da desigualdade e uma atitude coletiva permanente de enfrentamento da distribuição desigual de privilégios, é a luta por uma outra lógica de mundo em termos econômicos e de organização social. É uma posição atenta de descentramento da lógica imperialista, que alimenta política, jurídica, econômica e subjetivamente cada corpo negro.

Como herança desse modo operatório do poder e suas injunções político-jurídicas, a população negra, como vimos acima, permanece historicamente alijada de processos inclusivos e de privilégios naturalizados como brancos. Seu sofrimento se desenha, assim, por mecanismos que integram o corpo individual ao corpo social, as defesas inconscientes às

---

42 > Walter Mignolo, Desobediencia epistémica: retórica de la modernidad, lógica de la colonialidad y gramática de la descolonialidad. Buenos Aires: Ediciones del Signo, 2010.

43 > Luciana Ballestrin, "América Latina e o giro decolonial", Revista Brasileira de Ciência Política, n. 11, 2013, pp. 89-117. Disponível em: <https://doi.org/10.1590/S0103-33522013000200004>.

44 > Grosfoguel, op. cit., 2008, p. 123.

45 > Silvio L. de Almeida, op. cit.; Moreira, op. cit.

estruturas discursivas. Portanto, é inviável dissociar, epistêmica e clinicamente, esses múltiplos e plurais elementos do fazer do psicólogo e da prática do psicanalista. Vejamos sua inflexão na perspectiva da branquitude.

branquitude e racismo

Em sua obra seminal do campo da branquitude, "Playing in the dark-Whiteness and the Literary Imagination",[46] Toni Morrison nos convida a desnaturalizar as produções tidas como fundadoras de um campo discursivo, possibilitando localizá-las como obras estruturadas sobre um sujeito masculino, branco e de classe alta, tomado como universal. Tratando esses teóricos como produtos de uma sociedade e considerando suas obras como um reflexo direto e indireto das relações de poder que se inscrevem nessa sociedade, testemunhamos o sujeito, delineado por eles, como um reflexo da noção de corpos inteligíveis, que se organizam por meio de relações de alteridade com "outros" corpos, sendo estes excluídos das dinâmicas de poder e construídos discursivamente por seu opressor.

No Brasil, Lia Schucman, em sua tese *Entre o "encardido", o "branco" e o "branquíssimo": raça, hierarquia e poder na construção da branquitude paulistana*[47], entende a branquitude como uma construção sócio-histórica produzida pela ideia falaciosa de superioridade racial branca. Nas sociedades estruturadas pelo racismo, como é o caso do Brasil, isso implica a construção de um ideal ilusório de mundo branco, em uma posição em que os sujeitos identificados como brancos usufruem de privilégios simbólicos e materiais em detrimento dos não brancos. Ela demonstra que o conceito de raça foi produzido a partir do pensamento acadêmico europeu do século XIX e reproduzido no pensamento social brasileiro. Por isso, cabe desmontá-lo em suas bases pseudocientíficas arraigadas de preconceitos que justificaram o avanço econômico, a exploração, o adoecimento e a morte da população negra. Suas análises demonstraram a persistência de discursos biológicos, hierárquicos e culturais do branco sobre outras construções racializadas, e que, portanto, o racismo se apresenta como um dos traços unificadores da identidade racial branca brasileira.

Assim também, migrando da literatura e da psicologia social para o campo clínico, é possível afirmar que, desde a sua origem, este foi estruturado por homens brancos, europeus ou estadunidenses, ainda que escrito por diversos outros autores, de outras nacionalidades e com outras denominações étnico-raciais. Não podemos observar, portanto, a ocorrência de um chamado "giro decolonial" como movimento de

---

46 > Toni Morrison, *op. cit.*

47 > Schucman, Lia V. (2012). *Entre o "encardido", o "branco" e o "branquíssimo": raça, hierarquia e poder na construção da branquitude paulistana.* São Paulo: Instituto de Psicologia, Universidade de São Paulo, 2012. Tese de doutorado. Disponível em: <https://doi.org/10.11606/T.47.2012.tde-21052012-154521>.

resistência epistemológica, teórica e política dos territórios colonizados e uma implicação antirracista nesse campo clínico. Testemunho dessa vivência no Brasil é o pouco uso e reconhecimento de Virgínia Bicudo e das obras *Tornar-se negro: as vicissitudes da identidade do negro brasileiro em ascensão social* e *A psicose*, de Neusa Santos Souza[48], apenas recentemente valorizadas e disseminadas. Seria possível apontar essa lacuna como a configuração de um racismo e um seletivismo epistêmico? Contra essa posição de perpetuação silenciadora e consentida do privilégio branco, buscamos construir ferramentas epistêmicas que abarquem, desde o campo psicanalítico, a questão.

Sendo assim, nos deparamos com um problema. Temos essa teoria que foi constituída a partir de uma perspectiva universalista do sujeito branco, que não enxerga como a sua cor interfere nos processos de subjetivação e produção de violências, organizando um sistema que age sobre os sujeitos racializados, mas não os reconhece como tais. Gera-se um processo de "daltonismo racial",[49] que produz um déficit na capacidade dos clínicos em compreender os reais impactos que o racismo possui na organização psíquica de pessoas não brancas.

No momento em que vivemos, é impossível analisar as reais dimensões do impacto da branquitude na construção do campo clínico enquanto teoria e prática. Por isso, é tão premente tomar essa pesquisa como um programa permanente de trabalho. Uma vez que a estruturação do conhecimento está organizada sob a noção de sujeito como homem, heterossexual e branco tido como universal, as consequências tendem a ser múltiplas e profundamente imbricadas nas bases teóricas da prática clínica. Entretanto, já é possível enxergar que essa universalização do sujeito branco tem sido denunciada e desconstruída no âmbito da atuação clínica. No livro *O racismo e o negro no Brasil: questões para a psicanálise*[50], é feita a convocação para repensar essa prática. As autoras descrevem uma das consequências do racismo como uma espécie de fenômeno paranoico, dada a invisibilidade da população negra e o negacionismo sobre as questões raciais. Elas afirmam a condição do racismo no interior do campo clínico e convidam aqueles que se dedicam à prática a se reposicionar:

> Me indagava diante da omissão concernente à reflexão sobre o racismo e a discriminação racial. Afinal, como uma instituição historicamente comprometida com as questões da sociedade brasileira podia ainda não ter pautado o tema? [...] todos eram unânimes no reconhecimento e na concordância de que o racismo promovia sofrimento psíquico

---

48 > Neusa Santos Souza, Tornar-se negro: as vicissitudes da identidade do negro brasileiro em ascenção social. [S. l.]: LeBooks, 2019, e Neusa Santos Souza, A psicose: Um Estudo Lacaniano. São Paulo: Revinter, 1999.

49 > Ruth Frankenberg, The social construction of Whiteness: White women, race matters. Minneapolis: University of Minnesota Press, 1993.

50 > Noemi M. Kon, Cristiane C. Abud e Maria L. da Silva (Orgs.), O racismo e o negro no Brasil: questões para a psicanálise. São Paulo: Perspectiva, 2017.

e interferia na construção das subjetividades de brancos e negros. Então por que essa omissão e por que o desconforto em tratar o tema quando surge?[51]

Também Grada Kilomba, em *Memórias da plantação: episódios de racismo cotidiano*, ressalta o fato de o racismo ser fonte de adoecimento e sofrimento da população negra: "Parece, portanto, que o trauma de pessoas negras provém, não apenas de eventos de base familiar, como a psicanálise argumenta, mas sim, do traumatizante contato com a violenta barbaridade do mundo branco, ou seja, com a irracionalidade do racismo".[52]

Sendo assim, é necessário que a clínica passe por um processo de reavaliação da forma como as suas práticas se estruturam, a partir do uso dos estudos raciais críticos, das teorias decoloniais, da construção de uma noção crítica de branquitude e do comprometimento com pautas antirracistas, visando a reconhecer, analisar e mitigar as violências que produz em corpos racializados, construir um processo de escuta capaz de ouvir, trabalhar sobre as consequências subjetivas do racismo e desnaturalizar a visão do sujeito branco como universal, de modo a viabilizar e desmontar seus sistemas estruturais e históricos de privilégios.

fundamentos antirracistas psicanalíticos para repensar a clínica

Curiosamente, dentre as diferentes epistemologias e tradições da psicologia clínica brasileira, o campo psicanalítico tem sido o primeiro a assumir sua omissão quanto à pauta do racismo. Desde a tese de Neusa Santos[53] e as publicações de Lélia Gonzalez e Carlos Hasenbalg[54] à já mencionada obra de Kon et al., diferentes eventos e publicações, pouco a pouco, acumulam-se na desconstrução de uma prática desimplicada, acenando para um horizonte antirracista que repensa o próprio campo. Assim, Lélia Gonzalez[55], Isildinha Nogueira[56], Lourenço Cardoso,[57] Ana Paula Mussati Braga[58] e Cristiane Ribeiro[59] são alguns dos nomes que despontam no enfrentamento do racismo a partir do campo psicanalítico no âmbito da pesquisa na universidade.

---

51 > bidem, p. 72.

52 > Grada Kilomba, Memórias da plantação: episódios de racismo cotidiano. Rio de Janeiro: Cobogó, 2008, p. 40.

53 > Neusa Santos Souza, *op. cit.*

54 > Lélia Gonzalez e Carlos Hasenbalg, *Lugar de negro*. Rio de Janeiro: Marco Zero, 1982.

55 > Lélia Gonzalez, "Racismo e sexismo na cultura brasileira", *Revista Ciências Sociais Hoje*, Anpocs, 1984.

56 > Isildinha Nogueira, *op. cit.*

57 > Lourenço Cardoso, "Branquitude acrítica e crítica: A supremacia racial e o branco anti-racista", *Revista Latinoamericana de Ciencias Sociales, Niñez y Juventud*, v. 8, n. 1, 2010, pp. 607-630.

58 > Ana Paula Mussati Braga, *Os muitos nomes de Silvana: contribuições clínico-políticas da psicanálise sobre mulheres negras.* São Paulo: Instituto de Psicologia Clínica, Universidade de São Paulo, 2016. Tese de doutorado.

59 > Cristiane Ribeiro, *op. cit.*

Assim, neste tópico, identificaremos algumas premissas para iniciar essa longa desmontagem dos artefatos teóricos para ir em direção a um novo arcabouço epistêmico, a fim de fundamentar uma prática clínica antirracista. Considerando que Lacan[60] acentua a importância de o analista visar, no horizonte de sua práxis, a subjetividade de sua época, é fundamental tomarmos a questão do racismo como uma categoria no olhar da psicanálise em seus campos clínico e político, sobretudo no contexto brasileiro, marcado historicamente pela abolição tardia da escravidão, pelo encarceramento e genocídio da população negra e pelas demais práticas segregativas já mencionadas ao longo do presente artigo.

Éric Laurent[61] expõe que os idos de 1968 apontavam o fim do poder patriarcal e uma suposta chegada de uma sociedade fraterna, "acompanhada do hedonismo feliz de uma nova religião do corpo" (párr. 1). Isto faz lembrar a colocação de Lacan sobre a relação entre corpo e racismo: "Quando voltamos à raiz do corpo, se revalorizarmos a palavra irmão, [...], saibam que o que sobe, o que ainda não vimos até as últimas consequências, e que se enraíza no corpo, na fraternidade do corpo, é o racismo".[62]

Parece que, para Lacan, a questão da valorização contemporânea do corpo tem como efeito a segregação em relação àqueles que possuem outra configuração de corpo e que aparecem enquanto alteridade materializada pela raça. Nesse mesmo sentido, encontramos as reflexões de Jacques-Alain Miller[63] e de Laurent ao salientarem que, no fundo do racismo, está uma experiência de impossibilidade de assimilar o gozo do Outro. Esse seria o fundamento ontológico e sociológico do racismo, fundado sobre a segregação como radicalidade constitutiva do laço social. Sabemos que a esse artefato discursivo soma-se o desejo voraz de dominação econômica, de influência cultural e estética, e de exploração de recursos naturais e de mercado, fazendo de um discurso uma prática cotidiana naturalizada sob o fundo idealizado do sujeito universal do norte global. Nessa universalização abstrata do saber, Lacan[64] localiza a sua nova tirania, que, ao esconder sua verdade, segue sendo aplaudida cotidianamente.

A segregação, para Lacan, passa por uma experiência que poderíamos denominar como violenta na identificação. Existiria na identificação com um grupo, uma causa ou um traço uma oposição do resto de grupos e causas. Freud trata disso ao discutir a constituição libidinal dos grupos, que podem produzir "a crueldade e a intolerância para com os que não

---

60 > Jacques Lacan, *Escritos*. Rio de Janeiro: Jorge Zahar, 1998.

61 > Éric Laurent, "O Racismo 2.0", *op. cit.*

62 > Jacques Lacan *apud* Éric Laurent, "O Racismo 2.0", *op. cit.*

63 > Miller, Jacques-Alain (2021). Racismo e extimidade. *Derivas analíticas*, n. 16, 2021. Disponível em: <http://revistaderivasanaliticas.com.br/index.php/accordion-a-2/o-entredois-ou-o- espaco-do-sujeito>.

64 > Jacques Lacan. *O Seminário, livro 17: o avesso da psicanálise*, trad. br. de A. Roitman e A. Quinet. Rio de Janeiro: Jorge Zahar, 1992.

lhes pertencem".[65] Isto leva ao paradoxo de que a fraternidade, que busca atingir um bem comum, sustentaria a segregação e o racismo como seu avesso, o que tem produzido resultados catastróficos historicamente. Vemos, por exemplo, que o nazismo foi legitimado graças à intenção de se alcançar uma "pureza racial" e uma fraternidade nacional, de modo que todo o resto que ameaçava esse ideal deveria ser completamente eliminado.

No avesso da ocupação colonial, em sua radicalidade de fundação do tempo moderno e iluminista, o racismo instaurou uma lógica silenciosa de dominação radicada na identificação com a branquitude no nível do ideal de eu. Essa identificação se prolonga nas práticas racistas cotidianas, que carecem ser visibilizadas, enunciadas e assumidas não apenas no nível da consciência racional, mas também do assentimento subjetivo inconsciente, a partir do qual nos posicionamos como sujeitos responsáveis. Não se desconhece que as dimensões política, econômica, jurídica e estética devem estar lado a lado nessa desconstrução, mas nos deteremos, aqui, na colaboração da clínica psicanalítica na consecução de práticas antirracistas.

Lacan, interrogado em *Televisão* sobre a razão pela qual profetizou a escalada do racismo, afirmou: "porque não me parece engraçado e, no entanto, é verdade. No descaminho de nosso gozo só há o Outro para situá-lo, mas é na medida em que estamos separados. Daí as fantasias inéditas quando não nos metíamos nisso".[66] Laurent[67] esclarece essa afirmação ao considerar que não se sabe a partir de qual gozo os sujeitos podem se orientar. Dessa forma, o que os sujeitos fazem é rejeitar o gozo do Outro como ponto de enunciação de sua deslocalização. O gozo do Outro, tomado como subdesenvolvido, estará sempre presente nos modos de colonialidade, de racismo, de patriarcalismo, de misoginia, de machismo, enfim, nos diferentes modos de dominação e segregação, bem como na intenção de normalizar o gozo do Outro sob a justificativa de ação em nome do "bem do Outro".[68]

Em suas proposições sobre a lógica do racismo, Lacan considera a variação das formas do objeto rejeitado como distintas. Elas "vão do antissemitismo de antes da guerra, que conduz ao racismo nazista, ao racismo pós-colonial dirigido aos imigrantes".[69] Na medida em que as formas sociais sofrem modificações, o racismo também altera seus objetos. Entretanto, Lacan alerta que nas comunidades humanas, sempre há rejeição de um gozo inassimilável, semente de uma possível barbárie. Dessa forma, há um não saber

65 > Sigmund Freud, *Psicologia de grupo e análise do eu* in: *Obras completas*, v. 18. Rio de Janeiro: Imago, 1996, p. 110.

66 > Jacques Lacan, Televisão. Rio de Janeiro: Jorge Zahar, 1993, p. 58.

67 > Éric Laurent, "O Racismo 2.0", op. cit.

68 > Ibid

69 > Ibid

fundamental sobre o gozo, sendo que esse gozo deslocado está presente em todo agrupamento humano e é correspondente a uma forma de identificação.

o avesso, para concluir

O importante na construção acima é verificar os processos identificatórios no branco, que carece legitimar sua vontade de gozo ou seu gozo deslocalizado assentado sobre processos inconscientes. Assim, ler a afirmação acima pelo avesso nos ajuda a interpretar a acusação, por parte de alguns psicanalistas inadvertidos da questão, de que todo movimento identitário, tal como o movimento de luta da população negra, age em nome do imaginário, destituindo sua potência política e subjetiva transformadora. O não saber sobre o gozo deslocalizado e sempre presente no laço social, assim, parece-nos — ao contrário do que a acusação versa — advir da dificuldade do não negro em reconhecer-se em sua cor como parte dominante de um sistema de privilégios. Corresponderia, na atualidade, a um apego imaginário do branco a sua cor como representativa de um universal e, por isso, invisível, não escrita, para se certificar de que seu desejo de dominação é legítimo e desculpabilizado: "a precariedade de nosso modo [de gozo], que doravante só se situa a partir do mais-de-gozar".[70]

O circuito imaginário e narcísico branco se fecha em si mesmo, restando autojustificado. A defesa se prolonga e se afirma quando, projetado no não branco, localiza ali seu próprio mais-de-gozo como sendo do outro, devendo ser eliminado, aprisionado, domesticado. Kilomba demonstra isso muito bem quando descreve a negação, na qual "o senhor nega seu projeto de colonização e o impõe à/ao colonizada/o",[71] situando-se como uma "vítima compassiva", enquanto o negro se transforma em um "inimigo intrusivo". Não precisamos avançar nas consequências deletérias dessa operação inconsciente para a população negra, pois os dados de nossa justificativa já as expuseram no conjunto brasileiro.

No texto "Racismo e extimidade", Miller retoma a ideia da intolerância ao gozo do Outro e afirma a inoperância da afirmação de que não há raças. Ele define, a partir de Lacan, que "uma raça é o que se constitui pelo modo como se transmite, na ordem de um discurso, os lugares simbólicos".[72] Em outras palavras, trata-se do "racismo dos discursos em ação"[73] ou das raças como efeitos do discurso, presente como estrutura que movimenta a economia,

---

70 > Jacques Lacan, op. cit., p. 58.

71 > Grada Kilomba, op. cit., p. 34.

72 > Jacques-Alain Miller, "Racismo e extimidade", Derivas analíticas, n. 16, 2021. Disponível em: <http://revistaderivasanaliticas.com.br/index.php/accordion-a-2/o-entredois-ou-o-espaco-do-sujeito>.

73 > Jacques Lacan, "O aturdito" in: *Outros escritos*. Rio de Janeiro: Jorge Zahar, 2003, p. 463.

a política, as instituições, a sociabilidade, as subjetividades. "É a localização, o uso do gozo em um discurso que faz diferenças."[74]

Atentar-se à subjetividade da época é, por assim dizer, uma posição política, a partir da qual o analista não é neutro frente às tendências racistas e ao modo como o discurso dominante de uma época incide sobre o inconsciente. O psicanalista opera visando a pura singularidade, a diferença absoluta de cada sujeito, em contraponto ao discurso da ciência, que tenta promover gozos universalizantes. Mas a singularidade encontra-se no mundo, tem pele, cor, gênero e classe, e os discursos que a enlaçam articulam-se sobre o fundo segregatório.

Assim, ao pensar alternativas clínicas face a essa estrutura, o psicanalista se implica e toma posição na cena do mundo. Se é a partir do ponto vazio enquanto falta-a-ser do sujeito que a psicanálise opera para que cada um autorize-se de sua singularidade, responsabilizando-se pelo seu mal-estar e pelo mal-estar da cultura, não é sem o outro que sua presença se afirma. Não julgar o modo de gozo do sujeito é uma forma de constituir um discurso menos segregatório. A psicanálise opera, então, com certa localização do gozo no discurso. Isso é o que faz a diferença.

Para Miller, o discurso da ciência objetiva construir um único sujeito, universalizável, o que causa a dessubjetivação. E é na medida que o discurso da ciência evoca uma uniformização, sobretudo do gozo, que surgem as subversões, a manifestação do não semelhante. Frente ao imperativo de uniformidade dos gozos, as subjetividades rebelam-se contra o discurso anulatório. Aqueles que se opõem, por vezes, são segregados, retirados do circuito do discurso operante. Na dimensão da segregação, no que se refere ao racismo, há um vasto campo, que aborda causas econômicas, sociais e geopolíticas. Contudo, Miller aponta que ele não se dá somente nesse nível. Há um resto, chamado pelo autor de causas obscuras do racismo, sobre as quais a psicanálise pode e deve, acrescentamos, lançar seu olhar e escuta.

Assim, verificamos a premência de as práticas antirracista e decoloniais alcançarem o campo clínico, revirando e revigorando a teoria, para, assim, inundar o cotidiano. Uma prática clínica que se pretenda antirracista e decolonial precisa envolver negras(os) e não negras(os) no acolhimento ao sofrimento singular de cada sujeito, mas também promover processos coletivos de enfrentamento do racismo e abordagens institucionais para sua desconstrução estrutural. Num país em que o racismo é tão persistente quanto o seu silenciamento sistemático, será preciso a mesma coragem subversiva que levou a psicanálise a falar sobre a sexualidade, contra séculos de "incoerência" e "pudor de hipocrisia",[75] elementos

---

74 > Jacques-Alein Miller, *op. cit.*

75 > Freud, Sigmund (1913/1996). "Sobre o início do tratamento (Novas recomendações sobre a técnica da psicanálise I)", trad. br. de J. Salomão, in: *Edição Standard Brasileira das Obras Psicológicas Completas de Sigmund Freud*, v. 12. Rio de Janeiro: Imago, 1996, p. 146.

atuais que, hoje, também calam os sofrimentos advindos do racismo no Brasil. Começar esse programa de pesquisa, que se pretende permanente no interior do campo teórico-clínico da psicanálise, é uma maneira de buscar reverter o quadro secular de hierarquização do saber e de tratamento da dor psíquica, e também de constituir, desde o interior do campo epistemológico, sua nova abordagem, sustentação e partilha num mundo em que a segregação estrutural seja enfrentada sem negacionismos.

> penha, sonia[76] <.> os sofrimentos psíquicos causados pelo racismo não são questões para a psicanálise? <

abre-caminho

No tempo presente da realidade da clínica psicanalítica no Brasil, quando significativa produção de escritas chanceladas pela academia volta o olhar para o que possa se constituir uma clínica antirracista; quando conceitos freudianos e lacanianos podem ser atravessados pela "amefricanidade"[77] pulsante dos laços conceituais que por aqui se estabelecem, através das produções de Virginia Bicudo, Lélia Gonzalez, Neusa Santos Souza, Isildinha Baptista e Maria Lucia da Silva; torna-se oportuno questionar se os sofrimentos psíquicos causados pelo racismo não são questões para psicanálise. Imbuída do desejo de trazer essa questão mais vez para reflexão é que apresento essa escrita em que procuro pontuar como isso comparece na clínica que desenvolvo, tendo como ensejo contribuir para esse significativo debate, que ora tem se dado.

Este trabalho busca entender o sofrimento psíquico que tem como causa o racismo, que é da ordem de uma verdade que não cessa de se inscrever como uma pauta que, de tão intrometida, deveras incomoda aos saberes constituídos e bem repetitivos da base de sustentação da psicanálise brasileira, cristalizada como verdade única em concepções eurocêntricas e norte-americanas. Essas concepções já não podem se sustentar, na medida em que, há muito tempo, intelectuais brasileiras(os) têm pontuado a urgência de se considerar os muitos furos dessa surdez proposital, que não quer escutar os efeitos traumáticos causados por um racismo estrutural e estruturante que vigora na cultura brasileira.

---

76 > Sonia Rodrigues da Penha, bacharel e licenciada em Psicologia pela Associação Vitoriana de Ensino Superior (FAVI), bacharel em Serviço Social pela Universidade Federal do Espírito Santo (UFES) e psicanalista em formação permanente do Grupo de Estudos de Vitória (ES).

77 > Conceito-chave cunhado em 1988 por Lélia Gonzalez para dizer da forte presença das culturas de países africanos em nosso modo de ser e estar nas américas, por mais que oficialmente isso nos seja negado. Ver Lélia Gonzalez, *Primavera para as rosas negras: Lélia Gonzalez em primeira pessoa*. São Paulo: Diáspora Africana, 2018, p. 25.

Nesse processo de abrir caminho, percorremos um fio condutor não tecido com rigor cronológico, mas sim constituído pelas indagações subjetivas de cada uma dessas intelectuais ao desenvolverem suas pesquisas em seu tempo, a partir de um olhar incomodativo, tendo como referência o lugar que ocupavam no cenário de suas atuações políticas e profissionais. Linhas de raciocínio preciosas, como que num fio de contas, propõem algo que suponho dar sentido para uma construção que explicita o entendimento do como se instala o sofrimento psíquico negro para cada singularidade a ser considerada no contexto de uma acolhida terapêutica.

neurose cultural brasileira

Pretendo, então, como que num refazer, tecer mais uma vez o modo como algumas contas preciosas desse fio condutor se destacam na produção impactante de Lélia Gonzalez, quando aponta o estado de alienação coletiva dos saberes formulados pela intelectualidade brasileira. Esse estado não difere quando se trata da psicanálise, quando defende uma postura de pretensa neutralidade, com um discurso técnico de uma subjetividade à parte dos contextos de raça, classe e gênero.

Ao questionar ou ignorar as falas negras, prenhes de sofrimentos decorrentes do racismo, da exploração do trabalho e do sexismo que se atualizam, recrudescem a violência. Atuam a favor do acirramento das contradições sociopolíticas e econômicas presentes nas relações estabelecidas historicamente, que incidem no caminhar de uma pessoa e que comparecerá no discurso demandante daquele negro(a) que consiga acessar o espaço terapêutico de uma escuta analítica.

Lélia traz uma construção que pontua o que é da ordem sintomática que se estabelece em um contínuo, em detrimento dos afetos e sentimentos das identidades negras e em prol dos privilégios afetivos e sentimentos das identidades brancas. Estas situadas como únicas possibilidades, como um espelho a projetar-se e a refletir-se no enquadramento do desejo. Nesse movimento, ela destaca um vir a ser que é da ordem de um encruzo, com o qual temos que nos haver, que é (re)conhecer uma neurose afeita a todos os brasileiros como condição para que possamos avançar em nosso caminhar ético no exercício da psicanálise.

Imbróglio a que estamos submetidos, enquanto "povos brasilis", que Lélia Gonzalez descreveu como a "neurose cultural brasileira".[78] Arguindo sem ambiguidade o modo como se constitui e se atualiza esse processo de introjeção, que tem em seu modus operandi as relações estabelecidas segundo o modelo escravagista que situa as negras no trabalho doméstico.

---

78 > Ibid., p. 191.

Essas, ao adentrar as casas das(os) brancas(os) para o trabalho, como ama de leite, doméstica ou babá das crianças brancas, transmite muito de sua herança identitária negra para as crianças brancas.

Mesmo que tais referências possam vir a ser confrontadas pelas muitas tentativas de expurgos, através de modelos societários, econômicos e culturais, algo aí se estabelece como um traço de identificação. Quando essas referências emergem à consciência como resquícios desse passado, atualizam-se a partir das inversões e subversões de papéis no Carnaval e nos festejos cristãos. Apresentam-se também nos tropeços de linguagem, nos atos falhos e chistes, bem como nas práticas predatórias de extrema violência, por meio das quais brancas(os) subjugam e aniquilam negras(os) em sua imaginária tentativa de tornar-se brancas(os) europeias(eus). Como se fosse possível tamponar assim o furo que tão bem demarca as fortes complexidades dos significantes afros e indígenas, que todas, todos e todes portam, mesmo que assim não queiram.

embates e conflitos interraciais existem sim!

Virgínia Bicudo, em seus estudos reunidos em *Atitudes raciais de pretos e mulatos em São Paulo*[79], que antecedem à produção de Lélia Gonzalez, já trazia em seus apontamentos, como resultante de suas pesquisas, que a intelectualidade de sua época ficava a dever algo que tratasse das questões concernentes aos conflitos raciais que já se constituíam. Poucos, porém, se interessavam por essas questões e, quando assim o faziam, traziam um olhar turvo, deveras implicado com a desconsideração das condições em que se forjam as identidades e subjetividades negras.

O novo que comparece na produção de Virgínia Bicudo se constitui do rigor desses apontamentos descritos nas narrativas trazidas por muitos relatos existenciais. Procura explicitar, no discurso de negras(os) e pardas(os), os efeitos do racismo em que estavam mergulhados, bem como o lugar de menor valor e o equívoco de embranquecimento experienciado na tentativa de ascensão social.

> [...] obtêm ascensão social os indivíduos de cor dotados de inteligência e que desde a infância tiveram estímulos sociais nos contatos primários com brancos. Entretanto, a ascensão ocupacional não confere ao preto o mesmo status social do branco, consideradas as restrições demarcadas na linha de cor, ao passo que o mulato garante sua

79 > Virgínia Bicudo e Marcos Maio (Orgs.), *Atitudes raciais de pretos e mulatos em São Paulo*. São Paulo: Editora Sociologia e Política, 2010.

> inclusão no grupo dominante, embora em sua personalidade permaneçam as consequências do conflito mental.[80]

Sua leitura sinaliza, nas relações estabelecidas, a forte presença dos conflitos decorrentes dos embates interraciais que, na singularidade de cada pessoa, se apresentam como marcas. Essas questões traumáticas, até então, não haviam recebido o trato analítico teórico que considerasse o contexto econômico, político e cultural em que se operavam as relações de poder no país.

Ao se propor à escuta e ao registro de tais narrativas, Virgínia Bicudo, além de franquear a palavra a quem, numa estrutura hierárquica de poder, encontrava-se com a palavra contida, à parte das relações estabelecidas, permite aflorar um discurso até então não considerado ou tido como inócuo e até inexistente. Em sua análise, ela o identifica como falas provenientes de "conflitos interraciais". Portam traços permeados por palavras que denotam a forte presença de um "sentimento de inferioridade", que se instala a partir da cobrança na qual o negro se vê enredado. Ele é forçado a responder na tentativa de perseguir o fazer-se de branco, em um processo que se inscreve na economia psíquica do negro como que da ordem de uma impossibilidade. Esse processo institui-se como um fracasso que, ao se repetir em constância, é causa de frustração permanente e, como tal, reivindica o desaguadouro de uma escuta outra, que não seja a de sua culpabilização e a do silenciamento por essa situação imposta.

narcisismo e ideal do ego e os imperativos de embranquecimento

Neusa Santos Souza, como que a consolidar os referenciais apontados por Virgínia Bicudo, revisita Freud e Lacan, acrescidos dos apontamentos fanonianos, para bem dizer de como se constitui esse sofrimento psíquico tão negligenciado pela psicanálise brasileira. Desenvolve seus estudos a partir de uma pesquisa para sua dissertação de mestrado, que culminou no livro escrito há 32 anos, reeditado recentemente, *Tornar-se Negro, ou as vicissitudes da identidade do negro brasileiro em ascensão social*. Em uma escrita desveladora, em que se constata a relevância de um método de pesquisa que privilegia[81] um colocar-se para uma escuta, Neusa abriu espaço para que negras(os) pudessem dizer de suas "histórias-de-vida". Escuta suas emocionalidades ao perceber-se negras(os) como condição estabelecida pelo(a) branco(a), na constituição das vicissitudes possíveis para fazer frente ao modelo exitoso de selvageria imposto pelo racismo estrutural que permeia as relações culturais brasileiras.

---

80 > Ibid., p. 160.

81 > Neusa Santos Sousa, Tornar-se negro ou As vicissitudes do negro brasileiro em ascensão social. Rio de Janeiro: Zahar, 2021.

Neusa Santos Souza, nessa sua obra potente, expressa seu anseio de propiciar condições para que o negro consiga constituir um discurso próprio sobre si, no que tange à sua emocionalidade em ser negro em uma sociedade eminentemente branca sob todos os aspectos. Sociedade que o chama de forma apelativa para a ilusão de uma possível ascensão social, cujas bases de sustentação são marcadas pelo imperativo de embranquecimento. Questiona, no transcorrer das análises dos discursos acessados, como cada um se percebe negro, frente a um protótipo de se ver em um espelho branco, em uma luta cruel e inalcançável para identificar-se. Destaca assim o preço psíquico e estrutural a se pagar na forma do fracasso que se dá nesse embate. Conclama em seus estudos para o descortinar do véu daquilo que é visto, mas não falado e que, como tal, traz uma carga intensa de verdades a se desvelar. Daquilo que diz respeito a saber-se negra(o), tendo em mente a quebra de mitos que sustentam, de forma imaginária, situações, lugares, comportamentos e percepções que encobrem o real. Incita a despedaçar os muros que impedem possibilidades de elaborações que criem condições para deslizar-se em busca de significantes outros. Significantes que possam trazer em seu bojo a marca afirmativa da prevalência da diferença como possibilidade de novos saberes e fazeres constituintes.

A autora vem tratar também da constituição narcísica do ideal de ego, como mecanismo que possibilita entender a ideologia em que o negro(a) está imerso. Ideologia imposta como um ideal a ser atingido, na grande maioria das vezes frustrado pelas barreiras impostas, pela perpetuação do poder de privilégios do branco, que estará sempre a lembrá-lo de que ser branco lhes é impossível. Fica implícita aí a condição de fracasso, que será, dentre outros fatores, o desencadeador ou a causa de sintomas em processos de adoecimento que comprometem a autoestima, elevando a patamares insuportáveis, os sentimentos de inferioridade, as inseguranças, angústias, fobias, ansiedades, melancolias, depressões, podendo culminar até em suicídios.

Sentencia neusa santos souza:

> O negro que elege o branco como ideal de ego engendra em si mesmo uma ferida narcísica, grave e dilacerante, que, como condição de cura, demanda a construção de um outro ideal do ego. Um novo ideal de ego que lhe configure um rosto próprio, que encarne seus valores e interesses, que tenha como referência e perspectiva a história. Um ideal construído através da militância política, lugar de privilégio de construção transformadora da história.[82]

82 > Ibid., 2021, p. 77.

Ela trata aqui de um deslizar para novos significantes, forjadores de um devir constituído como que em uma sankofa[83], em que é necessária uma busca no passado das origens ancestrais, para se conhecer de onde se vem, ressignificar no presente o entendimento dessas origens, objetivando projetar o lugar aonde se quer chegar na constituição de um ideal de ego.

a cor do inconsciente e as significações no corpo

Em continuidade do desfiar desse potente fio condutor, Isildinha Baptista, em seu livro recém-lançado, baseado em sua tese de doutorado, que traz como título *A cor do inconsciente – significações do corpo negro*[84], nos proporciona uma riquíssima contribuição ao que Neusa Santos Souza já havia constituído sobre o narcisismo e o ideal do ego. Realça a complexidade corpórea de se saber negro, destacando os processos que demarcam esse corpo negro como "insuficiente" para existir segundo os preceitos de um vir a ser segundo o modelo de projeção branco. Ela pontua que

> há uma dissonância, aí, entre esquema corporal e imagem do corpo, que se expressa quando o negro idealiza para si uma imagem de corpo que não corresponde a seu esquema corporal – quando é este que, teoricamente, daria ao negro o sentimento de universalidade, de pertencer à espécie humana.[85]

Condição impossível de ser menos conflituosa existencialmente, na medida em que tais demarcações particularizadas – que incidem sob a espessura de cabelo, nariz, lábios, e cor de pele – são construções imagéticas instituídas de um corpo cujos pais, avós e bisavós também foram assim marcados. Por mais que intencionalmente se busque trabalhar para que essas repetições deixem de se inscrever com a força destruidora que portam, como repetições traumáticas e desumanizantes, essas se dão e comparecem como uma herança maldita.

Isildinha vem chamar a atenção para o viés de um comprometimento da "continuidade narcísica" de um corpo retalhado, instituído a partir do olhar do Outro, que o tem como aquele que já porta um vir a ser insuficiente em sua "coesão narcísica". Um negro que, em relação ao seu próprio corpo, o apresenta a partir de uma "insuficiência" em forma de um fantasma que o persegue e o faz claudicar.

---

83 > "[...] um conjunto de ideogramas chamados *adinkra*, representado por um pássaro que volta a cabeça à cauda. O símbolo é traduzido por: "retornar ao passado para ressignificar o presente e construir o futuro". Itaú Cultural, *Projeto Ocupação – Abdias Nascimento*. Disponível em: < https://www.itaucultural.org.br/ocupacao/>. Acesso em: 1º set. 2022.

84 > Isildinha Baptista Nogueira, *A cor do inconsciente: significações do corpo negro*. São Paulo: Perspectiva, 2021.

85 > Ibid., p. 106.

Maria Lúcia da Silva, por sua vez, explicita de forma operacional o "racismo como causa de sofrimento psíquico", que interfere nas vidas de negros e brancos. Acresce, com uma nodulação a mais nesse fio condutor, que em potência torna-se histórico, ao produzir o livro *O racismo e o negro no Brasil: questões para a psicanálise*[86], que se propõe a "tirar o tema racismo de debaixo do tapete". Destaca sua presença nas relações no âmbito das instituições e discute intervenções clínicas voltadas para a população de vários tons de melanina, numa das quais ela contribui como uma das idealizadoras. Aponta a necessidade da busca de "caminhos de superações" para as causas e efeitos perversos, ao considerar as relações racializadas como base de resistência da equipe para o reviramento necessário para se desenvolver uma escuta desse furo que comparece no discurso negro.

Postula que essa escuta não se constitui ao acaso e sim no movimento coletivo de imersão entre seus pares de pessoas brancas e negras, para a instituição de um processo reflexivo coletivo de "quebra de um ciclo de repetições..., no sentido de temporalizar o passado...". Afirma a disposição de um recordar para não precisar repetir o que é da ordem do sofrimento, que se inscreve, mas que solicita os cuidados precisos para cessar de repetir, num tempo outro, em um porvir.[87]

Realça a necessidade de atentarmos para o fato de que o racismo atravessa as relações na sociedade brasileira e, como tal, há que se revisitar, reconhecê-lo como fator determinante da história desse país para se ter a dimensão de como essas relações se estruturam. Somente assim será possível "identificar as marcas em nós congeladas e que impedem o fluxo natural da nossa energia, na perspectiva de que a elaboração possa nos tornar sujeitos, mais criativos mais espontâneos".[88]

É a partir desse arcabouço teórico que não se esgota em si, pelo contrário, convida-nos a nos debruçar sobre ele através da prática de uma escuta flutuante que se constrói uma clínica que se pretende antirracista e decolonial. Uma clínica que possa trazer elementos para se instituir linhas que possam melhor nos conduzir no manejo do processo transferencial em que questões de ordem traumática advindas das relações racializadas emergem.

Exige-se um manejo construído *a priori* no contexto de uma suposição de saber dirigida ao psicanalista negro(a) por uma demanda de amor, tendo como premissa expectativas forjadas através de equívocos, alimentados e atualizados pelo próprio racismo estrutural. Assim

---

86 > Noemi M. Kon, Cristiane C. Abud e Maria Lúcia da Silva, *O racismo e o negro no Brasil: questões para a Psicanálise*. São Paulo: Perspectiva, 2017.

87 > Ibid., p. 74.

88 > Ibid., p. 75.

o psicanalista negro constitui-se como aquele que em sua singularidade apresenta o que de universal todos portam enquanto prerrogativa de humanização.

Há que se questionar se não estaria aí a marca de introjeção inconsciente de todas as insuficiências, que faz com que o negro(a) não consiga crer ou duvide que o branco(a) possa se ater sobre o que é o seu sofrimento psíquico, devido aos lugares estruturais em que cada um se apresenta, oriundos de uma estrutura opressora de poder de subjugação garantidores de privilégios historicamente introjetados pelos brancos(as).

O que faz com que o negro(a), como forma de defesa, de resistência, se recolha em sua subjetividade junto aos seus, numa repetição necessária de sobrevivência identitária. Essa defesa se sustenta na elaboração de uma construção imaginária que simboliza em ato que, para lidar com as suas questões, é preciso que vá ao encontro, como que num jogo de identificações primeiras, daquelas e daqueles que possam acolher sua dor que diz respeito ao que foi experienciado no coletivo de pertencimento historicamente segregado e racializado.

Contribuir para a quebra desses significantes que atravessam o tamponamento do real da falta derradeira, que agencia o que no Outro possa se constituir como aquele que não porta a resposta que o outro necessita para o seu reconstruir-se nesse lugar de perpetuação de privilégios. É o que se apresenta para essa clínica que ora emerge, com a força de representar o desejo de fala de uma maioria minorizada que se une e se insurge contra o poder estabelecido no conjunto das relações e cultura de um país, que já não interessa mais.

Assim é que, ao desenvolvermos em metáfora um olhar desenvolto de observações e registros, reafirmando-os e postulando uma transmissão que se dá, que mais uma vez, ao se (re)enlaçar, propicia lapidar tais conceitos, acrescidos de outras verdades elaboradas. A legitimidade que possuem há de abrir caminhos, num continuum de passagens irrevogáveis dirigidas à psicanálise brasileira em sua respeitabilidade e sobrevivência dita revolucionária.

concluir para abrir

Assim é que, na insurgência dos que já não postulam a invisibilidade enquanto existência discursiva, por conta de um inconsciente colonizado, é que, passo a passo, estamos chegando. Viemos para ficar e para falar de um outro lugar, de onde nos autorizamos a dizer da existência de corpos negros marcados por sofrimentos psíquicos causados pelo racismo, que sim são questões para a psicanálise.

Assim o fazemos a partir da necessidade desse novo tempo, o "tempo de nos (re)aquilombar",[89] escutar o que vem sendo produzido também por psicanalistas brancas, que se

89 > "É tempo de formar novos quilombos, em qualquer lugar que estejamos, e que venham os dias futuros, salve 2021, a mística quilombola persiste afirmando: 'a liberdade é uma luta'". Conceição Evaristo, *Tempo de nos aquilombar. Blog cultura*

percebem atravessados em seu lugar de branquitude. Tal qual a psicanalista e professora do Departamento de Psicologia da UFMG Andrea Guerra, que em seu oportuno e contundente artigo "Branquitude e Psicanálise: segregação racial e a matriz colonial do saber", dentre as muitas articulações para explicitar o histórico processo de colonização do inconsciente pelo racismo, propõe destacar como uma aposta, a constituição de uma psicanálise que possa quebrar o pacto narcísico branco, desenvolvendo *práxis* que "abalem a estrutura de segregação, advinda pulsionalmente da projeção do gozo sobre o corpo racializado"[90]. Convida-nos, através do espaço de poder que a sua condição lhe outorga, a repensar junto a seus pares – a exemplo do Professor do Departamento de Psicologia da UFES, Fabio Bispo e de Mariana Mollica da Costa Ribeiro, pós-doutoranda na UFRJ –, a estabelecer um projeto de estudos, pesquisas e clínicas para uma psicanálise antirracista e decolonial, que vem dando vida pulsante aos coletivos de "Ocupação Psicanalítica", nos Departamento de Psicologia das faculdades federais de Minas Gerais , Espírito Santo, Rio de Janeiro e, mais recentemente, a do Recôncavo da Bahia. Que em seus fazeres a partir das singularidades da iniciativa de trabalhos de cada, têm proporcionado investimentos para que essa transmissão de saberes venha a ser oficializada como discurso permanente de formação psicanalítica nas instituições universitárias, escolas e institutos.

No sentido de considerar os trabalhos pioneiros de descortinamento realizados pelas psicanalistas negras, uma contribuição significativa que aqui faço é destacá-las como norte, como sustentação que externa com vigor a identidade de uma abordagem que vem se constituindo como uma clínica que considera o sofrimento psíquico causado pelo racismo como uma questão a ser acolhida pela psicanálise.

Uma clínica que, no manejo intencional do processo transferencial com essas produções, tem buscado sair do estado de invisibilidade, instituindo-se a partir de um processo de ascensão, através da formulação de conceitos transversais que possibilitam observar e nomear os mecanismos de identificação que imprimem nas identidades negras formas instituintes, que reverberam *a posteriori*. Isso pode acontecer, por exemplo, quando, na escolha por parte do postulante a um processo analítico, a quem dirigirá a sua demanda considerando ser esse(a) a quem ele(a) supõe saber de que ordem é o seu sofrimento, que a depender do manejo a ser operado, pode efetuar um deslizar que possibilite o acesso a camadas até então não alcançadas e que, ao serem, podem significar um processo de desvelamento e ressignificação.

do RN, 19 jul. 2021. Disponível em: <http://culturadorn.blogspot.com/2021/07/tempo-de-nos-aquilombar-conceicao.html>. Acesso em: 1º set. 2022.

90 > Andrea Máris Campos Guerra, "Branquitude e Psicanálise: segregação racial e a matriz colonial do saber", *Revista Espaço Acadêmico*, v. 21, n. 230, 2021, p. 55.

Os ensaios de alçarmos com os nossos discursos os templos sagrados da psicanálise brasileira, que silenciaram por vários anos convenientemente, destacam a certeza de que é tempo de subverter esse pretenso esquecimento, esse cultivo de (des)conhecimento. Nossa expectativa é poder tomar os nossos lugares à mesa de partilha e desfrute dos saberes metodológicos, políticos e filosóficos, que em seu teor universalizado, também nos pertencem e pode parar de ser utilizado contra nós. Também podem se coadunar às nossas concepções filosóficas de sujeitos desejantes no mundo, portadores de diferenças a serem colocadas em comum, como condição de um existir, que singulariza, que agrega, que soma e que partilha.

A retirada da mordaça que tenta silenciar-nos malogra ali onde bem sabemos que persiste a corporificação do grande Outro que o branco traz em si. Estamos cientes de que cada um de nós, brancos(as) e negros(as), já portam em si algo da ordem de um estranhamento, advindo da estruturação instituída a partir dos primeiros laços existenciais a que somos submetidos. É nos encontros que saímos a constituir pela vida à fora que referendamos esses laços, segundo preceitos advindos principalmente da exterioridade, ou os ressignificamos, abrindo novos caminhos.

É com essa certeza que insistimos em seguir com o nosso caminhar, tendo como concepção de ação continuar forjando uma pretitude ativa que, ao acessar os conhecimentos acadêmicos – colocando em ação um tempo de "recordar, repetir e elaborar", bem freudiano, que apregoa que "o esquecimento de impressões, cenas, vivências, reduz em geral a um bloqueio deles"[91] –, tenciona, através da produção das autoras negras, quebrar as resistências. Bem se sabe que, quando algo essencial que estava encoberto é acessado, permite-se a eliminação de camadas encobridoras de verdades do passado que, se trabalhadas, pode melhor dizer da complexidade de ser negro no presente, tendo em vista um devir a se constituir.

Estamos em um contexto estruturante de tomada de consciência de que as relações pautadas pelos preceitos racializados do poder necessitam passar por processos de elaboração para que uma nova ordem possa vigorar. É preciso que esses preceitos sejam questionados e subvertidos, sob a égide de que as memórias não devem ser alçadas jamais ao esquecimento, para que sejam superadas, camada por camada, as repetições dos impulsos neles contidos. Para se instituir algo novo, não temos que nos haver com tudo isso?

---

91 > Sigmund Freud, *Observações psicanalíticas sobre um caso de paranoia relatado em autobiografia*: ("O caso Schreber"), artigos sobre técnica e outros textos (1911-1913), trad. de Paulo César de Souza. São Paulo: Companhia das Letras, 2010, p. 196.

seção 1

<.>

ocupar a universidade: ações afirmativas contra o racismo

> silva, maria[92] <.> universidade e racismo[93] <

A entrada na universidade reedita a violência racial vivenciada no primeiro momento da vida escolar e, pela ausência de oportunidades de elaboração psíquica dessas vivências, ela retorna com toda a carga afetiva vivida na infância. Produz efeitos deletérios ou aberturas potentes. Por isso, as universidades têm um papel social importante quando falamos de enfrentamento ao racismo. E, para isso, temos que falar, necessariamente, da conquista das ações afirmativas. A ação por sua defesa, desencadeada pelo movimento negro brasileiro, teve seu desfecho positivo com a decisão de sua constitucionalidade pelo STF, em 2012, após um amplo e acirrado debate na sociedade brasileira.

Os argumentos dos opositores às ações afirmativas foram diversos:

> [...] essas feririam o princípio da igualdade; subverteriam o princípio do mérito; seriam de aplicação impossível; prejudicariam os próprios negros; desviariam a atenção do "problema social"; [...]; levariam à formação de uma elite negra; discriminariam os brancos pobres; seriam inconstitucionais; seriam humilhantes para os negros; prejudicariam a qualidade das instituições que as adotassem, etc.[94]

Sabemos que, majoritariamente, os estudantes das universidades públicas se constituíam de pessoas brancas da elite e classe média, utilizando o argumento da meritocracia para justificar essa realidade. Para além das resistências que ainda persistem de setores da sociedade, há que levar em conta a existência de uma recusa, "um modo de defesa

---

92 > Ativista negra feminista e defensora dos direitos humanos das mulheres desde a década de 1980; brasileira, co-fundadora e Diretora-Presidente do Instituto AMMA Psique e Negritude. Psicóloga e Psicanalista especializada em trabalhos em grupos com recorte de gênero e raça. Experiência de formação na temática das relações raciais e gênero, com ênfase em racismo institucional e efeitos psicossociais do racismo. Integrante da Junta Diretiva do Fundo de Ação Urgente, sediado na Colômbia. Coordenadora Geral da Articulação Nacional de Psicólogas(os) Negras(os) e Pesquisadoras(es). Empreendedora Social da ASHOKA – Empreendimento Social, desde 2005

93 > Texto ampliado e originalmente apresentado na Mesa 3: Políticas sociais e educacionais: conquistas e novas lutas, no Seminário raça negra e educação: 30 anos depois - e agora do que mais precisamos falar? Realizado no período de 21 a 23 de agosto de 2017 pela Fundação Carlos Chagas e parceiros. Título original: A população negra, a educação e os efeitos psicossociais do racismo.

94 > Sales Augusto dos Santos (org.), *Ações afirmativas e combate ao racismo nas Américas*. Brasília: Ministério da Educação: UNESCO, 2005, p. 5.

consistente, em que o sujeito se recusa à *percepção de uma realidade traumatizante*",[95] em considerar o processo de colonização e escravização no Brasil, existente por mais de quatro séculos, como promotor de desigualdade.

O racismo é provavelmente "o maior acidente histórico sofrido pelos africanos e seus descendentes, pode ser descrito como um processo histórico e sistemático de negação pura e de desvalorização contínua dos atributos humanos dos afrodescendentes, que os impede de exercitar plenamente a sua cidadania".[96]

As primeiras universidades a implantarem ações afirmativas no Brasil foram a Universidade Federal do Rio de Janeiro, em 2003, e a Universidade de Brasília, em 2008. Mas só em 2012, após intensos debates, o STF considerou constitucional a adoção de cotas raciais a fim de corrigir distorções e desequilíbrios prévios, considerando o princípio da igualdade material e da isonomia.

As pesquisas provaram a inconsistência dos argumentos dos opositores à implantação das ações afirmativas. Hoje, é um fato notório que elas trouxeram, com o ingresso de negros, indígenas e pobres, um novo colorido, frescor, novos questionamentos, contribuições epistemológicas, mas também novas demandas às universidades públicas brasileiras. Mas isso não foi sem custo, inclusive de muitas vidas perdidas.

Esse processo produziu um recrudescimento do racismo, uma violência cuja definição de Marilena Chaui "é um ato de brutalidade, sevícia e abuso físico e/ou psíquico contra alguém ou sociedade e caracteriza relações intersubjetivas e sociais definidas pela opressão e intimidação, pelo medo e o terror".[97] Essa situação, que coloca o indivíduo vulnerável e suscetível, com efeitos maléficos em seu desenvolvimento, também restringe direitos fundamentais de liberdade, igualdade e vida.

Passados 18 anos da implantação das ações afirmativas, podemos identificar ainda um descaso e também uma falta de preparo das instituições universitárias públicas brasileiras face ao seu estabelecimento. Não há preparo para o debate ideológico, nem para lidar com os conflitos gerados nas relações raciais entre discentes e docentes, tampouco para o acolhimento e integração de jovens cotistas, sejam eles negros, indígenas ou simplesmente alunos vindos do ensino público.

O elitismo ainda vigente nas universidades públicas, aliado ao racismo institucional, causam danos, por vezes, irreparáveis, aos alunos cotistas, fazendo-os viver uma experiência de desvalorização, desqualificação, de insuficiência permanente.

---

95 > Jean Laplanche e Jean-Bertrand Pontalis, *Vocabulário de psicanálise*. São Paulo: Martins Fontes, 1998.

96 > Maria Lucia da Silva e Damiana Miranda, "Saúde Mental e Racismo". Brasília: Mimeo, dez. 2001. Texto apresentado na III Conferência Nacional de Saúde Mental.

97 > Marilena Chauí, "Uma ideologia perversa", *Folha de S.Paulo,* São Paulo, ano 79, n. 25.547, Caderno Mais, p. 3, 14 mar. 1999.

De acordo com Jurema Werenck, o

> racismo estrutural é uma ideologia que se realiza nas relações entre pessoas e grupos, no desenho e desenvolvimento das políticas públicas, nas estruturas de governo e nas formas de organização dos Estados; um fenômeno de abrangência ampla e complexa que penetra e participa da cultura, da política e da ética. Para isso requisita uma série de instrumentos capazes de mover os processos em favor de seus interesses e necessidades de continuidade, mantendo e perpetuando privilégios e hegemonias.[98]

Com as ações afirmativas, também vieram denúncias de fraudes, das formas humilhantes como são tratados os estudantes e reivindicações não concedidas, entre elas um espaço de acolhimento psicológico com recorte racial, isto é, com profissionais preparados para escuta sobre o sofrimento psíquico promovido pelo racismo e pela discriminação presentes no cotidiano acadêmico.

Outra questão negligenciada é que não basta o ingresso, é necessária a garantia da permanência e da mobilidade por meio de bolsas que possibilitem alimentação, transporte e compra de materiais didáticos necessários à sua estada com qualidade. Esses aspectos têm se mostrado deficitários e expulsado muitos jovens da universidade. Portanto, são necessárias ações que garantam a sustentação material e emocional do cotista.

Outro fator importante é que as diferenças de rendimento entre negros(as) e brancos(as) aumentam à medida que aumenta a escolaridade, mas que o retorno do investimento feito em educação é menor para negros(as). Este cenário inevitavelmente promove para os discentes e docentes que se autodeclaram pretos e pardos uma peculiar e (re)conhecida relação com as instituições de ensino/aprendizagem, que é mediada pelo racismo e, portanto, permeada de estereótipos, preconceitos e visões reducionistas do potencial desses jovens.

Esse encontro desigual tem produzido, inevitavelmente, sofrimento psíquico, que se materializa por meio de diversos mecanismos, como: crises de ansiedade, angústia e recuo nas oportunidades de aparição pública, com medo da reedição dos ataques racistas vivenciados no cotidiano, provocada por professores ou alunos brancos.

Vannuchi assinala:

> As diversas formas de sociedade buscam dirigir e governar o exercício das trocas sexuais e agressivas, mas é impossível suprimir os excessos eróticos e a agressividade que coloca em risco a estabilidade dos vínculos. Cada cultura cria seus limites, mas, na impossibilidade

---

98 > Jurema Werneck. *Racismo institucional: uma abordagem conceitual.* São Paulo: Geledés – Instituto da Mulher Negra: Cfemea – Centro Feminista de Estudos e Assessoria, 2016, p. 11.

> de eliminar as moções agressivas, as direciona para "fora" do grupo. A imagem do "estrangeiro" como o inimigo seria um artifício, modo de defesa das coletividades, criado para reforçar a reunião entre os pares. É o que Freud chamou de "narcisismo das pequenas diferenças".[99]

É perceptível uma expectativa presunçosa, por parte dos discentes e docentes brancos na relação com a instituição acadêmica, de que o espaço acadêmico, em sua dimensão curricular, profissional, estudantil, arquitetônica, etc., deve se manter sem inclusão da composição racial e étnica de que é formado o país.

Sabemos que a escola é a primeira instituição social não familiar que exige das crianças um movimento novo, que é a saída do espaço doméstico, do espaço da casa, para fazer sua entrada no espaço institucional, no mundo formal das regras. Podemos caracterizar esse momento como o primeiro encontro com a violência social, o primeiro encontro com os conflitos sociais e com as regras de adaptação "num mundo" onde tudo é novo e com valores norteados pela branquitude. Essa é uma experiência que acompanha a criança em todo o seu processo de desenvolvimento e escolaridade, que vai do ensino fundamental ao superior.

A escola tem sido historicamente o espaço de veiculação e formação de uma imagem e um imaginário sobre o negro que só existe por construção do racismo. O período mais importante da vida de uma criança, no qual ela está se constituindo como sujeito, no qual sua personalidade está formada, é também o lugar no qual ela irá aprender, de forma sistemática e contínua, que vale menos. Dramaticamente, vai perceber que é diferente do outro, irá aprender que sua imagem é motivo de chacota e que não deve se esforçar, porque ninguém irá acreditar no seu valor.

Essa experiência irá marcá-la para sempre. Irá aprender que não tem um lugar, que não é digna de estar presente em determinados espaços e que, na maioria das vezes, será preterida e desvalorizada em relação a uma criança branca: será violentada em todas as instâncias da instituição, não haverá lugar de conforto, nem haverá descanso. Esse pode ser um momento de instalação de medos, ansiedade, angústia e de não desejar frequentar o espaço escolar, seja na infância, seja na vida adulta.

Na maioria das vezes, a criança não tem condições de nomear a experiência que está vivenciando. Isso só irá acontecer mais tarde, quando começa a perceber que as diferenças existentes entre ela e as outras crianças estão ligadas à sua condição racial. Silvia Alonso nos informa:

---

99 > Maria Beatriz Costa Carvalho Vannuchi, "A violência nossa de cada dia: o racismo à brasileira" in: Noemi Mortiz Kon, Maria Lúcia da Silva e Cristiane Curi Abud (orgs.). *O racismo e o negro no Brasil: questões para a psicanálise*. São Paulo: Perspectiva, 2017, p. 60.

> Há acontecimentos da infância que se inscrevem difusamente, marcas psíquicas que ficam informes, indefinidas, à espera de um acontecimento e que só depois adquirem sentido. Temos então a ideia de um passado que não é fixo, mas que se ressignifica no presente.[100]

Sabemos que o racismo é um elemento que, além de promover sofrimento psíquico, é também produtor de traumas. O trauma é um evento real acompanhado de uma experiência subjetiva que promove crise de ansiedade e angústia, culpa, sentimentos de vergonha e a experiência de estar desamparado, sem defesa e diante de pessoas não confiáveis. Podemos perceber esse fenômeno nos diferentes relatos, denúncias e vivências de discriminação racial que, na maioria das vezes, acontece em espaços públicos. Nesses momentos, o sujeito fica exposto e é requerido dele um grande investimento de energia física e psíquica para enfrentar a situação. Na maioria das vezes, a pessoa está sozinha, em uma situação que produz descontroles e perturbações físicas e emocionais.

Pensando nos estudantes universitários negros e em suas atuações políticas, é notório o quanto de carga emocional implica fazerem suas aparições e denúncias, e os desgastes e impactos continuados em seu processo de formação e desenvolvimento. Podemos nos perguntar: por que é tão violento o espaço da Universidade Pública, se quando o jovem lá chegar, já terá passado por todo esse processo e, provavelmente, já tem um discurso formado sobre sua experiência de violência racial?

Daí decorre nossa hipótese de que a entrada na universidade atualiza e repete a violência racial vivenciada no início da vida escolar. E, muitas vezes, pelo fato de o estudante não ter tido a oportunidade de elaborar essas vivências de violência racial, elas podem retornar com toda a carga afetiva e pulsional vivida na infância. Elaboração é uma

> expressão utilizada por Freud para designar, em diversos contextos, o trabalho realizado pelo aparelho psíquico com o fim de dominar as excitações que chegam até ele e cuja acumulação corre o risco de ser patogênica. Este trabalho consiste em integrar as excitações no psiquismo e em estabelecer as conexões associativas.[101]

Hornstein diz que a psicanálise se caracteriza pelo fato de "converter a história em passado, já que esta não é passado até que se elabore, isto é, recordar para poder esquecer". E continua:

---

100 > Silvia Leonor Alonso, "O tempo que passa e o tempo que não passa", *Revista Cult,* São Paulo, n. 101, abr. 2006. Disponível em: <https://revistacult.uol.com.br/home/o-tempo-que-passa-e-o-tempo-que-nao-passa/>. Acesso em: 1º set. 2022.

101 > Jean Laplanche e Jean-Bertrand Pontalis, *Vocabulário de psicanálise.* São Paulo: Martins Fontes, 1998.

"A recordação é o começo do esquecimento, na medida em que desatualiza o passado, temporaliza-o. A repetição, pelo contrário, é efeito da atemporalidade do inconsciente, é o passado que se dá como presente porque é esquecido como passado".[102]

Sabemos que as universidades públicas, formadas em sua maioria por pessoas provenientes de escolas privadas, são um espaço constituído pelas elites, que têm uma história e um lastro vinculado ao processo escravocrata. Está acostumada a ser servida e a estabelecer uma relação de subordinação, desvalorização e de descrédito em relação ao trabalho intelectual quando relacionado às classes populares, particularmente, os negros.

Das histórias que ouvimos, o que se evidencia é um esforço/investimento para informar ao negro que lá não é o seu lugar. O professor faz de conta que não vê a mão do aluno negro levantada, sua relação com o aluno negro é sempre de evitação e/ou de desvalorização. É a repetição da experiência vivida nos primeiros anos do ensino fundamental, uma continuidade da estratégia de invisibilização/negação e/ou desvalorização de sua presença.

Nas universidades públicas e nas particulares tradicionais, negros e negras ficam destacados, visíveis e invisíveis ao mesmo tempo. Visível, quando se trata de colocá-lo "em seu lugar": o lugar de desvalorização. Invisível, quando não lhe é creditado seu valor.

Vannuchi afirma:

> Até a instituição do Direito, que teria a função de regular os excessos e assegurar a igualdade, não alcança a inclusão de todos. Em primeiro lugar, porque a interdição à satisfação dos impulsos destrutivos nunca chega a eliminar sua pressão, pois o que é reprimido, retorna. Em segundo lugar, porque quem faz as leis são os homens e aqueles que têm maior visibilidade e força dentro de uma comunidade são os que legislam e executam as normas que protegem seus interesses. Portanto, a lei deixa sempre como resíduo a marca do exercício de dominação, que persiste como elemento irredutível nas relações humanas. Sempre uns têm mais proteção e pertença em detrimento de outros e isso gera, como consequência, a designação daqueles que valem e dos que não têm valor para o grupo, tornando estes últimos seus "bodes expiatórios".[103]

Esse processo de reflexão tem apontado a necessidade de políticas, programas e estratégias de maior efetividade. No âmbito acadêmico, podem ser mencionadas a garantia de assistência estudantil, a capacitação do corpo docente e a implementação de serviços de apoio psicopedagógicos, por exemplo. Além disso, deve haver a elaboração e implementação de políticas públicas que possam, de fato, melhorar os indicadores acerca da participação de negros(as)

---

102 > Luís Hornstein, *Introdução à psicanálise*, trad. de Maria Ângela Santa Cruz. São Paulo: Escuta, 1989, p. 74.

103 > Maria Beatriz Costa Carvalho Vannuchi, "A violência nossa de cada dia: o racismo à brasileira" in: Noemi Mortiz Kon, Maria Lúcia da Silva e Cristiane Curi Abud (orgs.). O racismo e o negro no Brasil: questões para a psicanálise. São Paulo: Editora Perspectiva, 2017, s. p.

nas instâncias acadêmicas, com maior ingresso e garantia de permanência, além de apontar estratégias pessoais de enfrentamento e superação a serem potencializadas.

Por outro lado, a necessidade de instituição de espaços para elaboração das feridas narcísicas produzidas pelo racismo nos convoca a todas e todos à construção de estratégias de acolhimento e espaços de elaboração das humilhações vividas que favoreçam aos jovens saírem do isolamento que se encontram nas universidades e possam encontrar um solo fértil para manifestação de seus talentos e sonhos.

Para finalizar, lembro que em 2022 completaram-se dez anos da instalação das ações afirmativas. Novas avaliações serão realizadas para apontar sua efetividade e ganhos, entre outros fatores. Estamos vivendo um contexto de perdas de muitas conquistas e é necessário acompanhar e intervir, positivamente, nesse debate, a fim de garantir a continuidade dessa conquista.

> fleury, daniely[104] • lommez, cláudia[105] • correa, licinia[106] • lousada, márcia[107] • miranda, shirley[108] • vago, tarcísio[109] <.> entrar, permanecer e não retroceder: a universidade pública como lugar de afirmação de direitos

introdução – "novos sujeitos, novas políticas"

Chegar, entrar, ocupar e permanecer em uma Universidade Federal. Sonho que se tornou possível para muitos(as) apenas recentemente, a partir da combinação de políticas públicas que promoveram a expansão do acesso ao ensino superior do Brasil de modo a alcançar parcela da população historicamente posicionada à margem dos processos de inclusão e de cidadania.

O tempo nos oferece a oportunidade para dimensionar o impacto de tais políticas, implementadas no Brasil na última década, e que reverberaram no acesso de estudantes pobres, negros (pretos e pardos), indígenas e com deficiência à UFMG e às demais universidades brasileiras.

---

104 > Diretora da Diretoria de Políticas de Ações Afirmativas da Pró-reitoria de Assuntos Estudantis da UFMG.

105 > Servidora do CEFET-MG, em Cooperação Técnica com a Pró-reitoria de Assuntos Estudantis da UFMG.

106 > Pró-reitora Adjunta de Assuntos Estudantis da UFMG.

107 > Diretora da Diretoria de Políticas de Apoio a Projetos de Estudantes da Pró-reitoria de Assuntos Estudantis da UFMG.

108 > Diretora da Diretoria de Políticas de Assistência Estudantil da Pró-reitoria de Assuntos Estudantis da UFMG.

109 > Pró-reitor de Assuntos Estudantis da UFMG.

Há nesse particular, um quarteto de políticas públicas instituídas pelo Governo Federal, no período de 2010 a 2016, que, juntas, contribuíram decisivamente para expandir a democratização do ensino superior.

O Programa Nacional de Assistência Estudantil (PNAES) foi a primeira dessas políticas, criado com o Decreto nº 7234, de 19 de julho de 2010, tendo como finalidade ampliar as condições de permanência de jovens na educação superior pública federal ao minimizar os efeitos das desigualdades sociais e regionais que atravessam sua existência e afetam sua vida universitária, dificultando sobremaneira seu percurso universitário e a conclusão da educação superior. O PNAES possibilita a realização de programas de assistência para esses jovens, garantindo condições de moradia, alimentação, transporte, cultura, atenção à saúde e inclusão digital.

Além de ser uma política para garantir assistência, fornecendo os suportes básicos para a materialidade da vida, compreendemos que o PNAES abriu caminho para outras três políticas de expansão do ensino superior, articulando-se com elas para robustecer o sentido público e democrático das universidades.

Nessa toada, a promulgação, em agosto de 2012, da Lei n. 12.711, a conhecida "Lei de Cotas", estabeleceu reserva de 50% das vagas dos cursos de graduação para egressos do ensino médio público, sendo metade da reserva necessariamente direcionada para estudantes de baixa renda, havendo ainda o requisito de que se reserve, em cada caso, a proporção de estudantes autodeclarados negros (pretos ou pardos) e indígenas equivalentes à proporção observada no último censo populacional do Estado. A Lei de Cotas, uma das modalidades mais expressivas de política de ação afirmativa,[110] incluiu o elemento racial como objeto de atenção e conferiu efetividade ao Estatuto da Igualdade Racial que, em seu artigo 4º, estabelece o dever de implementação de programas de ação afirmativa destinados ao enfrentamento das desigualdades étnico-raciais.

Vale notar, porém, que na UFMG os processos de ingresso foram paulatinamente se modificando para incluir critérios afirmativos (Tabela 1). Nos Vestibulares de 2009 a 2012, a UFMG adotou o Programa de Bônus que previa o acréscimo de 10% sobre a nota final para aqueles que comprovassem o tempo mínimo de sete anos letivos de estudo em escola pública e mais 15% para aqueles autodeclarados pretos ou pardos. A política de Bônus constituiu uma ação afirmativa inicial e foi substituída pelo sistema de cotas, em acordo com disposto na Lei n. 12.711/2012.

---

110 > "*Grosso modo,* as ações afirmativas raciais em vigor no Brasil visam, por exemplo, modificar o viés racista de uma determinada estrutura social alterando as posições historicamente destinadas aos negros e reconduzindo-os a espaços de privilégio e poder. Se amplas e bem-sucedidas, tais medidas podem contribuir para o aumento da dissociação entre negritude e pobreza, o que pode suscitar efeitos ideológicos e práticos diversos" (Luiz Algusto Campos, "Racismo em três dimensões: uma abordagem realista-crítica", *Revista Brasileira de Ciências Sociais*, v. 32, n. 95, 2017, p. 16.).

Tabela 1 – Caraterísticas dos processos de ingresso na UFMG, 2009-2018/1

	Processo Seletivo			
Ano	1ª Etapa	2ª Etapa	Nº de edições	Ação Afirmativa
2009	UFMG	UFMG	-	Bônus de 10% e 15%
2010	UFMG	UFMG	-	Bônus de 10% e 15%
2011	ENEM	UFMG	-	Bônus de 10% e 15%
2012	ENEM	UFMG	-	Bônus de 10% e 15%
2013	ENEM	UFMG	-	Cotas 12,5%
2014	SISU	-	2	Cotas 25%
2015	SISU	-	2	Cotas 37,5%
2016	SISU	-	1	Cotas 50%
2017	SISU	-	1	Cotas 50%
2018	SISU	-	1	Cotas 50%

Fonte: UNIVERSIDADE FEDERAL DE MINAS GERAIS, *Plano de Desenvolvimento Institucional 2018-2023*. Belo Horizonte: UFMG, 2018.

Ao promover uma profunda transformação na política de ingresso nas universidades, as cotas representaram um marco no reconhecimento de direitos da população negra e indígena no campo jurídico e, assim, fortaleceram a identidade desses grupos raciais como elemento de cidadania[111]. Ademais, a discussão pública em torno do tema e a necessidade da autodeclaração para ingresso na política, incita a população brasileira a se pensar racialmente e, por conseguinte, coloca em xeque ideias que "inventaram" o Brasil como um país essencialmente miscigenado, como se fosse uma expressão de uma perfeita "democracia racial".[112]

Na UFMG, ao observarmos a série histórica, notamos uma crescente no que tange à declaração de raça. De 2008 para 2009, período correspondente ao início do sistema de bônus raciais, a proporção de pessoas declaradas negras (pretas e pardas) passou de cerca de 27% para mais de 42%. Pontualmente, em 2014, há uma redução do número de pretos e pardos, quando ocorre a transição para o sistema de cotas. Porém, essa redução é acompanhada pelo aumento daqueles que não desejam declarar. Posteriormente, com a aplicação progressiva das cotas nos diversos cursos da UFMG, esse número voltou a crescer. Juntamente com a aplicação de recursos do Plano Nacional de Assistência Estudantil (PNAES), a Lei

---

111 > Joaquim Benedito Barbosa Gomes, Ação afirmativa e princípio constitucional da igualdade: o direito como instrumento de transformação social: a experiência dos EUA. São Paulo: Renovar, 2001.

112 > Trata-se de uma ideia (um mito) que forjou as relações raciais no Brasil, consolidando a narrativa harmônica de que todos os grupos raciais estariam em condições de igualdade, escamoteando, assim, as desigualdades raciais e a questão geral da discriminação. Gilberto Freyre, chega a apontar para a formação de uma metarraça brasileira, tomando a miscigenação como caráter essencial (Antonio Sérgio Alfredo Guimarães, "Depois da democracia racial", Tempo Social, v. 18, n. 2, 2006, pp. 269-287).

de Cotas, por sua vez, possibilitou a ampliação do perfil sociorracial dos ingressantes no ensino público superior.

Posteriormente, com a redação conferida pela Lei n. 13.409, de dezembro de 2016, a política se ampliou também às pessoas com deficiência, contemplando reserva de vagas para esse grupo nas Instituições Federais de Ensino Superior em proporção respectiva à população de pessoas com deficiência na unidade da Federação onde está a instituição, observando o censo do IBGE. Com isso, foi amplido o espectro de inclusão nas Universidades.

Também a Portaria Normativa nº 21 do MEC, de novembro de 2012, que reorganizou o Sistema de Seleção Unificada (SISU) para seleção de estudantes a vagas em cursos de graduação das instituições públicas e gratuitas de ensino superior, com base nos resultados obtidos por estudantes no Exame Nacional do Ensino Médio (Enem), permitiu que estudantes das diversas regiões do Brasil pudessem escolher seus destinos de estudo. O caráter nacional do processo, associado à desnecessidade de deslocamento do candidato para a realização de provas, eliminou barreiras geográficas que se apresentavam logo de início.

Na UFMG, observamos um declínio da proporção de pessoas nascidas em Belo Horizonte. Os dados indicam que, até 2013, 60% dos ingressantes na UFMG eram pessoas nascidas em Belo Horizonte. Já em 2018, esse percentual caiu para menos de 55%. Essa tendência se manifestou, sobretudo, após 2014, com a adoção do SISU como principal forma de ingresso na Universidade.

Com a combinação desse quarteto de políticas promovidas no País, as Instituições Federais de Ensino Superior, incluindo a UFMG, passaram a experimentar uma experiência inédita – pode-se até dizer de uma experiência estética nova, distinta, diversa do que vivia até a primeira década do século XXI: novos sujeitos ingressam em seus cursos, e são sobretudo jovens vindos da população historicamente excluída da educação superior pública federal. Até então praticamente ausentes ou invisibilizados, eles e elas passaram a realizar o seu direito ao ensino superior público. Um avanço significativo, com repercussões na vida pessoal, acadêmica e profissional desses jovens, reverberando também nas práticas sociais. Do mesmo modo, sua chegada impactou também a vida da Universidade, com suas instâncias diversas, agora provocadas a questionar suas estruturas, a repensar e a refinar suas políticas para acolher essas juventudes e suas experiências de vida.

Sim, porque esses novos perfis de estudantes indagam, interpelam e, por isso mesmo, transformam a UFMG, ao trazer para ela, enriquecendo-a, outras práticas de sociabilidade, outras experiências estéticas e outros modos de produzir conhecimento. Reivindicam a reparação de uma longa e dolorosa história de exclusão de seus iguais por meio do reconhecimento de práticas e saberes, com a valorização de epistemologias que não são novas para eles e elas, mas que não se faziam presentes no campo acadêmico, seja na proposição de currículos dos diferentes cursos, seja na politização do modo de ser, de estar e pertencer a este lugar que é a Universidade, cujo sentido público passou a ser problematizado e expandido com as suas presenças ricas em diversidade.

Novos sujeitos, muitos deles pertencentes a grupos raramente incluídos na educação superior em nosso país, reconfiguram então o "corpo" da Universidade, não apenas quantitativamente, mas, sobretudo, qualificando em termos de raça, de etnia e de classe social, a participação da população brasileira na (re)invenção deste espaço de produção de conhecimentos e de poder. Progressivamente, vemos "a cara do Brasil" representada entre esses novos discentes: uma composição salutar para que a Universidade seja efetivamente pública, diversa e democrática, como direito de todas as juventudes.

Cientes de que a Universidade pública ocupa lugar relevante na redução das desigualdades sociais e na equalização de oportunidades, o novo contingente de estudantes que chegaram para ela vem redefinindo suas agendas de pesquisas, ao trazerem contribuições teóricas e analíticas advindas de suas vidas, de suas trajetórias e inquietações[113] políticas . Um movimento que educa, uma vez que estabelece processos sociais e políticos emancipatórios, desmistificando a ideia de que a educação superior é um privilégio a ser alcançado por poucos. Se assim ela foi historicamente, não pode continuar a ser: a Universidade pública é patrimônio do país, e todas as juventudes têm o direito de usufruir dessa experiência de formação, para com ela participar das práticas sociais.

Eles e elas chegaram, entraram e a força de suas presenças plurais oportuniza a Universidade a se repensar. Afinal, novos sujeitos demandam novas políticas.

"entramos e vamos permanecer" – desafios e perspectivas

Acompanhando esse movimento de transformação, em 2014, o Conselho Universitário da UFMG aprovou a criação da Pró-Reitoria de Assuntos Estudantis (PRAE)[114], que assumiu então a responsabilidade de conduzir a política de assuntos estudantis da UFMG, elaborando, implementando, coordenando, executando e avaliando programas, projetos e ações para garantir o direito de estudantes à Educação Superior. Uma estrutura necessária para elaborar políticas estudantis, em diálogo permanente com estudantes e com a sociedade.

---

113 > GONZALEZ, Lélia. *Por um feminismo afro-latino-americano: ensaios, intervenções e diálogos.* Organização, Flavia Rios, Márcia Lima. Rio de Janeiro: Zahar 2020.

114 > Resolução n. 11, do Conselho Universitário, de 11 nov. 2014: "Art. 2o À Prae compete: I – elaborar, coordenar e avaliar a execução de programas, projetos e ações para compor a política de assuntos estudantis; II – elaborar, coordenar e avaliar programas e ações de fomento a projetos acadêmicos propostos pelo corpo discente; III – elaborar, coordenar e avaliar programas, projetos e ações de assistência estudantil, a serem executados Fump; IV – elaborar, coordenar e avaliar programas e projetos de ações afirmativas ligados a assuntos estudantis; V – promover o permanente combate ao preconceito e às opressões de qualquer natureza, zelando pela equidade de direitos da comunidade estudantil; VI – coordenar as atividades de suas Diretorias Administrativas, Assessorias, Coordenadorias e Comissões de Trabalho; VII – manter articulação acadêmica com a Fump, as demais Pró-Reitorias e quaisquer setores da UFMG e da comunidade interna e externa para estabelecer convênios, acordos e parcerias visando à implementação e à articulação da política de assuntos estudantis."

A Política de Assuntos Estudantis da UFMG se estrutura em três eixos: Assistência Estudantil, Ações Afirmativas e Apoio a Projetos de Estudantes. Articulados e entrelaçados, esses eixos constituem a Política de Permanência de Estudantes da PRAE, orientada e amparada por princípios estruturantes: igualdade e direito à diferença; justiça social; democracia e participação; protagonismo estudantil; transparência e diversidade cultural e artística – é então com esses princípios que a permanência na UFMG é entendida, assim como pela PRAE, como um direito de estudantes, um passo subsequente à garantia do acesso à Universidade.

Para o exercício do direito à permanência, faz-se necessário o entrelaçamento estratégico de suportes para a materialidade da vida (alimentação, moradia, manutenção, transporte, saúde etc.) correspondentes à política de assistência estudantil. Salutar também é a realização de uma política de ações afirmativas que garanta a visibilidade e a representatividade dos diferentes sujeitos, reconhecendo suas identidades e garantindo de seus vínculos de pertencimento. E ainda, uma política de apoio a projetos de estudantes que reconheça seus saberes e garanta a realização de atividades propostas por eles(as) na Universidade, com vistas à formação integral e à transformação das realidades em que se inserem.

Em suma, a Política de Permanência de Estudantes da PRAE está sustentada no enlaçamento do suporte para materialidade da vida (é a assistência estudantil), com a visibilidade e a representatividade dos sujeitos (são as ações afirmativas) e com o reconhecimento dos saberes de estudantes (é o apoio a projetos de estudantes).

Há de se reconhecer, contudo, que a condição de permanência de estudantes na Universidade é multifacetada, isto é, está atravessada por questões de naturezas variadas, em que aspectos singulares se entrecruzam com marcadores sociais. Assim sendo, constitui um desafio da UFMG acolher, compreender e articular as dimensões sociais, culturais, étnicas, raciais, de gênero e de orientação sexual, de acessibilidade e econômicas, entre outras, que envolvem os sujeitos para encaminhar de forma eficiente suas políticas.

Certamente, para garantia da permanência, é preciso lidar e enfrentar "feridas sociais, ainda não cicatrizadas".[115] A despeito dos movimentos de mudança construídos nos últimos anos, persistem camadas solidificadas em nossa estrutura social que impactam na existência e permanência de estudantes, que são marcados pelo racismo, pelo sexismo, pela heteronormatividade e outras formas de opressão. Nesse sentido, fazer valer uma política de permanência é sobretudo consolidar a Universidade como um espaço de afirmação de direitos, reconstituindo lugares que foram estremecidos por uma história colonizadora.

115 > Nomei Moritz Kon, *O racismo e o negro no Brasil*. São Paulo: Perspectiva, 2020.

Aí residem o desejo e a necessidade de formar redes, constituir parcerias como a estabelecida com o Ocupação Psicanalítica na UFMG, que olham para os sujeitos-estudantes e a partir deles(as) problematizam como edificar uma política que contemple suas demandas e seus direitos. Uma vez constatada a reconfiguração dos perfis de estudantes da UFMG, passando a expressar um caráter mais democrático e representativo da população brasileira, cumpre-nos buscar novos horizontes e entender como garantir o direito a uma permanência qualificada, não apenas formal. Certamente, teremos que levar em consideração a experiência histórica das desigualdades no Brasil e como essa história reverbera na experiência individual dos sujeitos, em necessária escala social, dos sujeitos coletivos.

Diferentes pessoas, com trajetórias, identidades e vivências diversas, incluindo o desafio de, muitas vezes, serem intelectuais de primeira geração[116], demandam uma Política de Permanência com suportes materiais da assistência estudantil, mas também a escuta qualificada e o diálogo, sobretudo de pessoas cujas vivências se aproximam das suas ou que estejam dispostas ao exercício de alteridade. É nesse sentido que surge a demanda por acolhimento e acompanhamento no campo da saúde mental, principalmente para que haja espaços seguros de fala e de troca de afeto, bem como momentos de escuta qualificada, conduzida por profissionais com disposição para "outrar-se". Ou seja, que se colocam como o outro e reconhecem que existem sofrimentos, marcas advindas de diversas formas de opressão (como o racismo) que ressoam nos processos de formação da pessoa, em como ela formula seu autoconceito[117] e sua experiência no mundo[118]. Nesta seara, a presença e a parceria com o Ocupação Psicanalítica na UFMG indicam positivamente para uma qualificação da permanência de estudantes, considerando sua atuação a partir de uma clínica antirracista, comprometida com o enfrentamento do racismo e dos privilégios raciais dentro da instituição.

Consolidar a permanência de estudantes é um dos desafios desse tempo novo que oferece uma experiência inédita a todos e todas nós, na Universidade, e para tal a primeira exigência em nossos trabalhos de elaboração e proposição de políticas é que nos orientemos pela centralidade dos sujeitos – os e as estudantes – e suas circunstâncias, dialogando com eles e elas com o propósito de compreender as histórias que trazem em seus corpos e, então, realizar o compromisso político de garantir-lhes condições materiais e simbólicas decisivas para sua permanência em equidade de direitos, contribuindo para a redução de desigualdades e para a equalização de oportunidades.

---

116 > GOMES, Nilma Lino. O movimento negro educador: saberes construídos nas lutas por emancipação. Petrópolis: Vozes, 2017.

117 > O autoconceito é maneira pela qual a pessoa organiza as percepções sobre si mesma, é um processo que começa no nascimento, desenvolve-se ao longo da vida, de acordo com as experiências vivenciadas do dia a dia (SILVA, 2004 p. 131)

118 > Maria Lúcia da Silva, "Racismo e os efeitos na saúde mental" in: Luís Eduardo Batista e Suzana Kalckmann (orgs.), Seminário Saúde da População Negra Estado de São Paulo 2004. São Paulo: Instituto de Saúde, 2005, pp. 129-132. Texto apresentado no I Seminário Saúde da População Negra.

Tal ação exige-nos uma análise das múltiplas dimensões da desigualdade, da exclusão e da subordinação, exigindo ultrapassar uma perspectiva meramente "aditiva". O desafio é alargar o entendimento a respeito das desigualdades de classe, de gênero, de raça, de etnia, de idade, de território, de deficiência, de percurso escolar, de orientação sexual e identidade de gênero e de situação migratória para compreender que, na experiência direta de vida das pessoas e dos grupos, essas desigualdades não somente se somam, mas se entrecruzam e se potencializam, tanto mais quando se considera a longa história brasileira, o passado patriarcal e escravocrata (que nunca passou) e o presente atravessado pela forma capitalista e neoliberal predominante, que têm consequências distintas para os povos diversos que constituem a população brasileira.

Com efeito, as formas de opressão agem de forma combinada e interseccionada e, justamente por isso, a realização da Política de Permanência como direito de estudantes precisa ser orientada e organizada para superar opressões e assimetrias, tornando visíveis os sujeitos e identidades e viabilizando suas demandas.

Trata-se de adotar uma perspectiva interseccional para conduzir a Política de Permanência de Estudantes, o que exige também tanto um deslocamento como um reposicionamento de análises, ainda recorrentes, que hierarquizam *a priori* os sistemas de subordinação, de desigualdade e de opressão. Há que avançar e expandir a análise para reconhecer o entrecruzamento das desigualdades étnico-raciais, das desigualdades socioeconômicas, de gênero e de idade, presentes nas práticas sociais, dentre outras, para poder então realizar com maior amplitude e abrangência o diagnóstico, a formulação e a implementação da Política de Permanência à estudantes.

Como perspectiva para enfrentar o desafio de consolidar a permanência, a Pró-reitoria de Assuntos Estudantis da UFMG organizou um "Mapa de perfis de estudantes"[119] como estratégia para a elaboração e condução de sua Política de Permanência, onde são investidos os recursos de assistência estudantil oriundos do PANAES e da própria Universidade. O Mapa é assim uma cartografia orientada pela existência de distintos perfis de estudantes na UFMG, com suas singularidades e suas experiências de vida. Experiências que precisam ser visíveis, reconhecidas, compreendidas para conduzir e referenciar as ações de permanência e assistência a estudantes.

Compreendemos que o reconhecimento e a visibilidade dos diversos "perfis de estudantes" nos permitirão vê-los(as) não só como sujeitos individuais, mas como sujeitos coletivos. Isto é, são estudantes que carregam em suas trajetórias individuais as lutas coletivas

---

119 > Pró-reitoria de Assuntos Estudantis da UFMG, Política de Permanência e Assistência Estudantil da UFMG: princípios, eixos estruturantes, objetivos, mapa de perfis de estudantes. Documento Orientador, 2021-22. Belo Horizonte: UFMG, 2021.

pelo reconhecimento de sua humanidade, confiscada pelos sistemas de opressões que, articulados e sobrepostos, lhes retiram o direito à existência.

Essa noção nos posiciona politicamente diante de práticas históricas de um passado que não passou, mas está presente e afeta a permanência de estudantes: diante dos efeitos do patriarcado, que relega às mulheres à condição de menos humanas e estabelece a heteronormatividade compulsória, negando a existência de identidades dissidentes das regras de gênero e de sexualidade (como gays, lésbicas e pessoas trans). Ela nos posiciona também em relação aos efeitos do racismo estrutural, fenômeno perverso ainda tão presente nas instituições. E nos posiciona em relação aos efeitos do capacitismo, que inviabiliza a dignidade das pessoas com deficiência.

A perspectiva de atuação a partir de um mapa de perfis de estudantes é uma estratégia que pretende conferir visibilidade aos sujeitos, reconhecer suas identidades e garantir a realização do direito não somente ao acesso à Universidade pública, mas também à permanência qualificada – não há espaço para retrocessos nessa luta.

considerações finais – "não arredar pé e garantir as conquistas até aqui"

Vimos até aqui que as universidades públicas, entre elas a UFMG, vêm vivenciando um ascendente e progressivo processo de redistribuição das oportunidades de acesso e de permanência no ensino superior, alcançando, finalmente, uma parcela da população historicamente negligenciada e marginalizada.

Destacamos que o alargamento do público de acesso às universidades é um passo importante para a efetivação de seu caráter democrático e para a redução das desigualdades. Se antes as universidades eram consideradas lugares de privilégio, de acesso quase que exclusivo da população branca e elitizada, atualmente elas seguem na direção que melhor representa a pluralidade de nosso país. Inegável que esse movimento tem reflexos positivos em várias dimensões da vida acadêmica e nos inspira a repensarmos os modos de sociabilidade e de construção de conhecimento nas universidades. Novos sujeitos passaram a ocupar os bancos e as cenas das universidades, novas vivências e reflexões que expõem a base eurocêntrica e elitista do nosso sistema educacional. Um passado que precisa passar...

A transformação das universidades federais país afora é fruto de um conjunto de políticas públicas que favoreceram a ampliação das oportunidades educacionais, sobretudo para estudantes negros (pretos e pardos), indígenas e de baixa renda. Destacamos nesse ponto, a política de cotas, instituída pela Lei n. 12.711/2012, que corre riscos de sofrer retrocessos, dependendo da avaliação que dela se faça no Congresso Nacional. As proposições legislativas acerca do tema são divergentes e o debate público se dá entre aquelas que referendam a importância de ações afirmativas e sugerem a permanência da política de reserva de vagas em instituições federais de ensino e aquelas que propõem a extinção da política ou a retirada de seu caráter eminentemente racial, voltado para ingressantes negros e indígenas.

Da experiência da UFMG e das reflexões aqui propostas depreende-se que ainda há uma caminhada a ser feita para a garantia do acesso e da permanência qualificada de estudantes negros(as) e indígenas. O propósito de equidade racial no ensino superior é ainda um horizonte de possibilidades a ser alcançado, que exige a garantia de que os percursos acadêmicos escolhidos pelos/as estudantes sejam bem sucedidos. Considerando que o racismo é um fenômeno complexo, de natureza múltipla[120], e que está fortemente imbricado com a história do País, é possível compreender a necessidade de mantermos e expandirmos políticas de ações afirmativas por mais tempo. Afinal, o legado escravista para o desenvolvimento social e econômico, assim como o sofrimento que advém do racismo e que afeta a experiência educacional-profissional de jovens, são marcas profundas que demandam esforço e compromisso político constantes para sua superação.

Reforçamos, portanto, a necessidade da manutenção de políticas de ações afirmativas voltadas à reparação de injustiças históricas e ao reposicionamento dessa população no sistema educacional, na vida social, política e econômica do país. Contamos com a atuação em rede e com parcerias como o Ocupação Psicanalítica para reverter o racismo que ainda estrutura a nossa sociedade.

Avançamos muito, mas no campo da afirmação de direitos não cabe retrocessos. e então, vale a máxima evocada por estudantes: "Não arredar pé e garantir as conquistas até aqui!"

Entendemos que esta é uma reflexão necessária para uma sociedade que se pretende efetivamente justa e democrática. Cientes de que o silenciamento e a negação também são estratégias de controle e de anulação dos sujeitos, desejamos que esta reflexão se some às tantas forças nas lutas por reconhecimento e emancipação.

120 > Sílvio Almeida, *O que é racismo estrutural.* Belo Horizonte: Letramento, 2018.

> schucman, lia[121] <.> branquitude e psicanálise <

Este texto tem como objetivo tentar entender, principalmente, quais são os mecanismos da branquitude, mais do que tentar classificá-la. Quais são os mecanismos que fazem com que esse seja um lugar de vantagem estrutural para brancos não identificados com aquilo que chamamos de branquitude e para brancos identificados? Tem uma questão muito importante dentro da psicanálise e dentro da psicologia, que é entender a identificação desse sujeito branco com a construção sócio-histórica da branquitude. Mas para além da identificação, a definição maior para entender a branquitude é que ela é um lugar de vantagem em uma sociedade estruturada pelo racismo.

E quais são as sociedades estruturadas pelo racismo? Todas! Todas que foram colonizadas pela Europa, ou seja, nós estamos falando aqui de Índia, do continente africano como um todo, das Américas, entre outros. O que nos importa é pensar que a brancura da pele não nos diz nada. Ela seria uma característica física como o tamanho do pé. A brancura não dá um poder para o sujeito. Ninguém tem poder porque é branco. A melanina, ou a falta de melanina, não pode dar ou retirar poder a alguém. Então o que exerce o poder da branquitude é o exercício diário de dominação.

E o que é esse exercício diário da dominação, que perpassa todas as nossas instituições, num país que tem um racismo estrutural? Dizer que um país tem um racismo estrutural é fundamentalmente dizer que se tudo acontecer em sua normalidade o resultado vai ser racista. O racismo não é uma exceção, não é quando uma pessoa não gosta de pessoas negras e expressa isso com palavras, não é quando um jogador de futebol é xingado. Isso é uma discriminação, um preconceito racial expressado. Agora, o racismo se configura no Brasil com o poder econômico, o poder político e o poder de produção de subjetividade, que muito nos importa, na mão de pessoas brancas.

Então, a pergunta é: se a gente for ao Departamento de Medicina da USP, e perguntar para todas as pessoas brancas que estão presentes, como, por exemplo, os "Por que só tem pessoas brancas aqui?" a única resposta que pode ser dada por quem acredita que brancos e

121 > Este texto é a transcrição da intervenção de Lia Vainer Schucman no curso promovido pelo Ocupação Psicanalítica em 2021. Foi feito por João Pedro Salgado e revisado pela autora.

negros têm potencial intelectual igual é o racismo. Essa é a única resposta a ser aceita, porque qualquer outra implica acreditar na superioridade branca.

Junto com isso – olha um mecanismo que é muito interessante! –, se a gente pergunta para essas mesmas pessoas: "O que você fez para chegar até aqui?", a resposta é individual: "Eu estudei muito", "Eu fiz um ótimo mestrado/doutorado", "Eu passei no concurso em primeiro lugar", "Minha tese era brilhante". Ou seja, há um lugar de reconhecimento do racismo – isso dentro de um campo progressista – para aqueles que anunciam que só tem branco dentro do departamento. Quando se pergunta para essas pessoas "por que só tem branco aqui?", elas anunciam que isso é racismo, que é o legado da escravidão. A segunda pergunta, que é automática, se você fizer mais profundamente, "o que você fez para chegar aqui?", as pessoas não respondem: "É porque eu sou branco. Estou aqui porque sou branco". Elas respondem que estão ali porque estudaram muito ou batalharam muito.

Então, há uma cegueira para reconhecer que os lugares – e talvez isso seja o mais difícil de romper na branquitude – que os brancos ocupam hoje na nossa sociedade estão muito menos relacionados a conquistas individuais e mais à pertença racial. Há uma pertença racial para o branco, que se acostumou a pensar como indivíduo. Se há algo característico da branquitude é que brancos se pensam como indivíduos e dificilmente se pensam como pertencentes a uma categoria racial. Agora, facilmente essas mesmas pessoas conseguem olhar para a população de rua e reconhecer que quase todas essas pessoas são negras e ao mesmo tempo falar: "isso é legado da escravidão".

Daí, falar da branquitude é pensar qual é o legado da escravização, da colonização e de toda a dominação racial dos quinhentos anos para as pessoas brancas. Enquanto a gente pensa o legado, a gente ainda está numa posição bastante passiva. Vamos pensar no legado simbólico, certo? O legado simbólico da ideia estética de beleza está ligado a pessoas brancas. Nasce uma pessoa no hospital, branca, loira e de olho azul. Imediatamente, recaem sobre ela os privilégios simbólicos ligados à ideia de beleza. Começa no hospital: "Que olho lindo!". Pensa. Esse sujeito acabou de nascer, ele está numa posição bastante passiva. "Que olho lindo!", "Que criança linda!". Aí vai para a escola, e é o primeiro a ser trocado porque ele tem que ficar mais limpo, é aquele que a professora investe mais energia, etc. Ainda estamos falando de uma posição bastante passiva desse sujeito.

Só que a branquitude é exatamente a distribuição dos recursos construídos por 100% da população – onde temos 56% de população negra – apenas para um grupo; e isso ainda falando de uma posição bastante passiva dessas pessoas. Só que isso teria terminado e acabado se fosse uma posição só passiva, teria acabado ali em uma ou duas gerações. Então o que nos interessa entender é essa redistribuição dos benefícios que a pessoa recebe apenas dentro de seu próprio grupo. Ali estava esse sujeito que recebeu essa ideia do "Que olho lindo!", esse sujeito cresce e vira uma pessoa que trabalha no marketing de uma empresa e precisa escolher uma pessoa bonita para fazer a propaganda da Coca-Cola; ele escolhe uma pessoa branca de olho azul. Nesse momento, ele não está só recebendo passivamente, ele está redistribuindo os benefícios imateriais que ele ganhou dentro do próprio grupo. A pergunta é: quais são os mecanismos que fazem com que essa redistribuição aconteça apenas dentro do próprio grupo? É fundamental a gente entender. Quais são os mecanismos que sustentam o poder econômico, político, o poder de produção ideológica, apenas nas mãos dos brancos em nossa sociedade?

Eu dei o exemplo do departamento. O que acontece quando chega o recurso financeiro para o departamento e 50 pessoas brancas precisam decidir o que se faz com esse recurso financeiro? Bom, provavelmente uma das decisões vai ser: "Vamos pensar em publicações internacionais, vamos gastar esse dinheiro em tradução". Olha só que coisa importante! Nós precisamos internacionalizar nossos artigos. Mas por que isso acontece? Às vezes de maneira cega ou não. Porque nenhuma das pessoas que estão preocupadas com a permanência dos alunos negros levanta a mão junto de outro coletivo e fala: "Não, não tem o menor sentido a gente estar preocupado em internacionalizar publicações num lugar onde as pessoas não estão conseguindo nem comer, porque elas esperam o bandejão abrir para almoçar, e por isso elas pulam o café da manhã".

Alguém precisa estar atento a essa demanda, certo? Mas o fato de não haver diversidade racial e de classe no grupo que tem a caneta na mão faz com que a decisão de distribuição dos recursos acabe sendo completamente fora daquilo que é a realidade e do sofrimento de fato da população brasileira. Por que por tanto tempo nossa psicologia e nossa psicanálise não estudaram os efeitos psicossociais do racismo? Como se escolhe os temas daquilo que se estuda? Por meio das preocupações dos indivíduos que escolhem os temas. Se a gente só tem essas pessoas escolhendo os temas, com tais preocupações como, por exemplo, a histeria em Viena no século XIX, ou o fim da análise. Esse seria o tema de estudo: o fim da análise. E isso vira o tema importante para esse grupo. Então os mecanismos nos quais se perpetua o poder passam pelas decisões da distribuição de recursos dessa sociedade, que estão na mão dessas pessoas. Eu dei o exemplo da Psicologia, porque é nosso campo, mas se a gente for pensar: como se decide que o dinheiro destinado a juízes vai para auxílio-paletó? Como se decide uma coisa dessas em um país como esse? Quem é que decide? O fundamental a se pensar sobre a branquitude não é apenas a produção de identidade desses sujeitos, mas também quais são os mecanismos que fazem com que a vantagem estrutural continue sendo colocada apenas para esses sujeitos.

Vale pensar: quando a gente lê os estudos críticos da branquitude, muita gente vai focar no que é a identidade do sujeito branco. Uma pergunta que sempre faço para as pessoas brancas – e os leitores brancos podem tentar responder – é: qual é a única coisa que unifica todos os brancos? Vamos lá! O que unifica um descendente de português escravocrata no

Brasil, há 500 anos no Brasil, com cultura católica, lusófona... e um imigrante libanês desse século, tipo o Temer? O que unifica essas pessoas? Vamos supor ainda que era um imigrante libanês mulçumano. Um comemora o Natal e o outro não comemora o Natal, um gosta de comer homus e o outro bacalhau, um é católico e o outro mulçumano... o que poderia unificar esse grupo? A única coisa que unifica todos os brancos é o racismo. Não há nenhuma outra categoria, nem cultural, nem identitária étnica, que pode colocar todos os brancos (juntos) no Brasil. Porque nem todos os brancos são descendentes de europeus.

Brancos no Brasil não necessariamente precisam da descendência da Europa, para ser branco aqui e, portanto, usufruir dos benefícios da branquitude. A pessoa pode ser descendente de libanês, ou eu, por exemplo, que sou judia e meus avós foram expulsos da Europa porque não eram europeus. Se fossem, ainda estariam lá e muitos deles não teriam morrido por não serem europeus. Então, a única coisa que unifica todas as pessoas que são classificadas como brancas na sociedade brasileira é o racismo. Se a gente acabar com o racismo, não sobra mais a categoria branca. Quando a gente pensa na construção da branquitude, só faz sentido pensar a partir da categoria raça e da categoria racismo.

Mas aí as pessoas me perguntam: "Lia, qual a diferença do racismo e da branquitude? Por que a gente estuda branquitude e não só racismo?". Porque a gente se acostumou a pensar no racismo como essa categoria moral de tratar mal uma pessoa negra. Ou de discriminar uma pessoa negra. Quando uma criança, aquela que eu dei o exemplo antes, vai para a escola e a professora fala: "Nossa, que olho azul lindo! Que príncipe!", ela está tratando uma pessoa negra mal? Não. Ela está discriminando uma pessoa negra? Não. Mas ela está colocando sim um lugar de exaltação daquele olho azul. Seria um problema exaltar o olho azul? Talvez não fosse um problema para as crianças da Alemanha, mas isso é um problema quando você tem uma população de 56% ou mais negra ou indígena, e só 1%, 2% tem o olho azul. A gente está exaltando uma ideia de Europa.

O fundamental para a gente entender o mecanismo da branquitude é pensar o que faz com que esses brancos, que estão nesse lugar de vantagem estrutural, distribuam apenas os benefícios construídos por uma sociedade como um todo, para o seu próprio grupo. Por exemplo, o recurso do dinheiro que vai para a Universidade vem dos impostos e tem 56% de pessoas negras que pagaram. Só que esse dinheiro é distribuído somente entre os próprios brancos. Um traço da branquitude brasileira é usurpar o trabalho econômico e todo o funcionamento de todo o resto da população. Isso não funcionaria sem ideologias que constroem e que podem normalizar isso.

Então a gente tem duas ideologias fundamentais que sustentam isso, e depois vou recorrer a outras. Uma é o mito da democracia racial, obviamente, que vai dizer que temos oportunidades iguais; e a outra é a ideia de mérito. A branquitude não funciona sem a ideia de mérito, que é o seguinte: as pessoas chegam aonde elas chegam por esforço individual.

Então, vamos lá: o mito da democracia racial propaga que todos temos oportunidades iguais, mas ao olharmos para o mundo vemos apenas brancos nas posições de poder, e ao mesmo tempo o discurso diz que chegaram lá por mérito. Todo mundo diz que estudou muito, batalhou muito, etc. e tal. Logo, a que isso leva? Olha como é autossustentável. Isso leva à supremacia branca, à ideia que há uma superioridade moral, intelectual e estética nesses sujeitos brancos. Ela é retroalimentada, porque a supremacia branca à brasileira, que é esse lugar de dominação, tem duas ideologias que fazem com que os brancos ocupem os lugares mais altos da hierarquia social sem que isso seja visto como privilégio de raça.

Há também algo que precisamos pensar sobre a naturalização da desumanização do negro: uma pessoa que saiu para comprar pão foi executada, outra que estava indo falar do jogo de futebol com o vizinho da frente foi executada, outra que foi levar o filho na escola foi executada; como isso não é um escândalo nacional? O que sustenta isso? A gente tem que ter construído uma ideologia de sustentação para que não tenha uma crise ética absurda ou para que as pessoas não estejam na rua no outro dia, ou para que as pessoas consigam dormir. O que faz com que todas as pessoas brancas, as progressistas e as não progressistas, estejam em um lugar de benefício que é de expropriação e roubo – exatamente na questão das terras – de outras populações e que elas durmam em paz? O que acontece para que não haja uma crise ética?

É raro a gente ver as pessoas com uma crise ética, e algo precisa sustentar a falta de uma crise ética nesses sujeitos. É exatamente esse lugar sustentado pelo mito da democracia racial, combinado com a ideia de mérito, junto com algo que começa a ser construído exatamente no pós-abolição: a ideia de que há um criminoso mesmo antes do crime, e que há um não criminoso mesmo após o crime, como a gente acabou de ver no caso da bicicleta do Leblon, em 2021. Mas como isso vai se construindo? A gente tem toda uma criminologia fundamentada na raça. Logo no pós-abolição, o primeiro código penal prevê vadiagem e capoeira como crime. Pensem! A gente está ali no pós-abolição, milhões de descendentes de africanos sem emprego, e é nesse momento histórico que o racismo científico entra no território brasileiro, e que a solução dada para a ideia de que "precisamos industrializar essa nação, precisamos deixar esse país capitalista e precisamos fazer com que ele deixe de ser atrasado e arcaico" é a política de embranquecer a nação.

A gente entra aí com o racismo científico, com milhões de descendentes de africanos e uma proporção quatro vezes menor de descendentes de portugueses; era assim nossa população. Então, tinha essa pergunta sobre como industrializar o país, como torná-lo civilizado, e o racismo científico era a base para isso. Logo, a lógica da ideologia do embranquecimento é: "se queremos uma civilização, e o sinônimo de civilização é europeu e branco, precisamos trazer brancos para essa nação". Aí temos a política de embranquecimento que vai levar ao que hoje a gente chama de ideologia de embranquecimento, mas naquele momento era uma política de Estado. É nesse momento que se inicia exatamente aquela vida da pós-abolição que está associada a retirar o trabalho do outro, usurpar, expropriar... Começam a chegar os imigrantes – chegaram, em 20 anos, milhões de imigrantes, é muita gente! – no momento em que precisava industrializar a nação. Para industrializar a nação, começou a se produzir fábrica. A gente tinha o trabalhador para as fábricas, que era o imigrante branco.

Então o que acontece que para o branco há oportunidade de chegar aqui aos oito anos, pobre, às vezes sozinho, às vezes órfão, e depois de três gerações a família está rica? Não pode ser o trabalho, mas se você for perguntar a todas essas pessoas – descendentes de italiano, descendentes de alemão – o que eles vão contar? "Meu avô chegou muito pobre e trabalhou muito." Isso é o que todos eles vão contar. A ideia era de que se precisava de trabalhadores. Ora, isso todo mundo sabe que é uma mentira! A gente tinha milhões de trabalhadores africanos que sabiam trabalhar nesse país mais do que qualquer outro grupo. Conheciam o território, sabiam lidar com a temperatura. Um imigrante que chegava não saberia trabalhar melhor do que eles. E começa a se produzir uma forma que os negros não podem trabalhar nesses lugares e que os brancos são os escolhidos. Então, a brancura da pele se torna uma posse. Assim como um carro é uma posse, uma casa é uma posse, uma terra é uma posse, a brancura da pele é uma posse... e é ela que permite uma pessoa romper na estrutura de classe da nossa sociedade.

O que é criar oportunidades para uma pessoa? Como aquele cara que chegou aqui com oito anos e começou a trabalhar criou um neto que só trabalhou aos 24 anos, depois de se formar? Ou conseguiu ter um neto que ficou dez anos estudando para ser juiz? Como isso acontece? Com uma das características que acontece na branquitude brasileira, que é a transmissão de dinheiro, ou de acúmulo de riqueza herdado de uma geração para outra geração. Agora, qual é a resposta que se dá para a transmissão? Se a gente for perguntar para as pessoas que transmitem aos netos, aos bisnetos, etc. e tal: "É um acúmulo de riqueza?" "Não, é fruto do meu trabalho." É fruto do trabalho dessas pessoas, não dá para falar que não é fruto do próprio trabalho. Só que o fruto do trabalho da população branca enriqueceu a população branca, e o fruto do trabalho da população negra no Brasil também enriqueceu o branco.

Se a gente for pegar a categoria trabalho pela própria física, trabalho é a quantidade de calorias dispensadas pelo sujeito. Ou seja, o trabalho da população negra, a quantidade de calorias dispensadas pela população negra, que estava aqui há dezessete gerações, não era menor que a da população imigrante. Só que o que acontece que em toda geração os negros praticamente começam do zero? Porque o trabalho, que é a quantidade de caloria dispensada por esse sujeito, enriqueceu a própria população branca. Por isso, a categoria trabalho tem que ser fundamental para a gente pensar a branquitude Como uma mulher branca de classe média no Brasil consegue trabalhar quarenta horas? Como que isso acontece em Belo

Horizonte? Uma colega que trabalha quarenta horas e tem filhos pequenos? Ela só consegue porque tem uma outra pessoa cuidando da casa, certo? Esse dinheiro que ela ganha nas quarenta horas que está fora de casa não pode ser transferido para essa outra pessoa, senão ela não tem razão de sair… não tem o mesmo valor.

Então, o lugar que se definiu para pretos trabalharem teve de ser desvalorizado. E a ascensão desse branco que enriquece a partir de três gerações tem a ver com o status dos lugares que os brancos começaram a ocupar. Por isso, no Brasil, a gente vive em uma sociedade de castas. A gente não vai jantar na casa de um professor universitário ou um juiz e tem alguém, por exemplo, que trabalha numa fábrica. Se você se sentar em um bar na Austrália, pode encontrar um pintor, um professor universitário, um operário de fábrica… porque a categoria trabalho não define castas na sociedade, mas a categoria trabalho, no Brasil, define castas. A gente tem a categoria trabalho associada e originada da cultura escravocrata. A gente tem pessoas que se ajoelham no Brasil para as pessoas experimentarem um tênis numa loja de sapato. Como é naturalizada dessa forma a ideia de que há alguém que serve para o outro? Alguém que nasceu para servir ao outro? Agora, a possibilidade de essas pessoas enriquecerem dependeu do trabalho da população negra.

Nessas representações do trabalho, revela-se uma das características fundamentais da branquitude, esse lugar advindo do privilégio do benefício do trabalho de outra população e visto como se fosse mérito individual. Tem exatamente esse lugar e para isso precisou-se criar um não humano, ou zona de não humano, para que não existisse um conflito ético. Então, esse sujeito que vai caracterizando-se como menos humano está no fundamento dessa subjetividade. Um dos depoimentos mais fortes, que não está nem no meu livro, é de uma mulher que diz: "Quando eu fui para Berlim eu estranhei muito, porque eu peguei um ônibus e tinham muitos jovens no ônibus. Jovens que eu convidaria para tomar um café, que eu convidaria para ir ao cinema e tal. No Brasil não tem essas pessoas jovens no ônibus". E eu perguntei: "No Brasil não tem essas pessoas jovens que podem ser vistas por você como alguém que pode se tomar café junto?". E aí ela começou a pensar e falou: "É verdade. Tem um tanto de trabalhador, motoboy…". Mas essas pessoas não eram pessoas humanas que poderiam estar sentadas com ela no café ou no cinema, ou que seriam próprias para dispensar afeto. Então, a branquitude cria também um lugar em que você pode dispensar afeto. Quem são os humanos e os não humanos e onde a gente dispensa os afetos?

Esse foi um panorama do privilégio advindo da questão material. Mas, há outras características que são fundamentais e que fundam o mecanismo da branquitude – e são mais escritas em textos –, como a ideia de que quem tem raça e quem tem etnia é o outro. Esse lugar da produção incessante de um outro e da ideia de branco como norma ou categoria universal. Alguém aí sabe quantos por cento da humanidade é branca? Bom, vamos lá. A Índia não é branca, a China não é branca, a África não é branca, a Ásia menor, onde tem os árabes, em muitos lugares não é considerada branca, mas em outros sim, como no Brasil. A América nativa ou os indígenas não são brancos.

A característica da humanidade não é ser branca, a gente tem mais não brancos do que brancos. Então, a branquitude é uma particularidade que se caracteriza por se pretender como o universal do humano. A ideia de beleza é considerada como a ideia de beleza branca. Ninguém fala "a beleza branca", mas as pessoas falam "a beleza negra", "a beleza indígena" e estas são sempre consideradas belezas exóticas, particulares, mas a beleza branca é considerada a beleza. Se vocês estiverem cansados de me ouvir, vocês podem colocar aí no Google: mulher bonita, e vão ser oito páginas de mulheres brancas. Para encontrar uma mulher negra, você precisa colocar "beleza negra".

Assim também é a história da Europa. A história da Europa é chamada de "história geral". O resto é "história da África", "história indígena", "história das Américas"... Como é que a gente tem isso dentro da psicologia também? Se você estuda Fanon, alguém fala: "nossa, como é interessante isso para entender os negros". Agora, se você estuda Marx, ninguém fala: "nossa, que interessante para estudar os brancos". As pessoas pensam que é bom para estudar a sociedade. Se você for pensar como isso começa a ser pensado na psicologia, é no mesmo lugar da branquitude. O negro é particular. Você tem psicologia do desenvolvimento, psicologia daquilo... tudo pautado na própria branquitude, e aí faz um capítulo para entender relações raciais. Mas aí o desenvolvimento humano, para entender família, etc. e tal, é tudo pautado na ideia de uma família branca, de uma família europeia, em um desenvolvimento europeu... e nada disso é visto como particular. Ninguém fala "você está lendo Bourdieu para entender os brancos", mas as pessoas falam "você está lendo Neusa Santos para entender os negros". Não, é para entender a sociedade.

A gente não tem como entender o Brasil sem entender a categoria raça. A categoria raça não é para entender os negros, para entender os indígenas, nem para entender os brancos. Ela é para entender a sociedade e as relações raciais. Porque negro, branco e indígena não existem sem as relações raciais. Não é uma essência. Essas categorias são construídas nas relações. Qual a semelhança entre um quilombola no interior de Minas Gerais e um negro de classe média universitário da USP? É que os dois sofrem racismo. Esse racismo é da mesma modalidade? Não. O racismo que interfere, provavelmente, em uma pessoa quilombola no interior de Minas Gerais tem a ver com a falta de demarcação de terra, a falta de saneamento básico; mas, possivelmente, ele não vai ter nas relações interpessoais dele alguém todo dia achando que ele não é um humano suficiente. Ou seja, as características do negro dentro do mundo branco – que é esse que eu falei – podem aparecer muito mais violentamente na relação interpessoal. Mas ela pode aparecer muito menos violentamente, naquilo que é, sei lá, falta de saneamento e demarcação de terra. Um é melhor que o outro? Não! São características e modalidades diferentes que vão depender do território e de onde o sujeito está.

A única coisa que unifica esses sujeitos é o racismo. Porque pode ser que um seja do candomblé e o outro seja evangélico. Pode ser que um permaneça com a cultura negra e o outro não. Porque como diz Kabengele Munanga no texto Uma abordagem conceitual das noções de raça, racismo, identidade e etnia[122], brancos e negros não são como macieiras e bananeiras que dão culturas negras e culturas brancas, como maçã e banana, isso é uma produção a posteriori. Então, aquilo que pode unificar todos os negros também é o racismo. É a categoria racismo que produz a categoria raça. Muitas pessoas falam: "vamos terminar com essa ideia de raça, vamos abolir a ideia de raça porque se a gente parar de falar nessa ideia de raça, acaba o racismo". Não! Porque a raça é filha do racismo. A gente tem uma dominação histórica a partir da colonização, uma dominação que expropria sujeitos, e a partir disso, esses sujeitos que foram expropriados se tornam racializados. Então, só tem uma forma de acabar com a categoria raça que nos interessa: acabando com o racismo. Se você acabar com a raça sem terminar com a dominação, você continua construindo a categoria raça, porque essa categoria raça, brancos e negros, ela surge do racismo.

Essa relação entre particular e universal é fundamental para pensar a branquitude. Vou dar um exemplo bastante forte. Uma vez eu estava em um congresso e uma colega minha virou para mim e falou o seguinte: "Nossa, Lia, como que você aguenta trabalhar com o tema raça? É muito pesado". E eu perguntei: "Mas por que é um tema pesado?". E ela respondeu: "Eu peguei um aluno de mestrado negro que ia pesquisar raça e eu comecei a trabalhar com ele, e o tempo todo eu ia trabalhar com ele e ele dizia que meus referenciais eram eurocêntricos... um dia elogiei o cabelo dele e ele disse que isso era racismo e a nossa relação começou a ficar tensa... não é para mim". E aí perguntei para ela: "Quantos alunos brancos que você teve que a relação foi tensa?" "Teve João que era marxista louco, teve Fernanda que não entregava nada na hora", e começou a falar vários nomes, uns dez. E eu perguntei: "Você já pensou em não pegar mais aluno branco?", e ela não conseguiu entender a pergunta.

Em outros termos, tudo aquilo que uma pessoa branca faz cai sobre ele enquanto "esse sujeito". Ninguém fala: "Os brancos estão se matando no Big Brother", "Meu Deus que vergonha de ser branco!", "Agora tudo que os brancos fazem pode cair sobre mim". Mas as pessoas falam: "Meu Deus, os negros estão se matando no Big Brother, agora as pessoas estão queimando a luta do movimento social, as pessoas negras etc." porque todas as pessoas de grupos racializados representam o grupo como um todo, enquanto o branco vem antes da raça. As consequências de o branco vir antes da raça é que aquilo que é próprio da branquitude aparece como se fosse característica do indivíduo. Categoria estética branco de

122 > Kabengele Munanga, "Uma abordagem conceitual das noções de raça, racismo, identidade e etnia", *Cadernos Penesb (Programa de Educação sobre o Negro na Sociedade Brasileira)*, Niterói, n. 5, 2004.

olho azul... Isso recai sobre o branco. "A Paloma é muito bonita." Ou, tudo que recai dos significados próprios do branco, recaem sobre o indivíduo.

Então é completamente inverso. Aquilo que dá privilégio ao branco, que é pertencer a uma categoria que produz privilégio, é visto como conquista individual. Enquanto com o grupo racializado, aquilo que pode até ser do sujeito é visto como próprio da categoria raça. Se um negro é ladrão, então os negros são ladrões. Agora, é muito importante para a área de psicologia pensar como isso vai se constituindo na subjetividade do sujeito. Para o branco, isso se constitui exatamente em uma ideia de superioridade moral intelectual e estética. E para o negro, a raça faz uma fusão na constituição do psiquismo. Ele não consegue saber se ele foi à casa do sogro, e o sogro o tratou mal, se foi racismo ou se ele fez algo de errado. Essa constituição do sujeito como parte de um grupo racializado traz para o sujeito, o tempo todo, uma fusão com a raça, enquanto para o branco aquilo que é privilégio é visto como conquista individual. Olha só como a produção de subjetividades é construída de formas tão assimétricas pela categoria raça. Só que a categoria branquitude é uma racialidade repleta de significados, e ela é vista como uma identidade racial neutra. Por exemplo, os Estados Unidos: os votos das mulheres, dos latinos, os votos dos negros e o voto... o voto americano.

Como a gente vai pensar isso nos nossos escritos? Os da psicologia e os da categoria gênero. Outro dia mesmo eu peguei para ler um trabalho sobre branquitude, onde se lia: "Mulheres, homossexuais e negros são discriminados"; mas a categoria mulher, sem ser racializada, não faz o menor sentido. Em geral, quando lemos ou ouvimos sobre "luta das mulheres", sempre se refere à luta do feminismo e das mulheres brancas. "Luta das mulheres pelo trabalho" é a luta de mulheres que começaram a trabalhar sessenta, setenta anos atrás, porque as mulheres negras trabalham há séculos. A luta delas não era por trabalho, mas sim para poder ficar em casa com o filho. Olha como é interessante para a gente pensar: enquanto a mulher branca não podia quase nada, não podia ter conta no banco, não podia assinar nenhum documento sem a permissão do marido, tinha uma coisa que ela podia: ela podia ter uma escrava negra, podia ter uma empregada negra, e isso estar assinado no nome dela.

Então, a constituição da liberdade dessa mulher branca também se constrói pela opressão das mulheres negras na sociedade brasileira. E não é à toa que existe um feminismo chamado de feminismo branco, porque é um feminismo que não inclui a luta de outras mulheres. Mas o feminismo que a gente que estuda raça chama de feminismo branco foi nomeado como O feminismo. Quem nomeou de feminismo branco foram as mulheres negras, mas as mulheres brancas não nomeiam o próprio feminismo de feminismo branco. Elas nomeiam de feminismo. Por isso a importância de pessoas negras, indígenas, entrarem no campo das narrativas, porque elas são capazes de apontar a branquitude para os brancos. A branquitude é um ponto cego para o próprio branco. Porque a branquitude é um lugar de conforto, um lugar de onde se olha os outros com uma lente que não é a de si mesmo. Então tudo aquilo que é categoria mulher, quando você pensa categoria mulher, luta de mulheres etc., coloca "branca" do lado. O teatro vai ser chamado de teatro negro e o outro teatro, que não é teatro negro, é o que? Ele não é chamado de teatro branco.

E isso vai se caracterizando em toda forma de conhecer. Porque a branquitude se caracteriza justamente por ser uma particularidade que se pretende universal e conseguiu particularizar e dominar a ideia de universalidade pelo fruto da dominação colonial. Seria um problema o padrão de beleza produzido na Renascença na Itália para os italianos? Esse não seria um problema. O problema é que o padrão de beleza construído na Itália durante a Renascença se tornou o padrão de beleza universal construído pela dominação. Seria um problema essas pessoas serem católicas? A Europa ser católica? Não, mas o problema é catequizar indígenas, catequizar a África. Então aquilo que é próprio da Europa se torna um problema para o mundo a partir daquilo que é a universalização, a partir da dominação colonial em que nós estamos inseridos o tempo todo.

Como estamos inseridos nisso? Temos a ideia de desenvolvimento que parte dos pressupostos daquilo que é próprio ou ideal do desenvolvimento europeu. Se a gente for pensar uma construção arquitetônica que a gente acha bonita ou bem desenvolvida, a gente vai pensar: "Nossa, o teatro municipal do Rio de Janeiro". Ou como o presidente da Argentina disse: "Ai, que construção europeia". A gente não pensa que a oca é um desenvolvimento porque ela não desgasta a terra... e nisso vai se produzindo uma linguagem. Como é essa linguagem? Essa linguagem que designa a língua italiana, a língua alemã, a língua francesa e os dialetos. O que é tornar toda a complexidade de uma língua indígena ou de uma língua africana em dialeto? É você colocar ela nesse lugar. Qual é a ideia de chamar uma de sociedade europeia ou sociedade ocidental e chamar as outras de tribos? Então, há toda uma ideia de que há um lugar de civilização avançada e de primitivos produzidos a partir disso. E isso vai estar no nosso campo do imaginário, funciona o tempo todo no imaginário.

A outra coisa que é fundamental pensar sobre a psicanálise e a questão racial, tem uma coisa que se repete nos ambientes de psicanálise. Se você não é da psicanálise, você vai observando que tem algumas coisas que se repetem, como a linguagem. Mas tem uma coisa que eu sempre pergunto: como vocês falam de raça com os pacientes de vocês? A resposta é quase sempre: "Se ele trouxe isso, nós vamos falar, como todos os outros conteúdos". Essa é a forma de usar a psicanálise. Se a pessoa trouxer, nós trabalhamos. Agora, como a gente faz isso com um monte de gente que não aprendeu a ouvir sobre raça? Vai esperar a pessoa dizer que isso ou aquilo é raça? Ou, por exemplo se ela fala que desde pequena estava em um ambiente onde se sentia inadequada, se sentindo mal com seu corpo, com o cabelo, ou que se sentia sendo olhada, muitas vezes a pessoa pode estar falando exatamente dos efeitos psicossociais da raça, mas não aprendemos a escutar.

Logo que me formei, eu estava fazendo atendimento e uma pessoa branca de repente chegou e me disse que ela tinha sido "trocada", palavras dela, por uma "empregadita". "Ah, meu marido me trocou por uma empregadita." Eu fiquei tentando entender o que era uma "empregadita". O que é uma "empregadita"? A mulher pela qual ela foi trocada tinha doutorado. O "empregadita" era porque ela era uma mulher negra. Como é que você investiga esse lugar de superioridade no sujeito? Ou será que a gente só vai ouvir raça para uma pessoa negra na psicanálise? Então é fundamental, exatamente, que as pessoas sejam formadas para ouvir a raça. Não adianta falar que vai trabalhar isso se a pessoa trouxer, só que aí ela traz o tempo todo e você não ouviu. Porque aí tem um lugar de saber escutar quando alguém está falando o tempo todo de raça.

Para escutar sobre raça a pessoa tem de se informar para entender que isso vai trazer efeitos psicossociais para o sujeito. E outra coisa que eu acho fundamental é pensar essas categorias de universal, particular e singular como a gente passa da sociologia – racismo estrutural – para aquilo que é singular, sem perder a sociologia, e sem perder o singular do sujeito, sem perder aquilo que é fundamental. Eu vou dar exemplos de dois casos da minha pesquisa que foi publicada naquele livro Famílias interraciais: tensões entre cor e amor[123], só que eles não estão no livro. São duas famílias que eu entrevistei. Uma delas era uma menina, filha de um descendente de alemão, no Rio Grande do Sul, com uma mulher negra. A mãe dela morreu quando ela tinha dois anos e ela foi cuidada pelo pai, que era uma pessoa psiquicamente frágil, e levou essa menina para morar com os avós. Esse pai era rebaixado na família porque ele tinha tido uma filha negra, e essa era uma família que tinha uma identificação com aquilo que a gente pode chamar de arianiedade, de achar que o alemão é aquele que trabalha, aquele que é superior... era uma família identificada exatamente com isso. Essa menina começa a ser tratada de forma desigual advindo de familiares racistas, e, portanto, isso era associado de forma negativa como "a negra da família". O avô a fazia entrar no sítio, já que eles moravam no interior, pela porta de trás, e ela virou a empregada doméstica da família com a qual ela tem laços consanguíneos. Então, ela vira aquela história que a gente já conhece de uma pessoa ficar "doméstica" na família. Ela faz o almoço dos primos, da família, o avô falava que ela era a negra da família e que por isso o lugar dela era na cozinha... todas as violências raciais mais absurdas.

Quando tinha uns 23 anos, ela conseguiu fugir desse ambiente e foi para a UFRGS estudar Serviço Social. Essa pessoa chega e vai direto procurar o movimento negro, porque desde que ela nasceu, foi tratada assim. E vai chegar alguém e vai falar para ela: "Você não é negra". De fato, essa era uma mulher de pele bastante clara e de cabelo cacheado, meio

123 > Lia Shucman Vanier, *Famílias interracias: tensões entre cor e amor*. Salvador: EDUFBA, 2018.

liso, um olho quase claro... Mas ela era a negra da família, sofrendo todas as violências e todo um psiquismo onde ela cresceu sendo a negra da família, e ela foi de fato violentada. Vou dar outro exemplo. Uma família negra de pele escura, que era da Bahia. Essa menina cresceu ouvindo o Ilê Aiyê, ouvindo que negro é lindo, uma família de movimento negro e tal. Todos os significados que ela ouviu na família sobre negritude eram positivos. E aquela outra, todos os significados sobre negritude que ela ouviu na família eram negativos. Isso não impede que esta possa passar por batida policial, talvez ser preterida no mercado de trabalho, mas essa pessoa, psiquicamente, tinha uma força de resposta a tudo isso. Porque os significados racistas da cultura não coincidiam com os significados e mediações primárias. Não que ela não conhecesse aqueles, mas ela conhecia outros. Já para aquela que sofreu racismo na família, os significados racistas que ouviu na tenra infância coincidiam com os significados racistas da cultura e ela não tinha outro ambiente, como o movimento negro. Essa que tinha a família, a inserção no bloco do Ilê, a inserção no movimento, conviveu em vários ambientes de significado positivo sobre negritude.

E aí a gente pode entender que as pessoas não sofrem por causa da quantidade de melanina, elas sofrem por causa do encontro com o racismo. Então, como a gente vai ouvir essa singularidade, a partir da clínica? Que sujeito é esse? A gente vai pegar a sociologia e vai falar "o racismo adoece". Mas essa pessoa é mais preta e por isso ela sofreu mais? Não. A gente vai entender quais são os significados – e sobre isso recomendo do Stuart Hall, "Raça, o significante flutuante"[124] – quais são os significados e mediações que esse sujeito teve a partir dessa categoria raça? O que acontece nesses casos? A gente vai ouvir, a gente vai entender quais são as relações dessas pessoas com o racismo. Sem esquecer que, obviamente, o filho dessa mulher preta que tem a cor mais escura, pode ser que ele seja baleado pela polícia mais facilmente. Então a gente precisa entender as categorias da nossa cultura no particular, mas sem passar diretamente para o singular. A gente precisa entender que passagem foi essa e quais foram as mediações os significados, qual foi o sentido e como essa pessoa deu sentido a isso.

124 > Stuart Hall, "Raça, o significante flutuante", tradução de Liv Sovik e Katia Santos, Z *Cultural – Revista do Programa Avançado de Cultura Contemporânea*, Rio de Janeiro, UFRJ, ano VIII, v. 2, 2015. Disponível em <http://revistazcultural.pacc.ufrj.br/raca-o-significante-flutuante%EF%80%AA/>.

> forde, gustavo[125] <.> humanismo europeu e racismo brasileiro: "doutrinas" de interdição à saúde mental da população negra <

introdução

Este ensaio objetiva refletir sobre o racismo e o processo de desumanização como doutrinas enunciadoras de processos de subjetivação adoecedores para a população negra. São "doutrinas" estruturantes e estruturadoras em nossa sociedade. Entretanto, além de estrutural e institucional na nação brasileira, o racismo é ontológico.

Retomaremos aspectos do pensamento social produzido e difundido na segunda metade do século XIX e primeira metade do século XX, perscrutando as categorias raça e racismo como elementos fundantes na formulação do projeto de Estado-nação brasileiro. Um projeto de nação que se desejava branco ou mestiço quase branco e, para tanto, esforçou-se para desumanizar e eliminar o negro deste território racista que aprendemos a chamar de Brasil.

Os processos de subjetivação racistas operam e produzem modos brasileiros de socialização e, em especial, um conjunto de valores, costumes e hábitos que atravessam a forma como nós nos constituímos. Nós nos tornamos quem somos a partir de uma educação racial responsável por produzir privilégios para as pessoas brancas em detrimento das pessoas não brancas. Ninguém nasce racista, mas torna-se racista ao longo desses processos de socialização herdados desde os tempos da "Casa-Grande" e da "Senzala".

---

125 > Doutor em Educação e professor do Centro de Educação da Universidade Federal do Espírito Santo (Ufes). Desenvolve estudos e pesquisas em afrodescendência e relações étnico-raciais na educação, com interesse especial nos campos da história da educação, do movimento negro e do ensino de matemática. E-mail: gustavoforde@yahoo.com.br

Para pensar a saúde mental da população negra, neste artigo, evocamos as dimensões físicas, sociais e mentais constitutivas dos sujeitos sociais. Conforme Gaino et al.[126], são dois os principais paradigmas utilizados para discussão dos conceitos de saúde e saúde mental: o biomédico e o da produção social de saúde. Apoiaremo-nos, aqui, no paradigma da produção social de saúde, no qual, segundo os autores, "a saúde é mais complexa que as manifestações das doenças e inclui aspectos sociais, econômicos, culturais e ambientais".[127] No bojo desse paradigma conceitual de saúde, a interlocução entre racismo e saúde apresenta-se de crescente relevância e urgência na contemporaneidade, uma vez que o racismo e a discriminação racial interditam aspectos sociais, econômicos, culturais e ambientais que afetam negativamente o bem-estar mental, físico e social dos descendentes de africanos no Brasil.

Mobilizando análises a partir do campo dos estudos pós-coloniais, perseguiremos em nossa escrita problematizações, à medida que buscamos compreender os efeitos do racismo antinegro no âmbito das relações sociais próprias a uma sociedade de tradição colonial-escravocrata. Uma sociedade tóxica para negros e negras que nela convivem. Como o racismo branco antinegro produz práticas adoecedoras? O racismo é uma invenção ideológica produtora de um conjunto de códigos, crenças e comportamentos partícipes do *ethos* nacional. Seria o *ethos* nacional brasileiro marcado por um racismo ontológico? Mais do que procurar respostas, nossos esforços serão no sentido de compartilhar análises.

Nas duas últimas décadas, como resultado das ações afirmativas conquistadas por meio das lutas dos movimentos sociais negros, houve processos de institucionalização de democratização do acesso a espaços socialmente qualificados. Se, por um lado, tais espaços passam a ser habitados por outros corpos, outras estéticas e outras subjetividades, por outro lado, essas outras estéticas, corpos e subjetividades são interpelados negativamente por práticas, saberes, tempos e espaços muitas vezes inóspitos e não acolhedores às pessoas negras. Essas são as questões motivadoras aqui analisadas neste ensaio.

racismo ontológico e desumanização do humano

Nosso propósito é convidá-los e convidá-las a (re)pensar os processos de subjetivação marcados por um paradigma societário racista. Refiro-me à condição ontológica do racismo como elemento fundante do projeto de Estado-nação, consolidado na segunda metade do século XIX e primeira metade do século XX, marcado pelo paradigma raciológico europeu. Esse

126 > Loraine Vivian Gaino et al. "O conceito de saúde mental para profissionais de saúde: um estudo transversal e qualitativo", SMAD, *Revista Eletrônica Saúde Mental Álcool e Drogas (Ed. port.)*, v. 14, n. 2, 2018, pp. 108-116. Disponível em: <http://pepsic.bvsalud.org/scielo.php?script=sci_arttext&pid=S1806-69762018000200007&lng=pt&nrm=iso>.

127 > Ibid., p. 110.

paradigma moldou uma nacionalidade brasileira pautada no desejo de algum dia tornar-se uma nação branca ou *mestiça quase-branca*.

O Brasil é um projeto de nação inconcluso e ainda em curso. As políticas de mestiçagem e a ideologia do branqueamento, desenvolvidas desde aquele momento histórico com a finalidade de eliminar os elementos negros da população brasileira, não alcançaram os resultados perspectivados por pessoas como João Batista Lacerda Aguiar, Silvio Romero, Oliveira Viana e outros. Esses pensadores viam na mestiçagem uma fase transitória para a eliminação da presença negra, até que fosse alcançado o pleno branqueamento do povo brasileiro. Dito isso, assumimos o pressuposto de que o racismo não é algo estranho à sociedade brasileira. Ao contrário, o racismo é um elemento ontológico para compreensão do Brasil e dos modos de relações étnico-raciais que aqui se estabeleceram.

Pensar o racismo como elemento ontológico na formação societária do Brasil oportuniza outras ferramentas e dispositivos para compreendermos sua centralidade no processo de adoecimento da população negra, pois o racismo rejeita a humanidade das pessoas negras e, evocando essa rejeição, interdita o bem-estar social, interpelando negativamente a saúde mental de milhões de brasileiros desde o período colonial até o atual período republicano.

Para pensarmos as relações do racismo com a saúde mental, primeiro, faz-se necessário explicitar o meu lugar de análise e reflexões a partir do campo de estudos das relações étnico-raciais na educação. Interessa-me analisar e refletir, apoiado em aportes teóricos pós-coloniais, aspectos do projeto societário brasileiro inóspitos à presença do negro – de forma respeitada e valorizada – nos processos de socialização. Desde a infância, pessoas brancas e não brancas são educadas no seio de processos de socialização atravessados por relações étnico-raciais conflituosas e agressivas, em um conjunto de relações de poder assimétricas e ideologicamente opressoras para aqueles identificados como não brancos.

Os africanos e seus descendentes no Brasil são sistematicamente negados em sua existência física, social e mental. Nega-se sua história, sua estética, sua religiosidade, sua cognição e sua humanidade. A negação dar-se-á quase sempre por meio da negação da sua autonomia, da desqualificação de sua história e da inferiorização de sua identidade. Essa negação é sistêmica e sistematizada através da "racialização" e desumanização das pessoas negras, pois

> [...] retira-lhes o referencial histórico-cultural e sua identificação com a coletividade que pertencem. Em certo momento, o colonialismo fez questão de identificar os africanos como "negro", "*kaffirs*", e assim por diante, no intuito de desvinculá-los simbolicamente da própria terra. Europeus brancos intitularam-se *afrikaaners*, estabelecendo-se como donos da terra no lugar dos nativos. [...] Rotulando-os apenas de "negros", "*niggers*", "*coons*", ou crioulos, o dominador lhes arrancava a referência básica à sua

condição humana, reduzindo sua identidade à cor da pele, sinônimo de condenação à inferioridade e à condição escrava.[128]

A racialização do "outro" constitui o que Piza chama de lugar de raça:

> Um "lugar" de raça é o espaço de visibilidade do outro, enquanto sujeito numa relação, na qual a raça define os termos desta relação. Assim, o lugar do negro é o seu grupo como um todo e do branco é o da sua individualidade. Um negro representa todos os negros. Um branco é uma unidade representativa apenas de si mesmo. Não se trata, portanto, da invisibilidade da cor, mas da intensa visibilidade da cor e de outros traços fenotípicos aliados a estereótipos sociais e morais, para uns, e a neutralidade racial, para outros. As conseqüências dessa visibilidade para negros são bem conhecidas, mas a da neutralidade do branco é dada como "natural", já que é ele o modelo paradigmático de aparência e de condição humana.[129]

O racismo opera uma subjetividade comprometida em elevar a brancura como signo de desejo de todas as pessoas, sejam elas brancas ou não brancas. Essa subjetividade promove nos não brancos a autorrejeição e a sua rejeição pelos outros, um círculo vicioso que persiste em produzir a pessoa negra como um sujeito "racial" inferior. Nas palavras de Fanon: "precisamos ter a coragem de dizer: é o racista que cria o inferiorizado."[130] Os caminhos possíveis para uma subjetivação verdadeiramente humanista e, portanto, antirracista, exigirão novas epistemes e novos paradigmas rompedores deste padrão hermeticamente *fechado* no "mundo da brancura", pois, neste mundo, "o branco não é apenas o Outro mas o senhor, real ou imaginário"[131]. É importante, neste rompimento, os campos da psicologia e da psicanálise ampliarem e consolidarem sua atuação em diálogo com o campo dos estudos étnico-raciais, com foco na saúde da população negra.

Os vários modos de racismo no Brasil (interpessoal, religioso, institucional, epistêmico etc.), utilizando-se de práticas discursivas, orientam processos de subjetivação emuladores da ideia de um *mundo branco* como portador da única humanidade e qualidade civilizatória a ser reconhecida. Essa subjetivação necessita de um corpo, pois, é na relação com o corpo "não branco" que a branquitude-racista se esforça para desorganizar a humanidade e os elementos civilizatórios negro-africanos e para reorganizá-los de acordo com a

128 > Elisa Larkin Nascimento (Org.), *Sankofa: matrizes africanas da cultura brasileira.* Rio de Janeiro: EdUERJ, 1996, p. 19.

129 > Edith Piza, "Porta de vidro: entrada para a branquitude" in: Iray Carone, Maria Aparecida Silva Bento (Orgs.), *Psicologia social do racismo: estudos sobre branquitude e branqueamento no Brasil.* Rio de Janeiro: Vozes, 2002, p. 72.

130 > Frantz Fanon, *Pele negra, máscaras brancas.* Salvador: Editora EDUFBA, 2008, p. 90.

131 > Ibid., p. 124.

forma cultural branco-europeia. Trata-se de um processo de despersonalização, característico dos regimes coloniais, que visa a destituir a possibilidade de brasileiros descendentes de africanos assumirem uma imagem justa de si mesmos. Nas palavras de Sartre,[132] a tarefa do colonizador é destituir o colonizado de humanidade e civilidade.

São muitos e variados os estigmas e estereótipos produzidos contra a imagem e história africana e afro-brasileira. Aliás, para Fanon[133], o negro nunca foi tão negro quanto se tornou depois do sistema colonial branco-europeu. Estamos diante de uma ideologia de dominação e exploração que produz uma patologia social. A cura dessa patologia social requer um antígeno: combater e superar o racismo branco-europeu. Esse antígeno curativo, acreditamos, gozará de maiores condições de alcançar êxito a partir do momento em que os estudos das relações étnico-raciais, nas palavras de Piza[134], possibilitarem aos brancos e negros se reconhecerem em uma mesma farsa ideológica.

Como resposta sócio-histórica e política comprometida com a superação do racismo e a patologia social produzida por este, o movimento negro brasileiro mobiliza os descendentes de africanos no Brasil em torno da *negritude*, tomada como princípio socioeducativo para descolonizar o *ser* a partir da descolonização do *saber*. Descolonização, aqui, é entendida no modo trazido pela perspectiva fanoniana, tal como um processo que substitui uma *espécie* de humanidade por outra *espécie* de humanidade.

Compreender a centralidade e a dimensão ontológica do racismo na formação do Brasil explicita processos de subjetivação constituídos no bojo de uma "educação racial" responsável por inserir, conforme Glass[135], as pessoas "numa ordem racial" responsável por tratar o negro como um selvagem. Processos de educação racial, no qual as pessoas estabelecem modos de interação reveladores das políticas de branqueamento e mestiçagem que permanecem abrigadas nas dobras do *ethos* nacional, responsável por sugerir aos brasileiros negros a assunção de uma identidade branqueada.

> [...] no núcleo dessa construção identitária brasileira, o racismo articula uma subjetividade capaz tanto de legitimar e validar a crença no determinismo biológico das características morais, cognitivas e comportamentais dos diversos grupos humanos, quanto

---

132 > Jean-Paul Sartre, "Prefácio à Edição de 1961" in: Frantz Fanon, *Os condenados da Terra*. Juiz de Fora: Editora UFJF, 2005.

133 > Frantz Fanon, *Pele negra, máscaras brancas*. Op. cit.

134 > Edith Piza, op. cit, pp. 59-90.

135 > Ronald D. Glass, "Entendendo raça e racismo: por uma educação racialmente crítica e antirracista", *Revista Brasileira de Estudos Pedagógicos*, Brasília, v. 93, n. 235, set./dez. 2012, pp. 883-913.

de imprimir uma ideia de mácula em determinados grupos humanos passível de ser transmitida hereditariamente aos seus descendentes.[136]

O racismo impacta negativamente a saúde mental da população negra. O esforço cotidiano e sistemático das pessoas e instituições racistas é extirpar a condição humana das pessoas negras, associando-as como portadores de "mácula" ou "mal absoluto". Essa ação, de natureza político-epistêmica, atua em processos de subjetivação pautados na essencialização, desumanização, desistoricização e incivilização dos africanos e seus descendentes nas diásporas. Importante dizermos: o racismo não apenas proclama a superioridade branca e a inferioridade negra. O racismo, sobretudo, desumaniza as pessoas negras. Institui um regime desumanizador e adoecedor para as pessoas negras, onde "o negro representaria o maligno e o pecaminoso, enquanto o branco representaria a bondade e a santidade"[137].

por um humanismo que não desumanize

Não há dúvidas de que o racismo produz uma dupla violência, simbólica e material. Também não há dúvidas de que as violências simbólicas e materiais impactam negativamente o bem-estar físico, social e mental das pessoas vitimizadas. São muitas as pessoas negras que relatam memórias de infância, adolescência e juventude marcadas por "feridas abertas" na alma e no corpo. Tais "feridas" costumam permanecer "abertas" e silenciosas ao longo de uma vida inteira. A linguagem curativa e a escuta acolhedora são práticas promotoras de saúde com as quais a psicanálise e a psicologia podem contribuir fortemente, visando a romper o silêncio e cauterizar tais feridas. Todavia, neste percurso de linguagem e escuta, é necessário evitar quaisquer "psicologismos" ou "personalismos" enunciadores que transformem a problemática em tela naquilo que Alberto Guerreiro Ramos chamou de negro-tema ou negro-problema.[138]

A linguagem e a escuta no processo terapêutico deverão se aproximar de uma perspectiva que não ignore que a identidade e a humanização da pessoa negra são os alvos centrais do racismo, haja vista que "uma das características de qualquer racismo é sustentar a dominação

---

136 > Gustavo Henrique Araújo Forde, "*Vozes negras" na história da educação: racismo, educação e movimento negro no Espírito Santo (1978-2002).* Vitória: PPGE-UFES, 2016. Tese de Doutorado, p. 52.

137 > Ibid., pp. 52-53.

138 > Alberto Guerreiro Ramos, "O problema do negro na sociologia brasileira", Cadernos de Nosso Tempo, v. 2, n. 2, 1954. Disponível em: <http://www.schwartzman.org.br/simon/negritude.htm>.

de determinado grupo étnico-racial em detrimento da expressão da identidade de outros"[139]. Nas palavras de Clóvis Moura[140], o racismo é uma arma ideológica de dominação.

Considerando o fato de o alvo do racismo ser o "ego" da pessoa racializada, uma definição se faz importante: "a disputa pela identidade não é simples disputa por um nome, mas a disputa por um modo de ser percebido e tratado"[141]. Assim, o pertencimento identitário "racial" deve ser entendido como uma

> [...] construção histórica e não um dado da biologia. Não é na cor nem nos demais traços fenotípicos de um grupo que reside a sua identidade. São, antes, as interpretações social e cultural dadas as essas características biológicas, que criam simbolicamente a identidade do grupo.[142]

Em sociedades do tipo "estabelecidos e *outsiders*",[143] tipologia adequada para pensarmos a sociedade brasileira, torna-se importante e necessário o grupo "*outsider*" disputar outro modo de ser percebido e tratado, uma vez que não são as qualidades individuais da sua pessoa que "justificam" a sua estigmatização racial, mas o fato de pertencer a um grupo estigmatizado como inferior e de menor valor humano no convívio social. Muitas vezes,

> [...] o estigmatizado, aberta ou veladamente, é levado a ver-se e movimentar-se como estigmatizado, estranho, exótico, estrangeiro, alheio ao "nós", ameaça a despeito de saber que se trata de mentira. Precisa elaborar e desenvolver a sua autoconsciência crítica, tomando em conta o estigma e o estigmatizador, o intolerante e a condição de subalternidade em que está jogado.[144]

Desse modo, a luta contra o racismo pode ser vista, não só, mas também, como práxis de promoção de saúde e vida. A luta antirracista reivindica em suas ações melhores condições de vida (simbólica e material), garantidadoras de bem-estar físico, mental e social à população negra. Ou seja, lutar contra o racismo é lutar por viver em condições dignas de

---

139 > Nilma Lino Gomes, "Educação e identidade negra", Aletria, Belo Horizonte, v. 9, n. 1, 2002, pp. 38-47.

140 > Clóvis Moura, Os dilemas da negritude. Brasil: *raízes do protesto negro.* São Paulo: Global, 1983.

141 > Gustavo Henrique Araújo Forde, "Vozes negras" na história da educação: racismo, educação e movimento negro no Espírito Santo (1978-2002). Op. cit., p. 165.

142 > João Baptista Borges Pereira, "O negro e a identidade racial brasileira", in: Racismo no Brasil. São Paulo: Abong-Anped, v. 1, 2002, p. 65.

143 > Norbert Elias, John L. Scotson, Os estabelecidos e os outsiders: sociologia das relações de poder a partir de uma pequena comunidade. Tradução: Vera Ribeiro. Rio de Janeiro: Jorge Zahar, 2000.

144 > Octávio Ianni, "Dialética das relações raciais", Estudos Avançados, São Paulo, v. 18, n. 50, 2004, p. 4.

saúde. A luta contra o racismo também é a luta pela (re)humanização do sujeito racializado. Nessa (re)humanização, o sujeito racializado reivindica um *outro humanismo* em oposição ao humanismo europeu, "dado que o europeu não pôde fazer-se homem senão fabricando escravos e monstros".[145]

Humanismo e racismo são inconciliáveis, portanto, não se é humanista quando se é racista! Assim, contrapondo-se ao humanismo europeu de caráter racista, as organizações do movimento negro brasileiro mobilizam o conceito de negritude no bojo da sua práxis educativa. A práxis da negritude é reconstitutiva para reposicionar a humanidade dos descendentes de africanos, retirando-os do lugar de não humanos ou de humanos de menor valor social, aos quais foram submetidos pelo humanismo europeu. A negritude como práxis fortalece as subjetividades para a necessária recomposição da sua saúde mental e física. Na visão fanoniana, o "negro" foi fabricado em um universo de onde é preciso retirá-lo, pois, se em um dado momento da história,

> [...] ele foi levado a se questionar se era ou não um homem, é que lhe contestavam sua humanidade. Em outras palavras, começo a sofrer por não ser branco, na medida em que o homem branco me impõe uma discriminação, faz de mim um colonizado, me extirpa qualquer valor, qualquer originalidade, pretende que seja um parasita no mundo, que é preciso que eu acompanhe o mais rapidamente possível o mundo branco [...]. Então tentarei simplesmente fazer-me branco, isto é, obrigarei o branco a reconhecer minha humanidade.[146]

Dito de outro modo, o combate ao racismo se traduz em luta por um outro modo de vida societária orientada por outro humanismo: um humanismo comprometido com as múltiplas vidas e múltiplas formas de viver. Um humanismo oposto ao humanismo europeu, responsável por reduzir criminosamente o conceito de humanidade ao conceito de europeidade. Um novo humanismo, responsável por produzir vida e paz social e, em especial, responsável por produzir processos curativos dessa patologia social brasileira.

> O Brasil é uma Nação que precisar se curar. Precisa curar-se de sua patologia de desejar ser branco. Precisa curar-se do seu complexo de Casa Grande & Senzala. Para curar-se de "si mesmo", o Brasil precisa revisitar seus traumas. Revisitar a sua dívida com os negros

---

145 > Jean-Paul Sartre, op. cit., p. 43.

146 > Frantz Fanon, *Pele negra, máscaras brancas*. Op.cit., p. 94.

> e indígenas. Precisa revisitar a sua própria imagem perante o espelho e, depois, decidir qual projeto societário pretende construir de hoje em diante.[147]

Para curar-se de si e garantir condições favoráveis de saúde e de vida para a maioria da população brasileira (parcela populacional que se autodeclara negra), o Brasil precisa estar comprometido com outra noção de humanidade. Repito: humanismo e racismo são incompatíveis, assim, não haverá humanismo no Brasil enquanto o racismo estiver no *ethos* nacional. Superar o racismo é condição *sine qua non* para qualquer pessoa, instituição ou Nação que se deseja humanista. Recompondo outra noção de humanidade, inauguraremos no Brasil outro processo societário, agora, pautado no princípio civilizatório de que "reconhecer a dignidade de um ser humano é reconhecer a dignidade da sua comunidade de pertença, ou ainda o valor da sua identidade colectiva, a que ele assume, a que ele privilegia ou a que ele escolheu".[148]

Ao contrapor-se à patologia social do brasileiro – definida nos termos trazidos por Guerreiro Ramos na década de 1950 –, a política da negritude oportuniza um processo de reeducação para brancos e não brancos. Uma reeducação orientada por processos de socialização entrelaçados por processos terapêuticos e de assunção de um humanismo humano (em substituição ao humanismo europeu!). Terapêutico e reeducativo à medida que objetiva retirar os "*outsiders* negros" (descendentes dos antigos colonizados) e os "estabelecidos brancos" (descendentes dos antigos colonizadores) da farsa ideológica da qual ambos participam. Não há essencialismo biológico na "negritude", o movimento da negritude é uma práxis política de enfrentamento ao mundo da brancura que "dita" uma única maneira de ser humano

> Compreendemos o mundo da brancura como aquele que recorre às noções de "brancos" e "negros" para difundir a idéia de essências raciais. Este paradigma raciológico permeia os processos sociais, econômicos e políticos que privilegiam o "ser" *branco* e negligenciam e excluem o "ser" *negro*, tais como: mídia, empresas, escolas, igrejas, sindicatos, partidos políticos e outros.[149]

Para Forde,

---

147 > Gustavo Henrique Araújo Forde, "Jacarezinho: violência contra negros não é negligência, é projeto de estado", *Jornal A Gazeta*, 5 de maio de 2021. Disponível em: <https://www.agazeta.com.br/artigos/jacarezinho-violencia-contra-negros-nao-e-negligencia-e-projeto-de-estado-0521>.

148 > Pierre-André Taguieff, *O racismo*. Lisboa: Instituto Piaget, 1997, p. 121.

149 > Gustavo Henrique Araújo Forde, A presença africana no ensino de matemática: análises dialogadas entre história, etnocentrismo e educação. Vitória: PPGE-UFES, 2008. Dissertação de Mestrado, p. 18.

> Vista desse prisma, a ideologia da negritude rompe com a tradição de uma *europeidade* hegemônica que ergueu uma religião racializante, uma ciência racializante, uma economia racializante, uma educação racializante e uma cultura racializante; todas portadoras de uma virulenta episteme racista. Uma *europeidade* que capturou as humanidades *não europeias* por meio de um racismo epistemológico e as transformou em humanidades subalternizadas. Trata-se de um humanismo racista, pois na tradição civilizatória europeia ser considerado "humano" significou ser "europeu".[150]

Existe, na nacionalidade brasileira, uma subjetividade socialmente produzida responsável por atribuir o signo de "nódoa" ou "mácula" que imputa à identidade negra um significado de sujeira, impureza, contaminação, poluição etc. e com ele se fabrica a repulsa a esses sujeitos. Esse processo de essencialização e estigmatização aprisiona esses sujeitos na condição de não portadores de humanidade ou não portadores da *mesma* humanidade do grupo "branco". O modelo de humanismo hegemônico e responsável por tais processos, eu o defino como "humanismo cínico".

O "humanismo cínico" produz um estado de constante vigilângia nas pessoas negras face ao permanente estado de vulnerabilidade à violência racial a que estão submetidas. A constante vigilângia nega às pessoas negras a possibilidade de relaxamento consigo e com o outro. Falamos aqui do relaxamento necessário para um bem-estar físico, social e, sobretudo, mental. Ao estar em permanente estado de vigilância, o corpo negro vive um estado de tensionamento físico e mental intermitente. Casos de ansiedade, *stress*, depressão, melancolia, nessas pessoas, podem estar associados a essas condições de vida "tensionadas".

saúde mental e combate ao racismo

Tornou-se imperativo, nas análises e problematizações realizadas neste ensaio, reposicionar o racismo (interpessoal, institucional e estrutural) como fator de adoecimento da população negra. Torna-se imperativo, também, reposicionarmos o entendimento de que a persistência do racismo brasileiro, bem como a ausência de políticas e dispositivos eficazes do Estado para combatê-lo, não é negligência... trata-se de Projeto de Estado. Um Estado que ainda deseja ser branco ou mestiço quase branco e, para isso, coaduna com um "pacto de silêncio" em relação ao genocídio cultural e físico do negro brasileiro. Nesse Projeto de Estado, existe certa naturalização da violência e da morte nos territórios de maioria negra. Não esqueçamos: o racismo se traduz em uma política de morte (simbólica e material).

---

150 > Gustavo Henrique Araújo Forde, "Vozes negras" na história da educação: racismo, educação e movimento negro no Espírito Santo (1978-2002). Op. cit., p. 169.

O racismo no Brasil é de natureza ontológica! O genocídio (morfofisiológico e físico) e o epistemicídio (histórico e cultural) do negro brasileiro são precedidos pelo adoecimento da população negra desde o período colonial brasileiro. No *ethos* nacional está ancorada uma subjetividade que insiste em não reconhecer os negros como humanos que são! Chamo aqui de *ethos* os valores, hábitos e costumes que modelam o comportamento social brasileiro. São valores, hábitos e costumes que evidenciam aspectos da ideologia supremacista branca presente nas teorias raciais do século XIX.

Com base nas análises apresentadas até aqui, nos é possível afirmar que o racismo delineia os modos como a sociedade e as instituições brasileiras operam e distribuem seus bens e serviços nas áreas de saúde, segurança, educação, economia, justiça etc., pois não reconhecem as pessoas negras como elementos constituintes do conjunto da população brasileira.

Aqui, faço uma breve analogia: na matemática trabalhamos com a Teoria dos Conjuntos, uma teoria matemática de agrupamento de elementos e conjuntos. Nessa teoria, os conjuntos numéricos são constituídos por seus elementos conforme os critérios de pertencimento estabelecidos. Se desejarmos estabelecer, por exemplo, o Conjunto dos Números Naturais Pares maiores que 0 (zero) e menores que 10 (dez), a resposta será: {2, 4, 6 e 8}. Desse modo, os números {1, 3, 5, 7 e 9} não são considerados elementos pertencentes a esse conjunto e não farão parte dele. Por analogia, as pessoas negras (e também as indígenas!) no conjunto que define a Nação brasileira são vistas e tratadas tal como os números {1, 3, 5, 7 e 9} ilustrados no exercício matemático anterior. Para que as pessoas negras e indígenas sejam reconhecidas como parte do conjunto, a lógica e a teoria nos ensinam ser necessário refazer os critérios de pertencimento ao conjunto. Ou seja, faz-se necessário refundar a matriz constitutiva do conjunto que se deseja obter. Essa metáfora, quando aplicada ao conjunto que corporifica a Nação brasileira, explicita o desafio que se apresenta: precisamos refundar a Nação. Precisamos refundar a Nação brasileira com base em outra matriz civilizatória e outro humanismo, que, ontologicamente, contemplem negros e indígenas como humanos plenos e também partícipes desse conjunto.

Nessa refundação será inevitável emergir dores, romper silêncios, cauterizar feridas e estabelecer aprendizagens mútuas baseadas em relações humanistas produtoras de saúde. Esse processo de refundação exigirá ação conjunta entre os descendentes da "Casa-Grande" e os da "Senzala". Retornando à metáfora trazida pela teoria dos conjuntos, destaco uma obviedade: se não mudarmos aquilo que define o conjunto, negros e indígenas continuarão sendo desumanizados pelo humanismo europeu e, portanto, continuarão sendo adoecidos e mortos pelo racismo brasileiro. É preciso ampliar os critérios que estabelecem esses conjuntos.

considerações finais

Se há tempos que o racismo interdita a saúde da população negra, não deveria haver razões para serem negligenciados os efeitos do racismo no adoecimento psíquico de negros e negras no Brasil. O racismo, ao longo de séculos no Brasil, persiste produzindo sofrimentos, traumas e cicatrizes. O racismo desumaniza, o racismo subalterniza, o racismo estigmatiza, o racismo nega o direito à vida. Todas essas práticas são práticas antagônicas à produção de saúde. A predominância de diagnósticos de hipertensão, diabetes, ideação suicida, ansiedade, depressão e estresse nas pessoas negras é reveladora deste "sufocamento racial" que produz esgotamento vital em muitas pessoas negras.

O racismo ontológico sobrevive no *ethos* nacional e se afirma no seio do pacto de silêncio filiado ao humanismo europeu. O Brasil está enfermo! Uma Nação cuja composição demográfica é multirracial e pluriétnica e pactua "um silêncio ensurdecedor", à medida que testemunha a crescente ascensão de grupos fundamentalistas de viés racista, é uma sociedade adoecida. Desconfio que esse adoecimento exige pensar o racismo como elemento de um *humanismo não humanista*, cúmplice de um longo e contínuo fascínio e desejo de aniquilar e subalternizar os humanos não brancos. É neste cenário que convidamos a psicologia e a psicanálise para a ampliação e a consolidação dos seus lugares de protagonismo na luta contra o racismo em benefício da saúde mental da população negra.

seção 2

<.>

ocupar a psicanálise: a crítica ao racismo estrutural

>bispo, fábio[151] <.> cicatrizes da escravização: corpo social e corpos singulares

> Não tenho cicatrizes da escravidão na minha memória, mas não discordo de quem trabalha com a imagem da cicatriz da escravidão. Entretanto, não trabalho com essa imagem, trabalho com a imagem de quem venceu. Mesmo que queimem a escrita, não queimam a oralidade, mesmo que queimem os símbolos, não queimam os significados, mesmo que queimem os corpos, não queimam a ancestralidade.[152]

Começo citando essa fala contundente e impactante de Antônio Bispo dos Santos, conhecido como Nego Bispo. Não apenas por questionar a pertinência da noção de cicatrizes da escravidão, mas por apontar uma armadilha sutil na abordagem dos efeitos do racismo sobre o negro, que é de reforçar uma posição de subalternidade, de vítima, como ele mesmo diz, de perda e de apagamento. Lélia Gonzalez[153] também faz essa advertência e busca subverter esse lugar, assim como o faz também Neusa Souza quando, em uma entrevista de 2008, se recusa a falar do Negro a partir de uma categoria universal que, segundo ela, poderia apagar as singularidades.[154]

Acolhemos o termo cicatrizes justamente porque ele demarca o tensionamento entre a necessidade de falar do sofrimento psíquico advindo do racismo e também da produção de vida e de cura, de luta e de resistência, que desde o período da escravização marcou a presença do negro no Brasil. Partimos de uma pesquisa sobre as consequências subjetivas da

151 > Professor do Departamento de Psicologia e do Programa de Pós-Graduação em Psicologia Institucional da Universidade Federal do Espírito Santo, integrante dos grupos de pesquisa Psicanálise: clínica e laço social (UFES), PSILACS (UFMG) e do coletivo Ocupação Psicanalítica.

152 > Antônio Bispo dos Santos, "Somos da Terra", Piseagrama, Belo Horizonte, 2018.

153 > Lélia Gonzalez, "A categoria político-cultural de amefricanidade" in: Flávia Rios e Márcia Lima (Orgs.), Por um feminismo afro-latino-americano. Rio de Janeiro: Zahar, 2020, p. 127-138.

154 > Neusa Santos Souza, "Entrevista ao Programa Espelho". Disponível em <https://www.youtube.com/watch?v=eugWGvhG48o&ab_channel=WilliamPenna>.

escravidão e, no princípio, também me fiz a mesma questão que o Nego Bispo: não consigo visualizar em mim nenhuma memória, nenhuma marca, nenhuma cicatriz, nada que remeta à escravidão. À medida que avançamos, entretanto, fomos desdobrando outras dimensões entrelaçadas – sociais, políticas, econômicas e históricas, entre outras – que descortinaram as marcas desse tempo e incidem profundamente nas relações sociais no Brasil, em nosso modo de nos relacionar com o mundo, com a vida, de tolerar e de fazer uso da violência. Se a escravidão marcou tão profundamente o laço social, de um modo ou de outro ela marca a nossa vivência atual, de brancos e negros, mesmo que de forma não homogênea e direta, mesmo que de modo implícito e diverso. Penso que a palavra "cicatriz" é bem própria para condensar todas essas dimensões sem apagá-las. Por ser metafórica, ela é capaz de evocar diferentes facetas de interpretação, conforme dissemos em um outro texto:

> Uma cicatriz pode ser motivo de sofrimento e vergonha por trazer à memória um evento doloroso. Por outro lado, pode ser tomada como uma marca no corpo que indica uma história de lutas e superações. Permanece uma ambiguidade entre um processo de cura – que indica como o corpo foi capaz de tratar uma ferida – e uma sequela que insiste em não desaparecer. De toda forma, uma cicatriz é um traço inscrito no corpo que, para ser significado e interpretado, demanda que se possam construir narrativas, que se possam contar e recontar as histórias em torno de sua produção.[155]

São justamente esses elementos que pretendemos desdobrar, com o auxílio da psicanálise. Primeiramente, a cicatriz como uma marca no corpo social. Depois, sua incidência também nos corpos negros, a partir da atualização ou manutenção insidiosa de violências oriundas da escravização. Castañola discorre sobre os efeitos do colonialismo do poder, do saber e do ser[156], proporcionando-nos uma referência preciosa para pensar esse ponto, que também podemos abordar de forma contundente a partir de Fanon[157]. Essa é uma linha de abordagem da qual não podemos abrir mão. Entretanto, não podemos deixar de pensar também em seu contraponto: para além do adoecimento ou da alienação ao ideal do Outro branco, que subversões, resistências e superações foram construídas pelo povo negro? Como esse *savoir-faire* é transmitido e participa da cultura e das produções atuais de pessoas pretas? Como elas impactam nossos corpos? Para essas questões, vislumbramos, na apropriação

155 > Fábio Bispo, Andréa Guerra, "Apresentação", in: Fábio Bispo, Andréa Guerra, Jaqueline Moreira e Fídias Siqueira (orgs.), Cicatrizes *da escravização: psicanálise em diálogo*, no prelo.

156 > María Amélia Castañola, "Psicoanálisis y decolonialidad. Un paso más" in: María Amélia Castañola y Maurício G. González (orgs.), Decolonialidad y psicoanálisis. Ciudad de México: Ediciones Navarra, 2017, pp. 77-84.

157 > Frantz Fanon, Pele negra, máscaras brancas, trad. bras. de Sebastião Nascimento. São Paulo: Ubu Editora, 2020.

que Lélia González faz da psicanálise[158] uma importante via de pesquisa, que dialoga também com a invenção de Conceição Evaristo em torno das escrevivências[159]. Se trazemos em nossos corpos as marcas de uma violência inominável, trazemos também neles a memória das invenções que permitiram que algo da nossa língua e da nossa cultura sobrevivessem. Como aponta Beatriz Nascimento, citada por Cecília Garcia[160], a propósito dos quilombos:

> O que o negro em diáspora fez? Ele criou seu próprio mundo. E dentro desse lugar, que são os quilombos, ele cria essa nova identidade. Quando acabaram os quilombos em termos históricos, por causa da repressão, ele vem a ser simbologia. Aí entra o corpo e a memória: quem carrega o quilombo são os próprios corpos negros.

Lacan também nos dá uma referência, utilizando a noção de cicatriz a propósito da segregação. Na ocasião, ele comenta uma apresentação de Michel de Certeau, filósofo jesuíta e historiador das religiões, cujo título era "O que Freud faz da história". Diz Lacan: "Parece-me que em nossa época o vestígio, a cicatriz da evaporação do pai é o que poderíamos situar sob a rubrica e o título geral de segregação". Ele propõe que uma característica do século seria justamente "uma segregação ramificada, reforçada, que se sobrepõe em todos os graus, e não faz senão multiplicar as barreiras".[161]

Chamamos a atenção para o lugar onde Lacan situa a cicatriz, que é no corpo social. Ele destaca os efeitos violentos que ressoam nos laços sociais. Também a situa como uma marca da história, algo que sinaliza uma virada nas formas de dominação. Em relação a esse ponto, podemos nos perguntar se a "evaporação do pai" pode ser pensada de forma ampla, como sugere Laurent[162], como se Lacan acreditasse em uma "saída da civilização patriarcal". Mesmo por essa via, a cicatriz indica que, se um modo de dominação sofreu um abalo, reações a esse abalo surgem como novas formas de exercício de poder. É uma referência significativa tanto para pensar o sexismo, mais estreitamente vinculado ao patriarcado, quanto o racismo. "Deus, recuperando sua força", diz Lacan em *Televisão*, "acabaria por *ex-sistir*, o que não pressagia nada melhor do que um retorno do seu passado funesto"[163]. Quando

---

158 > Lélia Gonzalez, "Racismo e sexismo na cultura brasileira", op. cit., pp. 75-93.

159 > Conceição Evaristo, "A escrevivência e seus subtextos", in Constância Duarte e Isabella Nunes (orgs.), Escrevivência: a escrita de nós: reflexões sobre a obra de Conceição Evaristo. Rio de Janeiro: Mina Comunicação e Arte, 2020, pp. 26-46.

160 > Cecília Garcia, "Beatriz Nascimento: Corpo negro produzindo História nos quilombos do passado e do agora", Educação e território, 2021. Disponível em: <https://educacaoeterritorio.org.br/reportagens/beatriz-nascimento-corpo-negro-produzindo-historia-nos-quilombos-do-passado-e-do-agora/>.

161 > Jacques Lacan, "Nota sobre o pai" in: Opção Lacaniana, n. 71, novembro de 2015.

162 > Eric Laurent, "O racismo 2.0", Lacan Quotidien, n. 371, janeiro de 2014.

163 > Jacques Lacan, "Televisão" in: Outros escritos. Rio de Janeiro: Zahar, p. 533.

abordamos o racismo, portanto, revisitando a história nesse ponto funesto da escravização, é justamente para indagar o que, em nosso racismo de hoje, podemos vislumbrar como um retorno, ou como uma "sobrevivência" – para evocar um termo de Freud na Carta 52[164] – das relações de dominação então instituídas.

ecravização, colonização, globalização – corpo social

Historicizar o racismo é, pois, uma via epistemológica importante. Miller faz esta indicação: "Parece-me que é isso que é preciso apreender para situar o racismo moderno com seus horrores passados, presentes e futuros"[165]. Há vários caminhos para destacar essas marcas temporais. Um deles é apresentado por Lacan, quando situa o discurso da Universidade como aquele que traz a marca do mestre moderno. A universalização ou a totalização do saber como um discurso que mantém, recalcada no nível da verdade, a arbitrariedade do mestre.

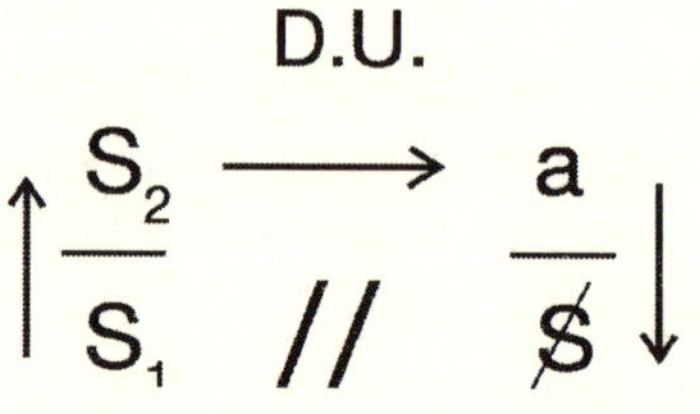

Figura 1 – Discurso da Universidade

A partir de Marx, ele mostra como o trabalho supostamente livre do proletário comporta uma intensificação da exploração da mais-valia.

> O fato de que o tudo-saber tenha passado para o lugar do senhor, eis o que, longe de esclarecer, torna um pouco mais opaco o que está em questão – isto é, a verdade. [...] Pois este é precisamente o S_2 do senhor, mostrando o cerne do que está em jogo na nova tirania do saber.[166]

164 > Sigmund Freud, "Carta 52" in: Publicações pré-psicanalíticas e esboços inéditos. Edição Standard Brasileira das Obras Psicológicas Completas de Sigmund Freud, v. 1. Rio de Janeiro: Imago, 1996.

165 > Jacques-Alain Miller, "Racismo e extimidade", Derivas Analíticas. Revista Digital de Psicanálise e Cultura da Escola Brasileira de Psicanálise de Minas Gerais, n. 4. Belo Horizonte: EBPMG, 2016.

166 > Jacques Lacan, *O Seminário, livro 17: o avesso da psicanálise.* Rio de Janeiro: Jorge Zahar, 1992, p. 30.

O que o capitalismo faz, então, é tornar mais sofisticada a relação de dominação, ocultando o caráter escravagista do novo laço social. Trabalhador supostamente livre, ou como o discurso da administração tenta propor, o trabalhador como um recurso humano ou material humano, "sob o aplauso de alguns que ali viram ternura"[167], ironiza Lacan.

Sob o pretexto da humanização, o texto da exploração. Essa estratégia discursiva já era aplicada à própria escravização que, como mostra Abdias Nascimento, o Brasil tentava ostentar como uma instituição humanitária, pela qual o branco incutia nos negros e indígenas o valor cristão do trabalho.[168]

Achille Mbembe também demarca essas transformações, acrescentando um terceiro tempo: além da escravidão, e do emprego, ele sinaliza na contemporaneidade o que denomina como tempo do pós-emprego.[169]

Se, na relação de escravidão, o senhor tem interesse na preservação do corpo negro como propriedade, tem também o poder de destruí-lo, de fazer morrer. Já na relação de emprego, o senhor fornece apenas o mínimo para a sobrevivência, renunciando ao poder de propriedade e destruição, mas também ao dever de preservação. O Estado surge como instância que recalca os interesses privados, assumindo o cuidado para preservação do corpo. Na relação de pós-emprego, o senhor se libera de qualquer vínculo que o obrigue em relação ao empregado e força o Estado a abandoná-lo a si mesmo, sem trabalho e sem amparo de políticas públicas (deixar morrer). É isso o neoliberalismo.

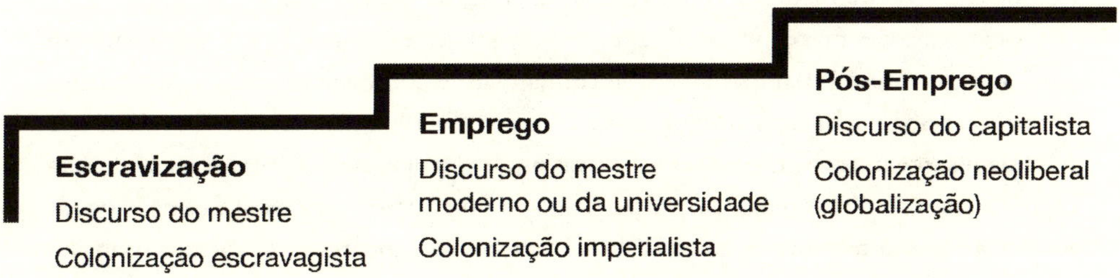

Figura 2 – Três tempos das relações de dominação

Apontamos como uma via importante de pesquisa a articulação das formulações que Lacan propõe sobre a escalada do racismo com o que Achille Mbembe desenvolve a propósito do

167 > Ibid., p. 30.

168 > Abdias do Nascimento, *O genocídio do negro brasileiro: processo de um racismo mascarado*, 3ª ed. São Paulo: Perspectivas, 2016.

169 > Achille Mbembe, *Crítica da razão negra*. São Paulo: n-1 edições, 2018.

neoliberalismo em *Crítica da razão negra*. Essa fase que vivenciamos, do capitalismo tardio e da escalada do neoliberalismo, pode se relacionar com uma versão mais selvagem do discurso capitalista proposta por Lacan,[170] aquela que destrói qualquer vínculo social e não tem, portanto, uma estrutura discursiva propriamente, mas generaliza para todo trabalhador a relação de abandono e exclusão que foi reservada aos negros no período pós-abolição.[171] Eric Laurent desenvolveu esse último ponto quando apresentou a leitura dessas transformações discursivas também em três tempos, considerando no último tempo essa versão do discurso capitalista que coloca o objeto *a* no zênite do social, relacionando-o com o capitalismo tardio ou capitalismo de consumo.[172]

Propomos então que o que se pode chamar de transformações no corpo social sempre deixa um resto não traduzido. São as cicatrizes da história. Pensando nos termos da *Carta 52* de Freud:[173] mesmo que formalmente as relações de trabalho se transformem, há sobrevivências ou *fueros*, nos quais as leis vigentes no período anterior permanecem atuantes de forma mais ou menos implícita. Abdias Nascimento mostra, por exemplo, algo que nem sempre é enfatizado: que a passagem da escravidão para o trabalho assalariado, aqui no Brasil, implicou uma série de barreiras para que o negro liberto não acedesse à posição de trabalhador.[174] A importação de mão de obra branca estrangeira implicava uma exclusão do negro. Essa exclusão é reforçada pela criminalização. Então, no tempo do trabalho, a mortificação dos corpos negros é justificada por sua criminalização. A princípio, vadiagem e capoeira; hoje, estigmatizado como vagabundo, traficante e bandido.

Essas cicatrizes no corpo social têm implicações subjetivas tanto para negros quanto para brancos. Mesmo para aqueles que conseguiam e conseguem ainda hoje ocupar o mundo do trabalho, há uma ameaça constante pairando sobre suas cabeças. Os relatos que recolhemos na clínica, bem como as narrativas produzidas pelos movimentos sociais, destacam esse estatuto precário da sustentação do negro no espaço produtivo. Daí a necessidade de afirmar constantemente: eu sou trabalhador! Precisamos andar com a carteira de trabalho no bolso, estampá-la na testa. Recorremos à escola e ao trabalho como formas nem sempre bem-sucedidas de nos proteger da criminalização e da violência. Porque, para o Outro (o

---

170 > Jacques Lacan, "Discours de Jacques Lacan à la Univerité de Milan le 12 mai 1972", in: *Lacan in Italia (1953-1978)*. Milão: La Salamandra, 1978, pp. 32-55. É importante destacarmos as duas versões lacanianas do discurso capitalista porque consideramos que sua proposição de um novo matema vem contemplar os desenvolvimentos mais recentes do capitalismo que, na época de Lacan, ainda não apresentava nem sombra da atual voracidade com que sua lógica se expande e engole todos os recantos do planeta.

171 > Indicamos a recente tese de Siqueira para apreender uma parte dessa historicização das formas de dominação. Fídias Siqueira, *O Genocídio da juventude negra brasileira e as trilhas do gozo racista*. Belo Horizonte: Fafich-UFMG, 2021. Tese de doutorado.

172 > Eric Laurent, "Psicanálise e política", Revista de psicologia Plural, 26, 2007. pp. 161-179.

173 > Sigmund Freud, "Carta 52", op. cit.

174 > Abdias do Nascimento, O genocídio do negro brasileiro: processo de um racismo mascarado, op. cit., pp. 79-82.

branco, o Estado, a polícia), o negro passou de escravo a bandido. É a verdade enunciada de forma trágica e dilacerante por Marcos Vinícius, adolescente de 14 anos assassinado durante operação policial no Complexo da Maré: "Mamãe, ele não viu que eu estava com roupa de escola?".[175] Ele é aquele que não é visto. Não é visto como criança, como cidadão, como pessoa. O negro não é visto de forma compatível com esse novo registro do trabalho, ou precisa contentar-se com os postos mais assimilados ao trabalho braçal. Enquanto os negros permanecem em uma constante angústia diante da ameaça de perda de um lugar precário, entre os brancos surge uma negrofobia, como sugere Fanon, que relata ter vivenciado na pele esse lugar de objeto fobógeno, ao escutar de crianças brancas: "mamãe, o negro vai me comer".[176] Isso não é similar à situação de vigilância nas lojas e supermercados? Ou seja, "o preto vai me roubar!".

Ao evocar a noção de corpo social, propomos que algo permanece não traduzido na própria relação de dominação. Podemos até nos perguntar, por exemplo, se a adesão à religião, principalmente à evangélica, não tem a ver com isso. Temos a pressão constante para nos despirmos da negritude para sobreviver no mundo branco – o que já foi bastante acentuado por Neusa Souza[177] – e aderirmos a uma ética protestante, no sentido de que é a que melhor representa o espírito do capitalismo de produção, segundo Weber, a ética do trabalho.[178] É certamente mais pesado para o negro se inserir nas religiões de matriz africana do que para o branco, justamente porque as práticas culturais que remetem à ancestralidade africana foram demonizadas junto com a negritude. A religião pode ser um modo de tentar assegurar certo lugar na moral do trabalho. Nesse sentido, Jessé de Souza tem razão quando sugere que o ódio ao Partido dos Trabalhadores, que resultou no golpe de maio de 2016, com o *impeachment* de uma presidente eleita, não deixa de ser um ódio racista, na medida em que expõe essa ameaça de criminalização dos trabalhadores, sobretudo quando ousam sair de posições subalternas ou assumir o controle político. Ele propõe que a ideia do brasileiro como corrupto, como "vira-lata da história", é culturalmente difundida como a imagem invertida no espelho do protestante americano.[179] Sempre inferior a americanos e europeus, sempre suspeito de corrupção, o brasileiro não teria, pois, capacidade de governar-se a si próprio, devendo submeter-se aos ideais e interesses do norte global.

---

175 > Bruna Ribeiro, "Ele não viu que eu estava com roupa de escola? – falta de segurança impacta em outros direitos", Estadão, 28 de junho de 2018. Disponível em: <https://emais.estadao.com.br/blogs/bruna-ribeiro/ele-nao-viu-que-eu-estava-com-roupa-de-escola-falta-de-seguranca-impacta-em-outros-direitos/>.

176 > Frantz Fanon, *Pele negra, mascaras brancas*, op. cit., p. 129.

177 > Neusa Santos Souza, *Tornar-se negro ou As vicissitudes da identidade do negro em ascensão social*. Rio de Janeiro: Zahar, 2021.

178 > Max Weber, *A ética protestante e o espírito do capitalismo*. 4ª ed. São Paulo: Martin Claret, 2001.

179 > Jessé Souza, *A elite do atraso*. Rio de Janeiro: Estação Brasil, 2019, p. 31.

De toda forma, é importante frisar que mesmo um valor supostamente positivo, como a ética do trabalho (na medida em que oferece certa proteção), tem pesos diferentes para brancos e negros. Para estes, não existe ano sabático, às vezes nem adolescência: não trabalhar é ser vagabundo. Só vai entrar nas estatísticas e nas pesquisas sociológicas como infrator, delinquente, assim por diante. A situação das empregadas domésticas também respalda essa leitura de uma herança escravocrata, na medida em que o reconhecimento legal de seus vínculos de trabalho só se realiza bem tardiamente e com bastante resistência da classe média. A resistência à legislação sobre o emprego doméstico[180] escancarou, na branquitude, os efeitos dessa sobrevivência da lógica escravagista, que naturaliza a posição subalterna da mulher negra e determina o apego a uma condição de privilégio e suposta superioridade branca.

Por esses últimos exemplos, podemos apreender que situar as cicatrizes no corpo social ou nos corpos negros e brancos é mais uma questão de perspectiva, pois, no fim das contas, trata-se do direito e do avesso de uma mesma relação. A psicanálise não propõe um dualismo entre o laço social e o gozo do corpo. Pelo contrário, diversos esquemas, como a faixa de Moebius e os quatro discursos, tentam dar conta dessa linha de continuidade, nem sempre fácil de visualizar, entre os dois campos. Lacan discorre diretamente sobre isso no *Seminário 19*, quando diz que o suporte do discurso é o corpo. Acrescenta, porém, uma advertência:

> Mas é preciso prestar atenção quando se diz que é o corpo. Não é forçosamente um corpo. A partir do momento em que partimos do gozo, isso quer dizer que o corpo não é inteiramente só, que há um outro. Não é por isso que o gozo é sexual, pois acabo de lhes explicar, este ano, que o mínimo que se pode dizer é que ele não é indireto, esse gozo. É o gozo corpo a corpo. É próprio do gozo que, quando há dois corpos, e muito mais quando há mais, não se sabe, não se pode dizer qual deles goza. É isso que faz com que possa haver nessa história vários corpos aprisionados, e até séries de corpos.[181]

Essa é, não por acaso, a última lição do seminário. Lacan finaliza a lição falando da relação do racismo com o corpo. Ele diz que o que "se enraíza no corpo, na fraternidade do corpo, é o racismo".[182] A declaração pode ser meio enigmática, mas todo o contexto da lição evoca o modo como o discurso capitalista aprisiona os corpos em torno de um modo de gozo. Se damos ênfase à noção de fraternidade, não podemos ler aí alguma relação com a noção de branquitude? Perguntamo-nos se, por essa via, não é possível pensar a relação do racismo com o gozo para além do ódio. Lacan usa uma expressão interessante nesse texto que não

---

180 > Lei Complementar n. 150 de junho de 2015, que dispõe sobre o contrato de trabalho doméstico.

181 > Jacques Lacan, *O seminário, livro 19: ... ou pior*. Rio de Janeiro: Jorge Zahar, 2012, p. 217.

182 > Ibid., p. 227.

enfatiza tanto o ódio. "Se revalorizarmos a palavra *irmão*", diz ele, "ela voltará a todo pano para o nível dos bons sentimentos".[183] Cida Bento[184] e Lia Schucman[185] destacam como a branquitude se vincula a um pacto narcísico a partir do qual as pessoas brancas se compadecem e se protegem umas às outras, do ponto de vista material e simbólico. O ódio ao gozo do outro, nesse caso, se sustenta em um amor ao próprio gozo compartilhado entre os semelhantes. Isso dialoga muito com o modo como Lacan define os bons sentimentos, no nível do discurso do mestre/senhor, como feitos de jurisprudência. Não seriam essas indicações compatíveis com o pacto de privilégio da branquitude? Podemos observar esse pacto desde a sua recepção passiva na tenra infância – quando o adulto ou a mídia exaltam na criança os belos olhos azuis ou a fofura de uma tez branca – quanto em sua transmissão ativa, ainda que não consciente, na defesa de normas excludentes, aparentemente neutras e justas, chamadas de meritocráticas.

Em outra parte, Lacan se pergunta como o discurso do mestre, que tem pouca probabilidade de ser abalado, aprisiona os corpos. Indica que o discurso afeta o corpo. "No discurso do mestre/senhor, vocês, como corpos, estão petrificados".[186] Penso que isso fica bem demonstrado em nossa exposição, como efeitos de repetição das relações de dominação no corpo social. Mas também gostaríamos de abordar o que Lacan evoca como esse enraizamento do racismo – e, por que não dizer, cicatriz – nos corpos singulares.

trauma, memória e historização – corpos singulares

Maria Lúcia foi muito feliz ao destacar a noção de trauma e a sua possibilidade de reedição de vivências precoces não simbolizadas.[187] Embora essa noção também possa ser pensada em um sentido mais geral, como um acontecimento que marca o tempo, marca o corpo social, que faz um buraco, um *troumatisme*,[188] a psicanálise a utiliza em um sentido mais próximo ao de um acontecimento que acomete um corpo singular. A escravização pode ser pensada como um trauma jamais superado na história dos povos, não apenas pelos estragos causados ao continente e ao povo africano, mas também pela fixação que introduz no modo

183 > Ibid., p. 227.

184 > Cida Bento, *Pactos Narcísicos no Racismo: Branquitude e poder nas organizações empresáriais e no poder público*. São Paulo: Instituto de Psicologia, Universidade de São Paulo, 2002. Tese de doutorado.

185 > Lia Schucman, *Entre o encardido, o branco e o branquíssimo: branquitude, hierarquia e poder na cidade de São Paulo*. São Paulo: Annablume, 2014.

186 > Jacques Lacan, O seminário, livro 19: ... ou pior. Op. cit., p. 220.

187 > Maria Lúcia da Silva, "Universidade e racismo", Decolonização e psicanálise, n-1 edições. Disponível em https://www.n-1edicoes.org/universidade-e-racismo

188 > Miller evoca esse jogo de palavras em francês, modificando a grafia para destacar o buraco ou o furo ocasionado pelo trauma. Jacques-Alain Miller, Perspectivas do Seminário 23 de Lacan: o sinthoma. Rio de Janeiro, Jorge Zahar Ed., 2009.

de gozo colonizador. Mas como o meu corpo, que não viveu os horrores da escravidão, pode de alguma forma ser traumatizado?

Fanon apresenta essa pergunta de modo muito direto em *Pele negra, máscaras brancas*, ao questionar a persistência em pleno século XX, no "espírito africano recalcado", de uma instância de controle a vigiá-lo constantemente, como um exército vigia "uma guarnição na cidade conquistada". "Terá havido uma experiência anterior reprimida no inconsciente? Terá a criança negra visto seu pai ser espancado ou linchado pelo branco? Terá havido um trauma efetivo? A tudo isso respondemos: não. Mas então o quê?".[189]

Penso que o questionamento não poderia ser mais contundente e sua resposta enfatiza que o trauma em cada um dos corpos não pode ser pensado desconectado de uma lógica que inclua o corpo social. Não por acaso, evoca a questão que atormenta Freud no início da psicanálise, acerca da necessidade de um evento traumático específico como marca da etiologia da histeria. O abandono da teoria da sedução em Freud, entretanto, não elimina da psicanálise a noção de trauma, mas a situa em um outro nível que Freud denomina de fantasia ou realidade psíquica.[190]

É importante, porém, destacar que a fantasia não é fruto apenas do imaginário de cada um. Pelo contrário, podemos remetê-la à própria noção de discurso em Lacan, como uma estruturação específica do laço social que aprisiona os corpos. Para Lacan, a fantasia enquadra a realidade e se constitui como uma tela ou janela[191] que ao mesmo tempo protege e confronta o sujeito com o real da sexualidade, com seu aspecto traumático. Trata-se da própria incidência da linguagem no corpo, que sempre falha na produção das significações sexuais. Para Freud, a sexualidade é constitutivamente traumática. Podemos ver isso tanto nos *Três ensaios*[192] quanto no texto mais específico, a Conferência XVIII, cujo título é "A fixação em traumas: o inconsciente".[193]

Vemos que isso não escapa a Fanon, pois ele destaca justamente elementos simbólicos da linguagem e da cultura como aqueles que transmitem os enquadramentos da realidade traumática. Ele recupera uma afirmação de Freud que relaciona os sintomas a experiências traumáticas que são definidas como resíduos ou precipitados de experiências emocionais

---

189 > Frantz Fanon, op. cit., p. 161.

190 > Sigmund Freud, "Um estudo autobiográfico (1925)" in: *Um estudo autobiográfico, Inibições, sintomas e ansiedade, A questão da análise leiga e outros trabalhos (1925-1926)*. Edição Standard Brasileira das Obras Psicológicas Completas de Sigmund Freud, v. 20, Rio de Janeiro: Imago, 1996, p. 40.

191 > Jacques Lacan, "Proposição de 9 de outubro de 1967" in: *Outros escritos*. Rio de Janeiro: Jorge Zahar, 2003. p. 259.

192 > Sigmund Freud, "Três ensaios sobre a teoria da sexualidade (1905)" in: *Um caso de histeria. Três ensaios sobre a teoria da sexualidade e outros trabalhos*. Edição Standard Brasileira das Obras Psicológicas Completas de Sigmund Freud, v. 7, Rio de Janeiro: Imago, 1996. pp. 118-229.

193 > Sigmund Freud, "Conferência XVIII – Fixação em traumas – O inconsciente (1917)" in: *Conferências introdutórias sobre psicanálise (Parte III) (1916-1917)*. Edição Standard Brasileira das Obras Psicológicas Completas de Sigmund Freud, v. 16, Rio de Janeiro: Imago, 1996. pp. 281-292.

que são numerosas e reiteradas. Mas como essas experiências tão singulares se tornam coletivas? Não se trata de uma transmissão telepática por um inconsciente coletivo. São os dispositivos de linguagem disponíveis no laço social que garantem, no nível do discurso, a reprodutibilidade dessas vivências. Ele cita as revistas ilustradas, que atualizam não apenas as imagens, mas os lugares ocupados pelos personagens:

> São revistas escritas por brancos para crianças brancas. Mas o drama reside nisso... são as mesmas revistas ilustradas que são devoradas pelos jovens nativos. E o Lobo, o Diabo, o Gênio Maligno, o Mal, o Selvagem são sempre representados por um negro ou um índio.[194]

Não nos deteremos tanto nos aspectos simbólicos e imaginários implicados na transmissão dessa violência colonial. Penso que o trabalho da Neusa Souza já faz uma bela leitura psicanalítica das teses de Fanon, a partir das noções de Ideal do Eu como uma instância simbólica normativa.[195] Nosso esforço aqui é pensar uma terceira dimensão dessa cicatriz, o Real evocado por Miller com a noção de acontecimento de corpo.[196]

Maria Lúcia Silva nos descreveu muito bem,[197] citando Silvia Alonso, que "há acontecimentos da infância que se inscrevem difusamente, marcas psíquicas que ficam informes, indefinidas, à espera de um acontecimento e que só depois adquirem sentido".[198] Ela propõe que no momento de entrada na Universidade – e poderíamos supor que em outros momentos decisivos da vida, de ascensão social ou deslocamento territorial – há algo que se atualiza e se repete das violências raciais vividas na infância. Essa é uma indicação preciosa que evoca a temporalidade do trauma em Freud, sempre retomada por Lacan a partir da lógica da retroação [*Nachträglich*]. O modo como Freud constrói essa temporalidade no caso Emma pode nos trazer algumas indicações.[199] A experiência do atentado sexual com o confeiteiro não foi traumática em si mesma, mas apenas quando retomada a partir da cena posterior, em que a paciente relata o riso dos vendedores. Para Freud, é nesse momento que algo se torna insuportável de ser pensado e ocorre a incidência do recalque. É a significação

---

194 > Frantz Fanon, Pele negra, máscaras brancas,op. cit., p. 161.

195 > Neusa Santos Souza, Tornar-se negro ou As vicissitudes da identidade do negro em ascensão social, op. cit., pp. 64-78.

196 > Jacques-Alain Miller, O osso de uma análise + o inconsciente e o corpo falante. Rio de Janeiro: Zahar, 2015.

197 > Maria Lúcia da Silva, op. cit.

198 > Silvia Leonor Alonso, "O tempo que passa e o tempo que não passa". Revista Cult. Disponível em: <https://revistacult.uol.com.br/home/o-tempo-que-passa-e-o-tempo-que-nao-passa/>.

199 > Sigmund Freud, "A proton pseudos histérica", op. cit.

sexual que introduz um furo no real, faz do encontro com o confeiteiro um acontecimento violento. Isso nos ajuda a entender quando Lacan diz que o simbólico faz um furo no real.[200]

Pensando então nessas duas características do trauma – que ele não necessariamente é oriundo de uma experiência evidente de violência e que seus efeitos podem se dar só depois – podemos presumir que todo um conjunto de experiências remanescentes e não reconhecidas herdadas da escravização podem marcar nossos corpos de forma mais insidiosa. Os olhares ternos para as crianças brancas, a aspereza e impaciência com que as crianças negras são tratadas, o encontro cotidiano com os corpos que ocupam os lugares de prestígio e sucesso e com aqueles que ocupam as funções subalternas, as repreensões e elogios em relação às roupas, modos de vestir, andar, as aflições com os traços corporais, as rejeições amorosas, as experiências mais ou menos violentas com os cabelos etc., todas essas experiências podem afetar os corpos. Impossível saber o que é que vai marcar cada um, mas, assim como o sexismo é determinado pelo ponto da diferença sexual, o racismo marca distintos modos de incidência das mesmas experiências nos corpos brancos e pretos.

Quinet[201] propõe que temos em nossa história pontos enigmáticos condensados que marcam uma fixação de gozo e que estão sujeitos a retornar a cada encontro com o Outro, produzindo novas significações ou reiterando as antigas.

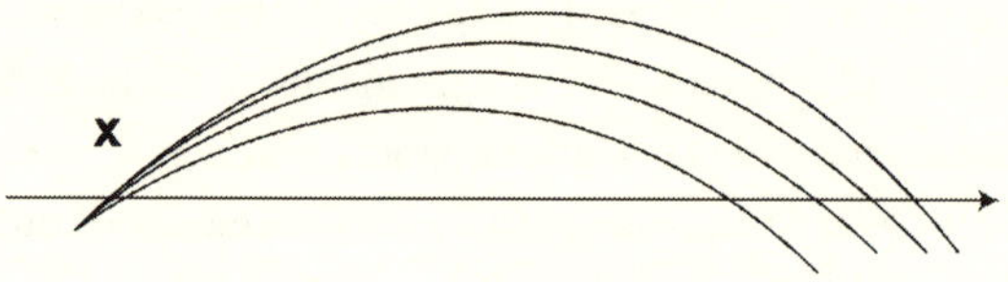

x - Ponto enigmático na história do sujeito, que é ressignificado a partir de diferentes interpretações.

Figura 3 – Ilustração de ponto de fixação[202]

Cito o exemplo de uma mãe que sempre forneceu referências positivas acerca da negritude para seu filho. Mesmo na adolescência, ela continua a afirmar a sua beleza, mas então ele responde: "sua opinião não conta". Embora seja um diálogo simples, esse jovem testemunha que a referência do olhar materno vai ser interrogada e posta à prova só depois, no encontro com o outro sexo e no encontro com o espelho branco ou, nos termos de Fanon, "ao

200 > Jacques Lacan, O Seminário, livro 23: o sinthoma (1975-76). Rio de Janeiro: Jorge Zahar Ed., 2007.

201 > Antônio Quinet, As 4+1 condições da análise. Rio de Janeiro: Jorge Zahar, 2009.

202 > Ibid., p. 54.

primeiro olhar branco, ele sente o peso da sua melanina".[203] Embora esses confrontos com diferentes figuras do Outro sejam constantes, a adolescência é um período especialmente sensível a reviravoltas.

Uma paciente de 60 anos atendida pelo Ocupação, com um intenso histórico de violências sexuais sofridas, porém, relata uma experiência que sugere que algumas marcas podem se fixar e permanecer por toda uma vida. Conta que foi convidada para uma festa, mas não foi avisada de que cada um deveria pagar a própria bebida. Encontrou-se, pois, numa situação desconcertante de não ter dinheiro para pagar a conta e relata ter se sentido oprimida por olhares zombeteiros das vizinhas. Reitera que o que a incomodou não foi não ter dinheiro, pois o dono do bar foi compreensivo, mas o olhar de desprezo das vizinhas que lhe pareceu claramente racista. Ao ser provocada a falar mais sobre esse olhar, ela retoma uma situação de abuso sexual que sofria de um vizinho na infância. Conta que, como esse vizinho oferecia doces, ela voltava a procurá-lo, mas, certa vez, uma colega flagrou a cena e, a partir de então, as amiguinhas começaram a afastar-se dela e a olhá-la de longe com olhares zombeteiros. Embora já houvesse mais de 15 anos desde que conseguira desvencilhar-se de uma série de relações amorosas violentas, que se repetiram ao longo de sua história, certa marca do abandono e de sua condição de objeto de escárnio desse olhar, que permanecia ainda sem elaboração, pôde ser evocada em análise.

A análise é um espaço que se propõe não apenas a provocar ressignificações, mas a incidir sobre o gozo, reconfigurando o próprio corpo. No processo, o emaranhado de experiências tende a circular em torno de pontos enigmáticos, que são aos poucos esvaziados de sentido até o ponto de fora do sentido. Celso Rennó Lima descreve esse efeito como uma intervenção que se dá no nível da pulsão: "Esta efração do real, consequência da ultrapassagem do plano das identificações, vai desvencilhar o sujeito das insígnias do Outro que determinaram, até então, um caminho onde a pulsão fixou seu circuito".[204] O sintoma como metáfora nos dá, nas palavras de Miller, "o envelope formal do acontecimento de corpo. O recalque explicitado pela metáfora é uma cifração e a operação de cifração trabalha para o gozo que afeta o corpo".[205] Lacan propõe que o analista, ao suportar com seu corpo a instalação do objeto *a* no lugar de semblante, ou seja, no ponto de agenciamento do discurso, introduz um ponto de basta nesse movimento que remeteria a uma interpretação sem fim,[206] atingindo esse ponto do gozo.

---

203 > Frantz Fanon, *Pele negra, máscaras brancas*, op. cit., p. 165.

204 > Celso Rennó Lima, "A Estratégia da Interpretação", *AMP Blog – Blog de la Asociación Mundial de Psicoanálisis*, outubro de 2015. Disponível em: <http://uqbarwapol.com/a-estrategia-da-interpretacao-por-celso/>.

205 > Jacques-Alain Miller, *O osso de uma análise + o inconsciente e o corpo falante*. Rio de Janeiro: Zahar, 2015. p. 128.

206 > Jacques Lacan, *O seminário, livro 19: ... ou pior*, op. cit., p. 224.

O discurso analítico se propõe então como um contrapeso a essa reiteração da dominação do discurso do mestre. Se essa presença repaginada da escravização aprisiona os corpos, poderíamos dizer que a análise visa não apenas a uma ressignificação, mas a um novo acontecimento de corpo.

A análise, porém, não é o único espaço ou a única invenção que permite experiências nessa direção. Miller destaca, na elaboração que Lacan faz da obra de Joyce, a noção de *escabelo*, como "aquilo sobre o qual o *falasser* se ergue, sobe para se fazer belo. É seu pedestal, que lhe permite elevar a si mesmo à dignidade da Coisa".[207] Da mesma forma, Beatriz Nascimento destaca nas invenções do povo negro, como os quilombos, espaços de elevação que permitem uma subversão da lógica de dominação dos corpos.[208] A invenção de Conceição Evaristo, as escrevivências, também podem servir como escabelo, um exercício de reconfiguração da história que visa a romper com a insistência das heranças da escravidão. Ela dá testemunho: "O que me salvou de um adoecimento, como quando minha irmã mais velha adoeceu, foi a escrita. A escrita e a leitura".[209] Trata-se de um exercício de rebeldia, um ato, em suas palavras:

> [...] um ato de escrita das mulheres negras, como uma ação que pretende borrar, desfazer uma imagem do passado, em que o corpo-voz de mulheres negras escravizadas tinha sua potência de emissão também sob o controle dos escravocratas, homens, mulheres e até crianças. E se ontem nem a voz pertencia às mulheres escravizadas, hoje a letra, a escrita, nos pertencem também.[210]

Evoco a escrevivência porque ela traz algo que pode ser precioso para a psicanálise. Um exercício de pensar a cura do corpo singular, mas também a cura do corpo social. Tanto no sentido da crítica e da subversão da dominação, quanto no sentido da libertação do corpo coletivo. Da reescrita de uma história que remete a tantas outras histórias. A escrevivência se propõe esse passo político: "ao escrever a si próprio, seu gesto se amplia e, sem sair de si, colhe vidas, histórias do entorno. E por isso é uma escrita que não se esgota em si, mas aprofunda, amplia, abarca a história de uma coletividade".[211]

---

207 > Jacques-Alain Miller, *O osso de uma análise + o inconsciente e o corpo falante*, op. cit., p. 129.

208 > Beatriz Nascimento, *Uma história feita por mãos negras: relações raciais, quilombos e movimentos*. Rio de Janeiro: Zahar, 2021.

209 > Conceição Evaristo, "A escrevivência e seus subtextos", op. cit., p. 33.

210 > Ibid., p. 30.

211 > Ibid., p. 35.

considerações finais

Se as cicatrizes da escravização se mostram como a perpetuação, no corpo social, dos precipitados das experiências violentas de dominação, as invenções em torno das rupturas e resistências não deixam de marcar também o tempo e a história. Se o racismo se faz transmitir nas estruturas materiais e simbólicas do discurso, algo da negritude que não se deixa capturar também atravessa o campo e possibilita algumas fissuras que impactam os corpos. Lélia Gonzalez chama de mémoria esse "não-saber que conhece, esse lugar de inscrições que restituem uma história que não foi escrita, o lugar da emergência da verdade, dessa verdade que se estrutura como ficção".[212] Se há algo da lógica escravagista que não cessa de se escrever, há também algo da negritude que não cessa de não se escrever nessa mesma lógica. Por isso afirmamos a importância de abordar o racismo na psicanálise, mas não sem a negritude.

Essa dialética destacada por Lélia lembra bem o que Achille Mbembe descreve em sua Crítica da razão negra. Se a razão negra pode ser pensada como a reiteração real, simbólica e imaginária do negro nesse lugar da exclusão, da desrazão, da escravidão, da "exterioridade selvagem".[213] O outro lado da razão negra é justamente o da escrita de uma experiência fragmentada, "escrita que se esforça, aliás, por fazer surgir uma comunidade que precisa ser forjada a partir de restos dispersos", para que os negros tenham "a possibilidade de voltarem a ser agentes da história".[214] Se a histoerização na análise é o exercício de construir uma memória em torno dos pedaços de real, é importante pensarmos esse exercício também no corpo social. Lacan funde as palavras histeria e história para falar do inconsciente como uma estrutura histórica que deve se destacar no final de análise.[215] Desde 1953, Lacan já acentuava que as operações da psicanálise "são as da história, no que ela constitui como a emergência da verdade no real".[216] Mas a história de cada um não se constitui sem que o discurso reitere algumas versões dominantes da história coletiva. Histoerizar essas versões é um exercício político que tem todo potencial de reverberar nos corpos singulares.

212 > Lélia Gonzalez, "Racismo e sexismo na cultura brasileira", op. cit., p. 78.

213 > Achille Mbembe, *Crítica da razão negra*. Op. cit., p. 61.

214 > Ibid., p. 63.

215 > Jacques Lacan, "Prefácio à edição inglesa do Seminário 11" in: *Outros Escritos*. Rio de Janeiro: JZE, 2003, pp. 567-569.

216 > Jacques Lacan, "Função e campo da fala e da linguagem em psicanálise, in: *Escritos*. Rio de Janeiro: JZE, 1998, p. 259.

> rosa, paulina[217] • belchior, caique [218] <.> racismo estrutural na perspectiva psicanalítica <

No fim do século XIX, ao ouvir as mulheres histéricas que, através do corpo, denunciavam a falência de um modo de gozo prescrito pela moral sexual civilizada, Freud faz a descoberta do inconsciente. Por meio da escuta do que toca o singular de cada sujeito, a psicanálise inaugura um movimento inédito e subversivo que demonstra a falência da universalização e homogeneização dos modos de gozo circunscritos a um ideal de eu que tem como norteador a heteronormatividade, o patriarcalismo e o modo de produção capitalista. A clínica psicanalítica demonstrou que o modo como cada sujeito sofre psiquicamente é sempre singular, intransferível, não generalizável e não passível de submissão a um universal.

A maneira como o sofrimento se engendra também não se verifica a partir de uma matriz fixa e imutável, mas está sujeita a inflexões temporais, espaciais, sociais e históricas. No texto de 1930, Freud discorre sobre o padecimento psíquico a partir da categoria denominada *mal-estar*, demonstrando como os modos de gozo e sofrimento são atravessados pelo social, ou seja, pela renúncia pulsional imposta ao ser falante para que este adentre a linguagem e se insira no laço social. É exatamente em razão de seu caráter social que o mal-estar pode ser localizado de forma temporal, geopolítica e também econômica. Vale dizer, a historicidade do mal-estar está diretamente atrelada às inflexões do sistema capitalista, já em pleno vigor durante a invenção da psicanálise na sociedade europeia de fim de século.

Para prosseguirmos em nossa breve análise, nos parece imprescindível considerar que o modo de produção capitalista se consolida pelo mundo a partir de um processo de

---

217 > Psicanalista, mestranda do Programa de Pós-graduação em Teoria Psicanalítica da Universidade Federal do Rio de Janeiro – UFRJ (CAPES 5) e advogada. Atuou de 2009 a 2019 em conflitos agrários nas regiões Norte e Nordeste do Brasil. Pesquisadora do programa INTERFACES, do núcleo PSILACS – Psicanálise e Laço Social no Contemporâneo, do Departamento de Psicologia da Universidade Federal de Minas Gerais, membro do *Ocupação Psicanalítica*, coletivo de psicanalistas da UFMG, UFES e UFRJ, que visa a colaborar com a reversão dos quadros de desigualdade racial.

218 > Graduando em Psicologia pela Universidade Federal de Minas Gerais, bolsista do Programa Ciranda de Justiça Restaurativa da Faculdade de Direito da Universidade Federal de Minas Gerais e voluntário de Iniciação Científica do núcleo PSILACS – Psicanálise e Laço Social no Contemporâneo, do Departamento de Psicologia da UFMG, também membro do *Ocupação Psicanalítica*.

desenvolvimento desigual e combinado.[219] A expansão e a consolidação do Capitalismo exigiram a existência de espaços que comportassem a exploração total, nos sentidos econômico e financeiro, uma vez que as nações imperialistas reduziam a terra e os corpos de seus povos originários a meros recursos extraíveis e descartáveis, quanto no sentido da economia pulsional, fazendo do dominado o receptáculo das pulsões agressivas a que Freud se refere no texto em questão.[220] Esses espaços de exploração habitados por seres destituídos de humanidade foram justamente as colônias, em um primeiro momento os territórios da América Latina, "o primeiro laboratório de teste para o racismo a serviço do colonialismo".[221]

Em que pese sua absoluta centralidade enquanto evento social, político, histórico, cultural, estético e econômico, as redefinições do que se entende por humano e político trazidas pela colonização não foram consideradas, ou pelo menos foram consideradas apenas de forma lateral pelo campo das ciências sociais, da psicologia e dos cânones da psicanálise. A expressiva maioria da produção de conhecimento ocidental[222] e toda a forma de tratamento do sofrimento mental se basearam na sociabilidade da metrópole, como se aquele modo de sofrimento, de laço e de gozo equivalesse a um universal.

Contudo, devido às peculiaridades históricas, econômicas e discursivas, a sociabilidade na colônia tem uma natureza diversa da sociabilidade na metrópole. Logo, o modo como se sofre na colônia é diverso do modo como se sofre na metrópole. As reflexões sobre essa questão vieram se intensificando desde o começo do século XXI, quando os efeitos das teorias feministas interseccionais, das teorias *queer*, dos estudos culturais e decoloniais impuseram novas questões no âmbito psicanalítico, que passou a levar em conta a dimensão particular[223] de como as formas de poder, exploração e dominação se dão nos territórios invadidos e subjugados pelas nações imperialistas por meio da Colonialidade, condição permanente de dependência a que estão submetidos tais povos:

> Foi imposto assim um padrão de poder cujo eixos específicos eram: a) a existência e a reprodução contínua de novas identidades "históricas e racializadas"; b) a relação hierarquizada e de desigualdade entre tais identidades "europeias" e "não europeias" e de dominação daquelas sobre estas, em cada instância de poder, econômica, social,

219 > Frantz Fanon. *Os condenados da Terra*. Rio de Janeiro: Civilização Brasileira, 1997.

220 > Sigmund Freud, "O mal-estar na civilização" in: Edição Standard Brasileira das Obras Psicológicas Completas de Sigmund Freud, v. 21, trad. de J. Strachey. Rio de Janeiro: Imago, 1972, pp. 13-229.

221 > Luciana Ballestrin, "América Latina e o giro decolonial", *Revista Brasileira de Ciência Política*, n. 11, maio-agosto de 2013, pp. 89-117.

222 > Enrique Dussel, "Europa, Modernidade e Eurocentrismo" in: Edgardo Lander (org.), *A colonialidade do saber: eurocentrismo e ciências sociais. Perspectivas latino-americanas*. Buenos Aires: CLACSO, 2005, pp. 24-33.

223 > Andrea Guerra, "Universal, particular e singular: psicanálise e política", *Clínica & Cultura*, v. 8, n. 1, jan-jun 2019, pp. 7-23.

cultural, intersubjetiva, política; c) devido a isso, as instituições e mecanismos de dominação social, subjetivos e políticos em primeiro lugar, deviam ser desenhados e destinados antes de tudo, à preservação deste novo fundamento histórico de classificação social marca de nascimento da experiência histórica americana, reproduzida e imposta posteriormente sobre todo o mundo, no curso da expansão do capitalismo eurocêntrico colonial/moderno.[224]

A Colonialidade consiste em uma "estrutura complexa de níveis entrelaçados" que compreende "o controle da economia, da autoridade, dos recursos naturais, do gênero e sexualidade, da subjetividade e do conhecimento".[225] Trata-se de estado de sujeição triplamente dimensionado em Colonialidade do poder, do saber e do ser.[226] A partir do advento da Modernidade, cujo marco inicial é a invasão europeia do território americano em 1492, tem início um programa de exploração e dominação que lançará as bases para a acumulação primitiva de capital.[227] Assim, a Colonialidade é a face obscura da Modernidade.[228]

Em sua obra *Caste, Class and Race*, o sociólogo negro Oliver Cox descreve a história das relações raciais nas sociedades ocidentais – desde a Grécia Antiga até a Modernidade – e constata como o antagonismo racial se fundamentou na comercialização do trabalho humano na segunda metade do século XIX. De acordo com o autor, esse período coincide com as navegações europeias, a colonização das Américas e o desenvolvimento do modo de produção capitalista, de forma a estabelecer uma relação da proletarização do trabalho com a exploração racial.

Podemos constatar, assim, que o racismo moderno se estabeleceu a partir do tráfico negreiro, que foi substancialmente operado sob o signo do capital:[229] na época da colonização, o Atlântico se tornou o epicentro de uma nova consciência planetária que fundou as bases epistemológicas e do meio de produção do Ocidente até os dias atuais. Nesse sentido, percebemos que a barbárie colonial relega o território e os corpos dominados à posição de receptáculo das pulsões agressivas extravasadas pelo colonizador. Essa forma de violência nos remete à premissa freudiana enunciada em *O mal-estar na civilização* (1930):

---

224 > Aníbal Quijano, "Colonialidad del poder, eurocentrismo y América Latina" in: E. Lander (org.), *Colonialidad del Saber, Eurocentrismo y Ciencias Sociales*. Buenos Aires: Consejo Latinoamericano de Ciencias Sociales (CLACSO), 2000.

225 > Walter Mignolo, *Desobediencia epistémica: retórica de la modernidad, lógica de la colonialidad y gramática de la descolonialidad*. Buenos Aires: Ediciones del signo, 2010.

226 > Nelson Maldonado-Torres, A topologia do ser e a geopolítica do conhecimento: modernidade, império e colonialidade. *Revista Crítica de Ciências Sociais Epistemologias do Sul*, n. 80, pp. 71-114. Coimbra: Centro de Estudos Sociais da Universidade de Coimbra, 2008.

227 > Enrique Dussel, *1492: o encobrimento do outro*, trad. bras. de Jaime A. Clasen. Petrópolis: Editora Vozes, 1993.

228 > Aníbal Quijano, "Colonialidad del poder, eurocentrismo y América Latina", op. cit.

229 > Achille Mbembe, *Crítica da razão negra*, trad. bras. de Sebastião Nascimento. São Paulo: n-1 edições, 2018, p. 32.

> O ser humano não tem uma natureza pacata, ávida de amor, e que no máximo até consegue defender-se quando atacado, mas que ao contrário, a ele é dado o direito de incluir entre as suas habilidades pulsionais uma poderosa parcela de inclinação para a agressão. Em consequência disso o próximo não é, para ele, apenas um possível colaborador e objeto sexual, mas também uma tentação, de com ele satisfazer a sua tendência à agressão, de explorar sua força de trabalho sem uma compensação, de usá-lo sexualmente sem seu consentimento, de se apropriar de seus bens, de humilhá-lo, de causar dores, de martirizá-lo e de matá-lo.[230]

A lógica de exploração/descarte que pautou a ação dos colonizadores desde 1492 continua se atualizando, cada vez sob um mecanismo de dominação distinto, mas sempre marcada pelo significante racial, que fixa o sujeito em uma posição social, econômica e subjetiva de inferioridade em relação ao branco, o que podemos compreender como racismo estrutural.

O termo preconizado por Sílvio Almeida veio à tona nos últimos anos e tem se popularizado cada vez mais nos veículos midiáticos. Em certa medida, a massificação desse conceito tem auxiliado no processo de reconhecimento do público em geral a respeito de práticas cotidianas que reproduzem violências racistas. No entanto, é necessário aprofundar o debate sobre qual estrutura está em questão quando nos referimos ao racismo.

Como afirmamos acima, ao perscrutar a história mundial a partir de uma visão não eurocêntrica, é possível observar de forma inequívoca a indissociabilidade entre racismo, colonialismo e capitalismo, sendo o continente americano a primeira periferia mundial da Europa, seguida pela África, que forneceu o contingente de "não humanos" cuja exploração vai permitir a acumulação primitiva de capital. Como as narrativas de luta, sofrimento e resistência dos povos colonizados permanecem na marginalidade, além de não ter ocorrido um processo de reparação histórica, cada ato de violência cometido na atualidade contra as populações negras e indígenas remete à experiência do massacre colonial, como um real que não cessa de não se inscrever. Portanto, o racismo estrutural concerne à estrutura capitalista, colonial e patriarcal que organiza a sociedade em termos políticos, sociais, econômicos e libidinais.

No caso brasileiro, podemos afirmar que o racismo, como ideologia e tecnologia de poder, orbitou entre o discurso do mestre – sustentado pela Igreja no período do Brasil colonial, que escravizava e assassinava pessoas negras sob a justificativa de que eram seres destituídos de alma, e portanto, de humanidade – e o discurso da ciência, preconizado pela ideologia conhecida como darwinismo social. À guisa de exemplo, Nina Rodrigues figurou como uma dos mais emblemáticos defensores da tese da degenerescência do negro,

---

230 > Sigmund Freud, "O mal-estar na civilização", op. cit.

vinculando-o à criminalidade e à loucura, influenciando profundamente os estudos e as políticas de criminologia. Em sua pesquisa de 1899 intitulada *Mestiçagem, degenerescência e crime*, Rodrigues conclui que a inferioridade moral e intelectual do povo mestiço brasileiro se deriva de uma matriz biológica:

O cruzamento de raças tão diferentes antropologicamente, como são as raças branca, negra e vermelha, resultou num produto desequilibrado e de frágil resistência física e moral, não podendo se adaptar ao clima do Brasil nem às condições da luta social das raças superiores.[231]

Para o autor, a mistura de uma raça superior, branca, com uma raça inferior, negra ou indígena, causaria uma disfunção no sujeito, tornando-o mais propenso à criminalidade. Portanto, seria necessário um tratamento diferenciado para evitar a miscigenação no país ou, pelo menos, para que os vestígios das "raças inferiores" fossem eliminados na população brasileira.

Embora as concepções da denominada eugenia negativa, que rechaçava a possibilidade da miscigenação, fosse uma corrente significativa no Brasil, com o passar dos tempos a eugenia positiva ganhou espaço no campo da ciência[232] e posteriormente das políticas públicas. Um de seus maiores representantes foi João Baptista de Lacerda, médico e cientista brasileiro que enxergava na mistura de raças uma ferramenta útil para o branqueamento da nação.

Em 1911, Lacerda representou o Brasil junto ao Congresso Universal das Raças, realizado em Londres, ocasião em que discursou sobre os males da miscigenação, mas ressaltou seu efeito benéfico à nação, uma vez que o cruzamento racial seria um "símbolo de nossa 'índole pacífica' e de nossa 'vontade' de não ter preconceito".[233] Para o médico, em alguns anos a miscigenação transformaria o Brasil em um país civilizado e branco.

Tem início assim a política de branqueamento implementada pelo Estado, uma das faces do que convencionamos nomear como *racismo à brasileira*. Suas características principais se fundamentam em dois pontos: primeiramente, na denegação,[234] que equivale ao silenciamento e apagamento da violência racial existente no país a partir da promoção ideológica do chamado mito da democracia racial. Principalmente a partir da publicação do livro *Casa-Grande e Senzala* de Gilberto Freyre, foi propagada a ideia de que o povo brasileiro é na realidade uma raça de mestiços, resultado da convivência pacífica e romântica de brancos, negros e indígenas, diluindo o discurso da existência e persistência do racismo em nosso país.

---

231 > Nina Rodrigues, "Mestiçagem, degenerescência e crime", História, Ciências, Saúde – Manguinhos, v. 15, n. 4, 2008, pp. 1151-1181.

232 > Lilia Moritz Schwarcz. "Previsões são sempre traiçoeiras: João Baptista de Lacerda e seu Brasil branco", História, Ciências, Saúde – Manguinhos, Rio de Janeiro, v. 18, n. 1, jan.-mar. 2011, pp. 232

233 > Ibid., p. 232

234 > Lélia Gonzalez. "Racismo e Sexismo na cultura brasileira", *Revista Ciências Sociais Hoje*. Rio de Janeiro: Anpocs, 1984.

Em segundo lugar, o racismo à brasileira sustenta que a ascensão social dos novos brasileiros seja ratificada pela assimilação do comportamento social da população branca. É o que nos mostra Neusa de Santos Souza ao se referir ao Ideal de Ego nas sociedades marcadas pelo racismo como uma espécie de fetiche da brancura:

O Ideal do Ego é um produto da decantação das experiências. Produto formado a partir de imagens e palavras, representações e afetos que circulam incessantemente na criança e no adulto, entre o sujeito e a cultura. Sua função no caso ideal é a de favorecer o surgimento de uma identidade ao sujeito, compatível com o investimento erótico de seu corpo e de seu pensamento, via indispensável a sua relação harmoniosa com os outros e com o mundo. Ao sujeito negro essa possibilidade é em grande parte, sonegada. O modelo de Ideal de Ego que lhe é oferecido em troca da antiga aspiração narcísico-imaginária não é modelo humano da existência psíquica concreta, histórica e consequentemente realizável ou atingível. O modelo de identificação normativo-estruturante com o qual ele se defronta é o de um fetiche: o fetiche do branco, da brancura.[235]

Nessa conjectura os povos racializados tentam equiparar-se ao colonizador para alcançar o *status* de humano, gozando dos mesmos direitos assegurados à população branca. Como a tentativa de equiparação é falha em sua origem, o sujeito tido por negro ou indígena dirigiria a si próprio o ódio advindo de tal fracasso. O significante "cor negra" em tais casos, evoca uma angústia que retorna na forma de ódio sobre o corpo próprio e nas constantes tentativas de adequá-lo a um ideal de eu branco.[236] Ilustramos essa proposição com o seguinte fragmento de caso da tese de doutorado de Isildinha Batista Nogueira:

Não é difícil para mim, enquanto psicanalista, enumerar situações em que pacientes, em suas sessões, expressam esses fantasmas. Como M., que me dizia: "precisava quando criança tomar vários banhos para tirar a minha sujeira". Ou C., uma secretária negra: "preciso estar sempre apresentável, e ser eficiente, para que não me chamem de negra; não suportaria. Quando imagino essa situação, sinto meu corpo rachando e sumindo no chão, como nos desenhos animados".[237]

É por esta razão que o antropólogo e professor Kabengele Munanga[238] se refere ao racismo como um crime perfeito, que se estabelece com o silenciamento da

---

235 > Neusa dos Santos Souza. Tornar-se negro: as vicissitudes da identidade do negro brasileiro em ascensão social. Rio de Janeiro: Ed. Graal, 1983, p. 4.

236 > Paulina Rosa. Raça, corpo e trauma na clínica psicanalítica. Almanaque Online. Instituto de Psicanálise e Saúde Mental de Minas Gerais, n. 26, v. 14, março de 2021.

237 > Isildinha Baptista Nogueira. Significações do Corpo Negro. Tese de doutorado em psicologia apresentada na Universidade de São Paulo, 1998.

238 > Kabengele Munanga, "Nosso racismo é um crime perfeito – Entrevista com Kabengele Munanga", *Fundação Perseu Abramo*, São Paulo, 8 set. 2010, Disponível em: <https://fpabramo.org.br/2010/09/08/nosso-racismo-e-um-crime-perfeito-entrevista-com-kabengele-munanga/>.

violência racista e se consuma quando o negro tenta se branquear, o que é, no limite, uma negação de si mesmo.

Nesse sentido, invocamos Lélia Gonzalez, em seu clássico texto Racismo e Sexismo na Cultura Brasileira,[239] que denuncia a falácia da democracia racial, afirmando que o racismo se constitui como o que pode ser nomeado de *neurose cultural brasileira*.

Sabemos com Freud que a neurose consiste em uma espécie de defesa contra a castração. Usando as categorias psicanalíticas para realizar a leitura do racismo estrutural, podemos inferir que a neurose cultural brasileira consistiria em se pensar, projetar e afirmar como um país branco ou, ainda, como um país harmoniosamente miscigenado, mas que, paradoxalmente, tenta apagar os traços dessa miscigenação, que representam as marcas do genocídio e escravização de povos originários, marca inaugural do processo de formação nacional:

> O lugar em que nos situamos determinará nossa interpretação sobre o duplo fenômeno do racismo e do sexismo. Para nós o racismo se constitui como a sintomática que caracteriza a neurose cultural brasileira. [...] Ora, na medida em que nós negros estamos na lata de lixo da sociedade brasileira, pois assim o determina a lógica da dominação, caberia uma indagação via psicanálise. E justamente a partir da alternativa proposta por Miller, ou seja: por que o negro é isso que a lógica da dominação tenta (e consegue muitas vezes, nós o sabemos) domesticar? E o risco que assumimos aqui é o do ato de falar com todas as implicações. Exatamente porque temos sido falados, infantilizados (*infans*, é aquele que não tem fala própria, é a criança que se fala na terceira pessoa, porque falada pelos adultos), que neste trabalho assumimos nossa própria fala. Ou seja, o lixo vai falar, e numa boa. A primeira coisa que a gente percebe, nesse papo de racismo é que todo mundo acha que é natural. Que negro tem mais é que viver na miséria. Por que? Ora, porque ele tem umas qualidades que não estão com nada: irresponsabilidade, incapacidade intelectual, criancice, etc. e tal. Daí, é natural que seja perseguido pela polícia, pois não gosta de trabalho, sabe? Se não trabalha, é malandro e se é malandro é ladrão. Logo, tem que ser preso, naturalmente. Menor negro só pode ser pivete ou trombadinha (Gonzales,1979b), pois filho de peixe, peixinho é. Mulher negra, naturalmente, é cozinheira, faxineira, servente, trocadora de ônibus ou prostituta. Basta a gente ler jornal, ouvir rádio e ver televisão. Eles não querem nada. Portanto têm mais é que ser favelados. Racismo? No Brasil? Quem foi que disse? Isso é coisa de americano. Aqui não tem diferença porque todo mundo é brasileiro acima de tudo, graças a Deus. Preto aqui é bem tratado, tem o mesmo direito que a gente tem. Tanto é que, quando se esforça, ele sobe na vida como qualquer um. Conheço um que é médico; educadíssimo, culto, elegante e com umas feições tão finas... Nem parece preto. Por aí se vê que o barato é domesticar mesmo.[240]

---

239 > Lélia Gonzalez, "Racismo e Sexismo na cultura brasileira", *Revista Ciências Sociais Hoje*. Rio de Janeiro: Anpocs, 1984.

240 > Lélia Gonzalez. "Racismo e sexismo na cultura brasileira", op. cit, pp. 223-226.

O silenciamento e o não-dito, enquanto ferramentas do racismo denegatório no Brasil, engendram a neurose cultural brasileira, estrutura sobre a qual se constitui um certo tipo de subjetividade coletiva, que desloca o racismo para o campo do não-dito. A estratégia consiste em vedar a nomeação e o reconhecimento do fenômeno do racismo, tanto através da oferta de outros significantes para nomear as pessoas de pele preta, como se o termo *negro* evocasse vergonha e humilhação, quanto pela afirmação de que a sociedade brasileira é marcada pela mistura de raças.

Nessa conjectura, os sujeitos racializados tentam encontrar outros termos para enunciar o seu sofrimento: sofre-se por ser pobre, sofre-se por ser mulher, por não ter acesso aos meios de produção. O significante racial permanece velado, impedindo assim o reconhecimento de que a experiência de sofrimento é engendrada pelo racismo. Retomando os conceitos freudianos de memória e consciência, Lélia descreve a dinâmica entre a disputa dos discursos e suas implicações para a construção do sujeito racial no Brasil. Diz ela: "como consciência a gente entende o lugar do desconhecimento, do encobrimento, da alienação, do esquecimento e até do saber. É por aí que o discurso ideológico se faz presente".[241] Assim, quando pensamos e verbalizamos, estabelecemos de maneira inconsciente, os espaços vazios e fissuras do não-dito que serão ocupados por significados e associações que possuem influência direta das dinâmicas de poder e dominação de uma estrutura econômica, política e social fundamentada na violência racial.

Insistimos que a manutenção da falácia ideológica da democracia racial é uma das principais e mais poderosas ferramentas que permitem a operação política da estrutura colonial racista. Não interessa ao Estado que corpos racializados se reconheçam como pessoas negras, pois o reconhecimento do negro de seu processo de inferiorização impetrado pelo Outro, muitas vezes, é acompanhado da súbita tomada de consciência da origem e implicações da precariedade de suas condições políticas, sociais e econômicas, como nos adverte Fanon.[242]

Tais condições são estatisticamente aferidas por meio dos seguintes dados: a Pesquisa Nacional por Amostra de Domicílios Contínua de 2020, realizada pelo Instituto Brasileiro de Geografia e Estatística (IBGE), demonstrou os índices de disparidade econômica e social entre pessoas negras e brancas no país. De acordo com a pesquisa, 70% das pessoas abaixo da linha da pobreza no Brasil são negras. Além disso, foi constatado que o salário da população de cor ou raça branca era, em média, 73,4% maior do que a preta ou parda.

Importante destacar ainda os dados do Atlas da Violência 2021, publicado pelo Instituto de Pesquisa Econômica Aplicada (IPEA). Segundo o estudo, entre os anos de 2009 e 2019, houve uma redução das taxas de homicídio de não negros 50% superior em

241 > Ibid., p. 226.

242 > Frantz Fanon, Pele negra, máscaras brancas, trad. de Renato de Silveira. Salvador: EDUFBA, 2008.

relação à constatada na população negra. Nesse mesmo período, houve um aumento de 1,6% dos homicídios entre negros e uma redução de 33% no número absoluto de vítimas entre não negros.

Esses dados são consequências diretas de um racismo implementado pelo Estado que se reproduz nas instituições do país, as quais denegam às famílias vulnerabilizadas, em sua maioria negras, o acesso digno a serviços públicos de assistência social, qualidade de vida e prevenção à criminalidade, perpetuando as ações da necropolítica ao exercer o direito de matar sujeitos negros ou expô-los à morte, como descrito por Mbembe.[243]

Sendo assim, o que acontece quando tomamos consciência, ou melhor, retomamos a memória dessas condições e damos sentido ao absurdo e a irracionalidade do racismo?

Se, para Frantz Fanon,[244] todo povo colonizado irá tomar posição diante da linguagem da nação civilizadora, isto é, da cultura da metrópole, cabe ao analista, em sua prática clínica, estar advertido que a subversão da linguagem dominante pode se apresentar como possibilidade de deslocamento do lugar do pior em que o negro foi fixado, para assim, como ensina Lélia Gonzalez,[245] resgatarmos a nossa memória em detrimento do que nos é imposto pela consciência. Se como povo somos estruturados pela Colonialidade, por um inconsciente que nos é vendido pelas leis da colonização,[246] torna-se necessário o resgate da autonomia das próprias narrativas pelo sujeito colonizado.

Embora o setting psicanalítico não seja um espaço de militância política e de reparação de identificações fragmentadas pelo trauma, não se pode negar a potência revolucionária da palavra que dá testemunho e permite desenhar novos destinos.[247] O potencial de fazer emergir a memória pela palavra pode e deve ser arrebatador. E a transformação da realidade é temida pela consciência. Em que pese que a senzala ainda perdura, as revoltas também nunca deixaram de existir. Nesse sentido, destacamos as palavras de Achille Mbembe, em sua obra *Crítica da razão negra*, em que nos diz:

---

243 > Achille Mbembe, "Necropolítica", Arte & Ensaios, Rio de Janeiro, UFRJ, n. 32, dez. 2016.

244 > Frantz Fanon, Pele negra, máscaras brancas, op. cit.

245 > Lélia Gonzalez, "Racismo e sexismo na cultura brasileira", op. cit.

246 > Jacques Lacan. *O Seminário, livro 17: o avesso da psicanálise*, trad. bras. de Ari Roitman. Rio de Janeiro: Jorge Zahar Ed., 1992.

247 > Paulina Rosa, *Raça, corpo e trauma na clínica psicanalítica*, op. cit.

E, se há algo que desde sempre assombra a modernidade, é justamente a possibilidade de um acontecimento singular, "a revolta dos escravos", que assinalaria não apenas a libertação dos subjugados, mas também uma reformulação radical, se não do sistema da propriedade e do trabalho, ao menos dos mecanismos de redistribuição e, a partir daí, das bases de reprodução da própria vida.[248]

248 > Achille Mbembe, *Crítica da razão negra*, trad. bras. de Sebastião Nascimento. São Paulo: n-1 edições, 2018.

> ribeiro, cristiane[249] • mendonça, renata[250] <.> preconceito cotidiano e sofrimento racializado no racismo à brasileira[251] <

para começo de conversa

Seja por meio de discursos de movimentos sociais ou de pesquisas acadêmicas, a falência do mito da democracia racial no Brasil traz consigo a necessidade de elaborações que tenham como efeito a construção de novas formas de organização social e de produção de conhecimento. Como destaca Rosane Borges no prefácio do livro *O racismo e o negro no Brasil: questões para a psicanálise*,[252] apesar dos movimentos de transformação, há algo que resiste ao tempo, perdura, escapa das vicissitudes, sobrevive com obstinação. As camadas da colonização são de tamanha espessura que até hoje cobrem o nosso tecido social, sobrevivendo aos humores dos tempos.

O racismo cotidiano, ou à brasileira, está implícito no fato de um conceituado restaurante na cidade de São Paulo ter o nome de "Senzala" e isso não causar qualquer incômodo ou questionamento, conforme nos aponta Tânia Corghi Veríssimo também no livro *O racismo e o negro no Brasil.*[253] Essa certamente não seria uma possibilidade caso se usasse o

249 > Psicóloga, psicanalista. Mestre em Promoção da Saúde e Prevenção da Violência pela UFMG. Integrante do NZINGA Coletivo de Mulheres Negras. Integrante do Coletivo Ocupação Psicanalítica Psilacs/UFMG.

250 > Psicóloga, psicanalista. Mestre pela Pontifícia Universidade Católica de Minas Gerais (PUC-Minas). Integrante e pesquisadora do Coletivo Ocupação Psicanalítica Psilacs/UFMG.

251 > Adaptação textual da apresentação oral realizada no dia 08/07/21 no curso de extensão on-line "Ocupar a psicanálise: reflexões para uma prática antirracista", organizado pelo Núcleo Psicanálise e Laço Social no Contemporâneo da Universidade Federal de Minas Gerais (Psilacs/UFMG).

252 > Rosane Borges, "Prefácio". Inin: Noemi Moritz Kon, Cristina Curi Silva e Maria Lúcia da Silva (Oorgs.). O racismo e o negro no Brasil: questões para a psicanálise. São Paulo: Perspectiva, 2017.

253 > Tânia Corghi Veríssimo, "O racismo nosso de cada dia e a incidência da recusa no laço social" . Inin: Noemi Moritz Kon, Cristina Curi Silva e Maria Lúcia da Silva (Oorgs.). O racismo e o negro no Brasil: questões para a psicanálise. São Paulo: Perspectiva, 2017.

nome "Auschwitz". O racismo pode ser constatado também nos diversos pontos turísticos que compõem a Estrada Real e a Rota do Ouro, em Minas Gerais, ou ainda no Museu do Amanhã, no Rio de Janeiro, que, se contasse com algum elemento de reparação da história escravista do país, poderia ser nomeado como "Museu do Ontem", como um dever de memória necessário à elaboração de um trauma coletivo.

As construções teóricas acerca do racismo estrutural têm ganhado densidade e consistência, compondo encruzilhadas com outros campos do saber na tentativa de construir estratégias para o enfrentamentpo dos vários efeitos que as atualizações dos racismos demonstram cotidiariamente. Os dados relativos à letalidade da juventude negra ou, ainda, ao feminicídio de mulheres negras são aqueles de maior destaque nas discussões acerca da problemática da questão racial vivenciada no Brasil na contemporaneidade. Uma das faces da letalidade direta pode ser verificada no *Atlas da Violência 2021*, segundo o qual, em 2019, 77% pessoas assassinadas no país do Carnaval e do futebol eram pretas ou pardas.[254]

o racismo em sua roupagem recreativa

Aqui, vamos destacar uma forma de racismo bastante conhecida, mas que é considerada uma das mais "veladas" (velada para quem?), pela dificuldade de se comprovar sua "hostilidade" e "intencionalidade": o racismo recreativo. Esse conceito está profunda e detalhadamente trabalhado pelo professor Adilson José Moreira no livro *Racismo Recreativo*,[255] que compõe a Coleção Feminismos Plurais, sob coordenação de Djamila Ribeiro. Professor Adilson inicia seu trabalho fazendo alusão ao Carnaval brasileiro, festa reconhecida mundialmente pela irreverência, samba, suor e cerveja que a acompanham. Cito uma das cenas:

> Em uma ocasião recente, muitos foliões e foliãs se fantasiaram de negros em uma conhecida cidade turística. Pintaram a cara de preto, vestiram perucas com cabelo crespo e acentuaram seus narizes, bocas e nádegas para se aproximarem da figura estereotipada de uma pessoa negra. Alguns desses homens brancos e algumas dessas mulheres brancas reproduziam trejeitos que para eles correspondem à forma como pessoas negras se comportam. Alguns faziam gestos tresloucados (quem nunca se deparou com uma fantasia de nega maluca no carnaval?) ou imitavam pessoas bêbadas para retratar homens negros, e outros assediavam homens brancos para representar a suposta sexualidade exacerbada da mulher negra. Fotos e vídeos foram divulgados nas redes sociais e os foliões sofreram críticas severas. Os que protestaram afirmaram que a negritude não é uma fantasia de carnaval; também disseram que os trejeitos reproduzidos são estereótipos raciais

254 > Instituto de pPesquisa eEconômica aAplicada, Fórum Brasileiro de sSegurança pPública (Oorgs.). Atlas da violência 2021. Rio de Janeiro: IPEA; FBSP, , 2021.

255 > Adilson Moreira, Racismo Rrecreativo. São Paulo: Editora Jandaíra, 2019.

> derrogatórios, razão pela qual comportamentos como esses nunca deveriam ocorrer. Várias pessoas brancas reagiram a esses comentários imediatamente. Elas afirmaram que eles, os foliões, estavam simplesmente representando personagens fictícios, motivo pelo qual não havia qualquer tipo de ofensa racial envolvida. Esses indivíduos alegaram que os foliões brancos estavam apenas se divertindo; eles não tinham nenhuma intenção de ofender negros. Alguns falaram que essa prática poderia até mesmo ser vista como uma forma de homenagem a pessoas negras.[256]

Nada mais comum do que ouvirmos o argumento da descontração quando nos referimos a cenas de reprodução de estereótipos raciais, negando que ali tenha ocorrido racismo. Professor Adilson cita também o conhecido personagem dos anos 1970 e 1980, Tião Macalé, que tinha como base cômica a pretensão de se envolver amorosamente com mulheres brancas, o que era um absurdo levando em conta "sua feiura associada à sua negrura". Seus trejeitos e expressões faciais o faziam parecer um símio, fixando uma marca simbólica repulsiva, ao mesmo tempo que fazia par romântico com uma mulher branca, tirando daí o elemento cômico. E assim seguem tantos outros personagens e enredos que, quanto maior o cunho racista, mais popularidade têm entre os espectadores.

Outro exemplo dado por Adilson Moreira:

> Danilo Gentili é um indivíduo que ganhou grande popularidade nos últimos anos, principalmente por meio de mídias sociais. Alguns anos atrás, um de seus seguidores, um homem negro, começou a criticar comentários que ele considerou racistas. O confronto entre os dois se intensificou e o humorista perguntou a esse seguidor quantas bananas ele queria para que esquecesse toda a controvérsia. A vítima interpretou essa fala como uma ofensa e o processou por injúria racial. O magistrado que julgou o caso afirmou que as palavras do humorista não caracterizam esse crime pela ausência da intenção de ofender. Para ele, todos os seguidores do humorista estão cientes de que ele utiliza as mídias sociais para fazer piadas, motivo pelo qual o que ele fala nessa esfera não pode ser considerado injúria racial. Aquele é um espaço no qual as pessoas procuram oportunidades de entretenimento e descontração, não havendo intenção racista.[257]

Há na atualidade uma corrente que nomeia as reivindicações por punição dos atos racistas como "excesso do politicamente correto", uma tentativa de cercear a "liberdade de expressão" e impedir essa "forma" de socialização que é "tão própria" da sociedade brasileira, ou seja, é descontraída e cômica, com convivência pacífica e harmoniosa entre os povos e raças. E, dependendo da repercussão que a cena toma, lança-se mão de expressões como "opinião

256 > Ibid., pp. 18-19.

257 > Ibid., p. 20.

polêmica" ou "comentário infeliz". Mas outro argumento é constantemente mobilizado para negar a existência do racismo, como em uma das cenas que pudemos acompanhar em rede nacional durante o *Big Brother Brasil 21*, quando um participante branco diz que o cabelo de uma fantasia de "homem das cavernas" (figura que estereotipa o homem primitivo do período Paleolítico) parece o cabelo do participante negro, professor João Luís Pedrosa. Diante da reação de João e do posicionamento da emissora, vocalizado pelo apresentador do programa 72 horas depois do ocorrido, o responsável pelo ato racista se defende dizendo: "como poderia ser acusado de racismo se já havia elogiado o estilo de João, e se o cabelo de seu pai era também parecido com o cabelo dele?". Quem acompanhou o desfecho do episódio deve se lembrar que, mesmo com toda a repercussão midiática do racismo vivido por João, ficou evidente na posição de muitos dos participantes do *reality*, bem como na opinião de muitas pessoas em suas redes sociais, de que o movimento "correto" da pessoa negra diante do racismo deve ser o de "educar" quem comete esse "erro", não sendo aceitável que pessoas que o cometem sejam acusadas de forma violenta. Ou seja, a interação com pessoas negras do tipo "tenho amigos negros", "já até namorei pessoas negras", entre outros, se tornam evidências incontestáveis de que uma pessoa não é racista. Nesse momento, a cordialidade racial é evocada como elemento central que impede que o autor da discriminação seja responsabilizado por um ato que ocorreu num momento de "descontração".

Parece não haver fato ou gravidade que desloque essas justificativas de manutenção do mito da democracia racial. Mesmo diante dos efeitos do racismo como letalidade em suas formas mais obscenas, o discurso mantém a circulação de estereótipos negativos destinados a promover entretenimento para pessoas brancas, motivando supostas brincadeiras que podem ter consequências fatais.

> Max Rogério, Antônio Novély, Tomás Almeida e Eron Oliveira eram quatro adolescentes brancos que estavam voltando para casa de manhã quando avistaram um homem indígena dormindo em uma parada de ônibus. Eles pensaram que aquela situação seria uma grande oportunidade para diversão. Atearam fogo na vítima ainda inconsciente, o que causou sua morte. Durante o depoimento, os adolescentes afirmaram que resolveram fazer isso para poderem rir com o susto que aquela pessoa teria. Um deles disse que seria muito engraçado ver aquele homem indígena acordar e perceber que o lugar ao seu redor estava em chamas. Os adolescentes disseram que não poderiam ter previsto nem a possibilidade de danos físicos graves, nem a sua morte por causa do fogo. A juíza de primeira instância indeferiu o pedido do Ministério Público para que os jovens fossem condenados por homicídio doloso, o que expressa a intenção de causar a morte da vítima. Ela argumentou que os autores do crime não queriam a morte da vítima,

nem assumiram o risco de chegar a esse objetivo porque certamente não tinham essa motivação psicológica, pois pretendiam apenas se divertir com o susto causado a ela.[258]

O professor Adilson destaca que um ponto comum dos casos que destacamos anteriormente, e de tantos outros, é expressar "uma intenção cômica e que o humor não pode ser interpretado como racismo, porque tem um caráter recreativo".[259] E, ainda, atribuir a essas ações um caráter discriminatório seria contradizer a cordialidade miticamente construída que marca as relações raciais na sociedade brasileira.

A professora Sandra Leal de Melo Dahia, no artigo "A mediação do riso na expressão e consolidação do racismo no Brasil",[260] apresenta o riso como uma via intermediária para o brasileiro extravasar seu racismo latente, contornando a censura e a reflexão crítica sobre seu conteúdo e sobre o alcance de satisfação simbólica que o riso propicia, ao mesmo tempo em que ele não compromete sua autorrepresentação de não racista. Em torno da piada racista, o riso instaura certa sociabilidade que tem como fundamento a desqualificação do objeto risível e o prazer catártico resultante da sua inscrição nesse lugar. A importância conferida ao riso se reflete, em grande medida, no seu caráter estruturante e instrumental dentro do processo de socialização que lhe permite transitar entre realidades de naturezas distintas – o psíquico e o social; o inconsciente e o consciente; o jocoso e o sério – de forma a enredá-las.

Tornar alguém ou algo risível é destituí-lo de poder, é enfraquecê-lo, é infantilizá-lo. Do ponto de vista legal, a criança é vista como incapaz; portanto, dependente de um responsável para gerir sua vida nos mais diversos setores. No contexto da piada racista, essa mesma lógica interpretativa é deslocada para a figura do negro, que, tal como a criança, é reduzido a uma condição de inferioridade ante o seu suposto gestor: o branco. Subliminarmente, a ideia que se produz é que, por essa razão, a questão das relações raciais não deve ser reconhecida seriamente, pois a aura de brincadeira que envolve o seu objeto retira a legitimidade de suas necessidades e reivindicações.

Nesse ponto podemos relembrar a célebre passagem de Lélia Gonzalez em "Racismo e sexismo na cultura brasileira", na qual ela evoca o ponto da função da infantilização do negro como operador de seu silenciamento:

> E o risco que assumimos aqui é o do ato de falar com todas as implicações. Exatamente porque temos sido falados, infantilizados (infans é aquele que não tem fala própria, é

258 > Ibid., pp. 27-28.

259 > Ibid., p. 28.

260 > Sandra Leal de Melo Dahia, "A mediação do riso na expressão e consolidação do racismo no Brasil" in: *Sociedade e Estado*, Brasília, v. 23, n. 3, 2008, pp. 697-720.. Brasília: Sociedade e estado, v.23, n.3, pp.697-720, 2008.

a criança que se fala na terceira pessoa, porque falada pelos adultos) que neste trabalho assumimos nossa própria fala. Ou seja, o lixo vai falar, e numa boa.[261]

O riso racista fortalece, por um lado, o pacto social de silêncio sobre o racismo, mantendo-o preservado no inconsciente; por outro lado, ele avaliza uma conduta de respeito às normas sociais, contrárias ao racismo, de forma que sustenta, no contentamento brasileiro e na reverência externa, uma imagem de democracia racial.

a recusa e o cômico da violência: modos de operar

Para pensar o modo de operar da violência do racismo, podemos trabalhar ao menos duas vertentes a partir da psicanálise de Freud: do desmentido e do chiste a serviço de um propósito hostil.

Embora o mecanismo do desmentido tenha sido associado ao fetiche, ele é primeiramente descrito no quadro de uma histeria de angústia, a fobia do pequeno Hans,[262] e, posteriormente, é evocado para descrever uma divisão (*spaltung*) do ego nos processos de defesa.[263] Žižek o utiliza no artigo "O violento silêncio de um novo começo", retomando Octave Mannoni, para abordar os paradoxos da posição subjetiva diante da crença: "Na medida em que a estrutura da crença é aquela da *Spaltung und Verleugnung* (cisão e desmentido) fetichistas ('Sei que não há grande Outro, mas ainda assim... [secretamente creio Nele]')".[264] Ele também associa essa cisão a outras atitudes liberais diante das previsões de catástrofes globais: "Eu sei que o aquecimento global é um problema grave, mas ainda assim...".[265] Safatle, em *Fetichismo: colonizar o Outro*, também destaca como, nesse texto de 1938 (*A divisão do ego nos processos de defesa*), Freud evoca o desmentido como um processo em que o Eu se divide para preservar sua unidade, desmentindo o que pode ameaçá-lo:

> O Eu deve aparecer como espaço heteróclito (estranho, que se desvia das normas estabelecidas) de contradições que são suspensas sem se resolverem; espaço em que

261 > Lélia Gonzalez, "Racismo e sexismo na cultura brasileira",. Revista Ciências Sociais Hoje., Anpocs, 1984, pp. 223-244, 1984.

262 > Sigmund Freud, "Duas Histórias Clínicas (o '"Pequeno Hans"' e o '"Homem dos Ratos"'). In:in: J. Salomão (Trad.), Edição standard brasileiras das obras psicológicas completas de Sigmund Freud, v. X (Vol. X), trad. de J. Salomão. Rio de Janeiro: Imago, 1996. (Trabalho original publicado em 1909).

263 > Id.Sigmund Freud, "Esboço de psicanálise". Iin: J. Salomão (Trad.), Edição standard brasileira das obras psicológicas de Sigmund Freud, (Volv. XXIII, trad. de J. Salomão). Rio de Janeiro: Imago, 1996. (Trabalho original publicado em 1938 [1940]).

264 > Slavoj Žižek, O violento silêncio de um novo começo. In in: David Harvey (Oorg.). Ocuppy – movimentos de protesto que tomaram as ruas. São Paulo: Boitempo, 2012, p. 12.

265 > Ibid., p. 15.

> o saber advindo da inscrição da "percepção" e a crença fantasmática estão em contínua dissociação.[266]

Dessa forma, transpondo a operação para a situação do racismo, a frase poderia ser: "No Brasil temos dados alarmantes acerca das várias faces dos racismos e suas formas de genocídio, mas ainda assim... não há racismo".

Safatle sugere, ainda, que é justamente em situações sociais de desagregação, nas quais os padrões normativos são abalados e há uma crise de legitimidade – por exemplo, nas situações que vivenciamos desde o início do golpe parlamentar que destituiu um governo eleito –, que o Eu tende a desenvolver-se internalizando o que ele chama de "estruturas duais de organização, em que determinações contraditórias convivem de maneira 'flexível' no interior de uma instância psíquica clivada".[267] Essa hipótese nos ajudaria a entender, por exemplo, porque um político como Jair Bolsonaro, que fala abertamente em matar, defende ostensivamente a liberação de armas de fogo e prega o ódio deliberado contra negros e homossexuais, acabou recebendo o apoio de parcelas supostamente instruídas da população que, se perguntadas diretamente, talvez não tivessem coragem de tomar como suas essas ideias violentas – para pensarmos um pouco nesse ponto do desmentido.

Contando com as elaborações de Freud de 1905, em "Os chistes e sua relação com o inconsciente", o chiste é a formação do inconsciente que mais se insere no social, pois necessita do outro para referendá-lo, e tem como função o resgate e a fruição do prazer que se esvai com o desenvolvimento do julgamento crítico.

> Um chiste nos permite explorar no inimigo algo de ridículo que não poderíamos tratar aberta e conscientemente, devido a obstáculos no caminho; ainda uma vez, o chiste evitará as restrições e abrirá fontes de prazer que se tinham tornado inacessíveis. Ele ademais subornará o ouvinte com sua produção de prazer, fazendo com que ele se alinhe conosco sem uma investigação mais detida, exatamente como em outras frequentes ocasiões fomos subornados por um chiste inocente que nos levou a superestimar a substância de uma afirmação expressa chistosamente. [...] trazem os que riem para nosso lado.[268]

O chiste permite o resgate de conteúdos proibidos, de forma a serenar e equilibrar os ânimos dos que se sentem sucumbir à força das censuras sociais e psíquicas. Isso é uma forma

---

266 > Vladimir Pinheiro Safatle, Fetichismo: colonizar o outro. Rio de Janeiro: Civilização bBrasileira, 2010, p. 103.

267 > Ibid., p. 104.

268 > Sigmund Freud, Os chistes e sua relação com o inconsciente. In: J. Salomão (Trad.), Edição standard brasileira das obras psicológicas completas de Sigmund Freud (Vol. VIII). Rio de Janeiro, 1996, p. 103. (Trabalho original publicado em 1905).

provisória de reabilitar o prazer que a razão retirou, propiciado pelo relaxamento psíquico. O conteúdo agressivo, inicialmente presente em seu criador, acaba por aliciar o ouvinte e nele – indiferente, a princípio – suscitar o mesmo sentimento em relação ao alvo do chiste. O público da piada acaba por tornar-se cúmplice do seu conteúdo hostil. Tendo-se em vista que nunca se sabe ao certo a verdadeira intenção do chiste, considera-se de natureza inconsciente, ou não totalmente consciente, o envolvimento emocional, que se estreita em torno dos seus objetivos ocultos no momento em que a piada é transmitida. Ainda que inconscientemente, o público das piadas participa, em alguma medida, dos seus atos de agressão. É assim que se realiza o processo de autoabsolvição diante das piadas de caráter racista que, produzidas por outros, os supostos responsáveis e racistas, suscitam um prazer destituído de culpas e aparentemente inofensivo, uma vez que grande parte dos indivíduos que riem de piadas racistas não se considera, em nenhuma medida, racista.

Sendo assim, até onde caminhamos na conversa, o humor não é uma mera reação reflexa, mas sim produto do contexto cultural no qual as pessoas vivem. Isso significa que ele adquire sentido a partir dos valores presentes no espaço público. A análise do conteúdo de piadas racistas pode demonstrar que elas perpetuam os mesmos elementos que estavam presentes em políticas públicas de caráter eugênico destinadas a promover a eliminação da herança africana por meio da transformação racial da população brasileira. O humor faz parte de um projeto de dominação nomeado por Adilson Moreira de racismo recreativo. Esse conceito designa um tipo específico de opressão racial: a circulação de imagens derrogatórias que expressam desprezo por minorias raciais na forma de humor, fator que compromete o status cultural e o status material dos membros desses grupos. Esse tipo de marginalização tem o mesmo objetivo de outras formas de racismo: legitimar hierarquias raciais presentes na sociedade brasileira de forma que oportunidades sociais permaneçam nas mãos de pessoas brancas, com uma característica especial que é o uso do humor para expressar hostilidade racial, permite a perpetuação do racismo, ao mesmo tempo que protege a imagem social de quem o produz. O racismo recreativo exemplifica uma manifestação atual da marginalização social em democracias liberais: o racismo sem racistas, conforme também elabora Achille Mbembe, em *Crítica da razão negra*, como um racismo sem raça.[269]

os efeitos do racismo cotidiano no psiquismo do negro

As elaborações feitas aqui sobre o racismo cotidiano mostram-nos sua violência, o quanto que os sujeitos que são submetidos a esse racismo recreativo e cotidiano sofrem

269 > Achille Mbembe, Crítica da razão negra. São Paulo: Nn-1 edições, 2018.

consequências psíquicas graves e, esses atos devem ser reconhecido como uma agressividade contra os sujeitos.

Esses modos cotidianos de agressividade fazem com que as pessoas negras ou pardas, para se proteger e se defender, passem a se utilizar de estratégias, como vestir-se de um outro modo que não o costumeiro para ir a uma loja, a uma consulta médica ou a uma reunião com um advogado – "se vestir como branco". Evitar bonés e bermudas, roupas de time de futebol. Além dessas estratégias e do embranquecimento, que por muito tempo foi necessário, é possível ainda escutar "mas você não é negra" como um elogio. Grada Kilomba, no livro *Memórias da Plantação: Episódios de racismo cotidiano*, salienta essa questão afirmando que o branco diz isso ao negro como se fosse um favor. Escutamos cotidianamente: "você é uma negra tão bonita", "seu cabelo é lindo", "queria tanto um cabelo assim" e outras formas de fetichizar e falar do corpo negro que o tratam como um objeto a ser tocado e adquirido.[270]

No texto de Schwarcz "Raça, cor e linguagem", do livro *O Racismo e o negro no Brasil: questões para a psicanálise*, a autora usa um subtítulo bem interessante "quem vê cor, vê coração". Além de usar os vários significantes presentes no Brasil e questioná-los nesse texto, ela trata da ascensão do negro, da democracia racial e do modo como o censo no Brasil tratava as questões de raça e a mestiçagem[271] – a invisibilidade e visibilidade dos corpos negros.

O texto nos mostra que a "democracia racial" é uma tentativa de "driblar" o conflito formal, oficial e aberto das questões sobre raça. Demonstra como cor e raça no Brasil são uma marca física, fenotípica, e que, para os negros, "por muito tempo foi bem melhor embranquecer".[272] Esse embranquecimento, construído a partir da ascensão social e financeira sem questionar os conflitos reais e justos dos lugares em que negros e brancos estão em nossa sociedade, estruturou a sociedade brasileira. A autora discute a questão das cores e dos corpos e da invisibilidade e visibilidade que autorizam ou exigem um embranquecimento da raça. Um modo de *salvar* o sujeito do corpo que ele tem e incluí-lo numa "forçação de barra" no mundo branco de características europeias.

Através dos vários significantes, e digo significantes por acreditar que estes marcam os sujeitos e seus corpos, a autora avalia a questão da pele e as questões imaginárias que se apresentam a todo instante, como no exemplo que ela inclui em seu texto, sobre uma docente universitária que estranhou quando um pesquisador do censo de 1980 anotou como branca a sua raça. Quando reclamou, alegando que sua cor estava mais para preta ou parda, ouviu

270 > Grade Kilomba, Memórias da plantação: episódios de racismo cotidiano. Rio de Janeiro: Cobogó, 2019.

271 > Lilia Moritz Schwarcz, "Raça, cor e linguagem". Iin: Noemi Moritz Kon, Cristina Curi Abud e Maria Lúcia da Silva (Oorgs.)., O racismo e o negro no Brasil: questões para a psicanálise. São Paulo: Perspectiva, 2017.

272 > Ibid., p. 109.

a seguinte resposta do profissional: "Mas a senhora não é professora da USP?".[273] Outro exemplo dado é a fala "Quando eu era negro a minha vida era muito difícil",[274] de um dentista da cidade do interior que passou por uma ascensão social e financeira considerável. Em outro texto que nos ensina sobre essas questões, Souza[275] relata sua experiência no âmbito socioeducativo e, em um fragmento, nos conta que, ao perguntar a um adolescente negro qual era a sua raça, ele responde: "branca".[276] Apesar da diferença de cada caso, o que causa essas respostas e olhares tanto do profissional do censo como da universitária, do dentista e do adolescente é o racismo cotidiano, constante, ininterrupto e decidido. A diferença do fragmento de Souza para os outros exemplos citados é que esse adolescente estava sendo escutado numa instituição socioeducativa; provavelmente a resposta era um modo, uma estratégia fracassada de se defender da violência do Estado diante de uma maioria negra da população carcerária no Brasil. No texto de Schwarcz, ela traz um outro exemplo nacional e resgata uma mensagem divulgada na mídia em relação ao censo de 1991: "Não deixe sua cor passar em branco: responda com bom 'censo'".[277] O que poderia significar bom senso nessa propaganda?

Esse racismo cotidiano faz com que o profissional do censo não consiga ver uma negra naquela docente e com que o dentista se aproprie de um modo branco de ser, como se estivesse fora da raça após ter conseguido sua ascensão social. O racismo cotidiano trata a resposta dada para os profissionais do censo de forma banal, como se responder pelo próprio corpo fosse algo fácil e lógico, sem observar que "a descoberta de ser negra é mais do que a constatação do óbvio".[278]

No consultório, uma paciente de aproximadamente 41 anos, mãe solo, já fez alguns cursos, mas vive desde os 14 anos, como ela diz, "cuidando de uma casa e das pessoas dessa casa". Aos 14 anos, foi trazida do interior, por uma das responsáveis pela casa, para cuidar de uma menina de 11 anos: "era uma cuidando da outra". A menina que ela cuidava cresce, vai morar em outro lugar, e ela continua morando nessa casa. Estuda, engravida e continua nessa casa. Tem sua filha e continua nessa casa... No primeiro encontro com a analista, ela traz cenas, ainda não escutadas por ela, de um lugar em que o outro decide, faz por ela, a nomeia. Ela relata tudo isso com muito cuidado, pois concorda com a família que a acolheu.

---

273 > Ibid., p. 111.

274 > Ibid., p. 108.

275 > Neusza Santos Souza, Tornar-se Negro: Ou as vicissitudes da identidade do negro brasileiro em ascensão social. Rio de Janeiro: Zahar, 2021.

276 > Marcela Fernanda Souza, O negro no cárcere: negar-se como estratégia de sobrevivência in: Brochura XXIII Jornada de Cartéis e intercâmbios da EBP-MG. Belo Horizonte: Escola Brasileira de Psicanálise – Seção Minas Gerais,, 2021, p. 35.

277 > Lilia Moritz Schwarcz, op. cit.

278 > Neuza Santos Souza, *Tornar-se Negro: Ou as vicissitudes da identidade do negro brasileiro em ascensão social.*, Rio de Janeiro: Zahar, 2021op. cit.

Peço que ela venha mais vezes, para ajudá-la na relação com a filha, "ser mais corajosa". E ela afirma: "Vim para cá do interior pela necessidade".

Esse primeiro encontro nos remete ao texto de Laurent, "Racismo 2.0", na denúncia do duplo movimento do colonialismo em que é necessário normalizar o gozo, deixar o gozo daquele que é deslocado, civilizado, igual ao do colonizador, como se isso fosse para o "bem dele".[279] A paciente se vê de algum jeito salva por essa família e em dívida com ela. A analista precisa estar avisada desse racismo cotidiano mascarado pelo traço de "para o bem dele", "a favor dele".

Grada Kilomba também descreve episódios de racismo em seu livro *Memórias da plantação: episódios de racismo cotidiano*, lugares comuns marcados pelo racismo, desde situações tratadas como se fossem veladas, "eu não sou racista, tenho até amigos negros", até circunstâncias construídas, em que a desvalorização do negro é constante.[280] Assim, Grada trata de frases usadas frequentemente, como: "nunca te achei negra", "como você lava o seu cabelo?", "deve ser difícil pentear", "não uso assim porque dá muito trabalho", "se eu pego sol fico da sua cor". São manifestações de um racismo constante que não está marcado pelo humor como descrevemos anteriormente, mas pelo chamado elogio, pela fetichização dos corpos, em frases banalizadas e tratadas como bobagens sem muito afeto – ou, se é no humor, na amizade, não teve intenção de ofender.

As expressões "eu nunca te achei negra" ou "você não é negra" podem ser lidas como o visível que se torna invisível imediatamente a partir do laço afetivo ou pela ascensão social. Há uma negação da cor, e destituir o negro da sua pele é considerado um elogio, pois ser negro é uma afronta, um xingamento, um horror, e isso não é dito para quem se gosta.

As perguntas "como você lava o cabelo?" ou se é possível penteá-lo estão diretamente ligadas ao bruto, sub-humano ou animal, pois é uma verificação do impossível. Não fazemos essa pergunta para um sujeito branco, pois se supõe que ele saiba lavar e pentear seu cabelo, não cabe ou não se supõe uma dificuldade para isso. Assim, podemos afirmar que diariamente essas questões são tratadas de forma corriqueira, sem que haja, como afirma Schwarcz, um confronto ou conflito formal e oficial sobre as questões de raça.[281]

No texto "Cor e Inconsciente", de Isildinha Nogueira, ela afirma que "o inconsciente não tem cor" e não se trata da cor da instância psíquica, "mas sim a ideia de como o significante 'cor negra' está inserido, evidente, num arranjo semântico, político, econômico e histórico"[282] – e a cor branca também. A branquitude com seus privilégios, também marca-

279 > Éric Laurent, "Racismo 2.0",. *Revista Lacan Quotidien*, n. 371, 2014.

280 > Grada Kilomba, op. cit.

281 > Lilia Moritz Schwarcz, op. cit.

282 > Isildinha Baptista Nogueira, "Cor e Inconsciente". Iin: Noemi Moritz Kon, Cristina Curi Abud e Maria Lúcia da Silva (Oorgs.). O racismo e o negro no Brasil: questões para a psicanálise. São Paulo: Perspectiva, 2017, p. 6.

dos por pele, cabelo e modos de funcionamento, e os negros em sua oposição, muitas vezes vivendo uma segregação silenciosa, como se fossem paranoicos, em uma posição de quem não sabe sobre si e sobre o racismo que vivencia. Como se o sujeito negro não soubesse o que está acontecendo ou tivesse dúvida do fato.

Nesse texto, Nogueira ainda afirma que o negro pode inclusive saber das implicações históricas, sociais e econômicas que reverberam sobre o seu corpo – mas como lidar com as marcas psíquicas?[283]

Diante do diálogo "Que linda! Você se libertou!", ao que a outra responde "Eu já nasci livre", claro que há uma autorização de estar com os próprios cabelos, ao natural, livres das amarras exigidas pelo outro, mas verificamos também um reconhecimento da liberdade para além do cabelo. "Libertos do cativeiro, mas nunca libertos da condição de escravos".[284] Para a psicanálise, essa operação do sujeito é uma condição no um a um, da marca e da transmissão a partir de uma reinvenção das marcas do inconsciente, podendo transmitir uma liberdade de estar vivo com o corpo próprio.

Uma paciente, que nunca tinha entrado em um *shopping* da cidade e não queria ir a uma atividade que aconteceria nele, imaginava ser desconfortável estar naquele lugar. Tinha uma ideia de si como um ser inferior, não podia ser merecedora de "possibilidades sociais iguais".[285] Fica imaginando a possibilidade de proibirem-na de entrar ou de ser agredida. Ela vai ao evento e me diz que "só eu e você éramos negras"; pude verificar nesse dia que meu corpo fazia ali uma função fora do *setting* analítico. Essa paciente me ensina, além do lugar do analista, a importância do corpo negro fora do "esperado, estereotipado". Que a sustentação dos corpos negros, nos vários lugares da cidade, implica uma ocupação e faz função.

conclusões inacabadas... caminhos em construção

Todos esses encontros que o negro tem com o racismo cotidiano ao caminhar, ao circular com seu corpo pelas cidades, são violentos, agressivos e causam efeitos psíquicos. Uma menina que escuta que "deve casar-se com branco para melhorar a raça", algo dito em sua própria família, não está livre das consequências dessa afirmação, pois a raça a ser melhorada é a dela. O negro – homens, mulheres, todos e todxs em seu percurso, ainda que não igual para todos, como afirma a psicanálise, mas marcados por essas construções imaginárias sobre seus corpos – sente-se

283 > Ibid.

284 > Ibid., p. 122.

285 > Ibid., p. 122.

fragilizado, envergonhado de si, ele se vê exposto a uma situação em que nada separa o real do imaginário. As fantasias estão simultaneamente dentro e fora. É justamente porque o racismo não se formula explicitamente, antes sobrevive a um devir interminável como uma possiblidade virtual, que o terror de possíveis ataques por partes dos brancos cria para o negro uma angústia que se fixa na realidade exterior e se impõe inexoravelmente.[286]

Uma análise "ao percorrer o caminho inverso ao da constituição do sujeito, em direção à marca de gozo do sinthoma, permite ao falasser encontrar a alteridade que o habita e consentir com a alteridade do corpo que tem".[287] Podemos afirmar que o caminho de uma análise é fazer um percurso em que essas marcas cotidianas e a marca fundamental da constituição do sujeito possam se refazer, em que o sujeito possa construir um novo lugar, pois sabemos que:

> A segregação primeira e fundamental, como diz Oscar Ventura, é da substância gozante que habita cada um. A matriz segregativa da identificação é antes de tudo contra si mesmo, na medida em que é um modo de recusa do objeto ao qual se está identificado e que é Um mesmo. O que se segrega é o gozo encapsulado na identificação, alimento privilegiado do ódio. Com a diluição das identificações, a satisfação pode separar-se do ódio e é possível reconhecer a alteridade radical do Outro: o gozo do outro não é o gozo do Um (Ventura, 2021, p. 62-3). Se o racismo é definido por Jacques-Alain Miller (Miller, 1985/2010, p. 53 e 55) como ódio ao gozo do Outro e – uma vez que Lacan define o corpo como Outro (Miller, 2011) – como ódio ao próprio gozo, o trabalho de análise é uma espécie de antídoto ao racismo.[288]

Não se trata de abrir mão dos dispositivos sociais, individuais e coletivos, das lutas antirracistas construídas por pessoas negras e não negras. Temos aprendido o quanto um analista à altura da subjetividade de sua época precisa colocar do próprio corpo para fazer valer uma psicanálise brasileira. Discutir a questão racial na psicanálise, com jargões como "analista não tem cor" e "a psicanálise não pode se submeter às identificações", sem fazer um debate profundo e honesto da violência devastadora que nos chega na clínica a partir de analisandos negros, é, para dizer o mínimo, irresponsável.

Somos "diversos" analistas, negros e não negros, implicados na releitura e construção de uma psicanálise brasileira, na sua teoria e clínica, e não recuamos em tratar da colonização da nossa matriz de saber. Isso não significa deixar o rigor teórico e metodológico que

---

286 > Ibid., p. 124.

287 > Elisa Alvarenga, "A experiência analítica: um antídoto para o racismo?" Iin: Brochura XXIII Jornada de Cartéis e intercâmbios da EBP-MG. Belo Horizonte: Escola Brasileira de Psicanálise – Seção Minas Gerais,, 2021, p. 21.

288 > Ibid., p. 21.

nos norteia como psicanalistas lacanianos, mas tão-somente nos convoca a revirar nossas bases e entender como "isso" que é estrutural do racismo, do sexismo e do patriarcado nos atravessa a todxs.

> Podemos afirmar que escutar, caso a caso, essas marcas podem dar lugar para o sujeito ressignificar seu corpo, nomeá-lo para além da nomeação estabelecida pelo Outro e, assim, fazer uma construção própria desidentificada do universal e de todos, fazendo uso do seu corpo e lutando cotidiariamente contra a banalização do mal.

> lemos, leila[289] • mollica, mariana[290] <.> gozo racista e subversões coletivas <

Brasil, o teu nome é Dandara e a tua cara é de cariri,

não veio do céu, nem das mãos de Isabel

a liberdade, é um dragão no mar de Aracati.

Salve os caboclos de julho, quem foi de aço nos anos de chumbo.

Brasil, chegou a vez, de ouvir as Marias, Mahins, Marielles, malês...

Estação Primeira da Mangueira[291]

A primeira idéia que fundamenta este texto é que o racismo, além de ser estrutural, como desenvolve Silvio Almeida,[292] alertando para sua vertente geopolítica, econômica e subjetiva, também é um problema de gozo. O gozo é um conceito lacaniano que pode ser sintetizado na noção freudiana de satisfação pulsional. Esse é o ponto de partida, por excelência, para o psicanalista. Mas não pretendemos simplesmente diagnosticar e explicar o problema psicanalítico, mas investigar os meios de tratamento do gozo racista pela produção cultural popular brasileira.

Na condução das análises, é mais evidente que o psicanalista esteja atento ao modo como a pulsão opera para cada analisante; suas repetições, seu enlace com o Outro e sua

---

289 > Leila Lemes. Psicóloga/Psicanalista. Pesquisadora do Ocupação Psicanalítica (PSILACS/UFMG e UFRJ). Responsável pelo Laboratório "A escola e suas cores" do CIEN (IPSM-MG) Escola Brasileira de Psicanálise de Minas Gerais. Psicóloga do Portal Favelas. Psicóloga clínica em atuação no consultório particular. leilapsicolemes@outlook.com

290 > Mariana Mollica da Costa Ribeiro.Psicóloga e Psicanalista. Doutora e pós-doutoranda do Programa de pós-graduação em Teoria Psicanalítica da UFRJ (PNPD-CAPES cod.001). Professora colaboradora do Instituto de Psicologia, da pós-graduação em Teoria Psicanalítica e do IPUB/PROJAD-UFRJ. Editora executiva da revista Ágora (A2). Pesquisadora, Editora e apresentadora da TV 247 (Programa Lugar de Escuta) e da TV Portal Favelas.Supervisora da Secretaria Municipal de Saúde (2014 - 2018). Integrante do Projeto de pesquisa e extensão Ocupação Psicanalítica antirracista/PSILACS (Integração UFMG/UFES/UFRJ) Coord. do núcleo RJ. Autora do livro: "O RISO na clínica das psicoses" (Editora 7Letras,2006) e coorganizadora do Livro "Fora do armário: a realidade sexual do inconsciente" (Editora Appris,2022). marianamollica@gmail.com

291 > Samba Enredo vencedor do Carnaval de 2019: "História para ninar gente grande".

292 > Silvio Almeida, *Racismo estrutural*. São Paulo: Pólen, 2019.

satisfação no sintoma. Para o psicanalista sensível ao sofrimento decorrente das relações raciais, é fundamental perceber, identificar e intervir na dimensão pulsional referente às consequências radicais do racismo nos corpos, nas relações de objeto, nas fantasias e como os efeitos traumáticos provocados por uma sociedade fundada pela colonização se atualizam em cada sujeito. Mas sabemos que o problema do racismo não pode ser enfrentado apenas no plano singular do um a um. Como disse Andrea Guerra em uma apresentação no Atelier promovido por membros do Coletivo Ocupação na EBP-MG, "é preciso uma retificação do Outro social".

Propomos, então, pensar a sublimação como uma perspectiva de tratamento do gozo racista que pode ser reconhecida na arte e na cultura periféricas. Vale lembrar que a sublimação é um dos destinos da pulsão, como diria Freud.[293] Trata-se de um destino pouco explorado por Freud, mas que ele diferencia do recalque que caracteriza a neurose e se distingue das vicissitudes sádicas e masoquistas da pulsão, tão comuns à perversão. A característica principal da sublimação é que ela só se efetiva, diz Freud, quando se produz uma transformação social. Portanto, é preciso operar uma mudança no corpo social para que ela produza efetivamente uma satisfação para o sujeito, visto que ela tem como condição de efetividade um arranjo muito particular entre singular e coletivo.

Antes de entrarmos propriamente no conceito de gozo e demonstrar quais os mecanismos de tratamento forjados pelos grupos periféricos, gostaríamos de lançar uma questão: em que medida a necropolítica atua não apenas como política da morte de pessoas negras, mas como forma de aniquilamento de sua subjetividade?

Em seguida, apostamos em uma discussão que revela duas forças que trabalham em sentido contrário: de um lado, o projeto higienista em curso, que inclui o massacre de populações negras e o ataque violento às suas subjetividades, de outro, as forças de resistência, como um movimento histórico e cultural do povo preto, forjado por ideias libertárias e de invenção de vida.

Para avançar nesta discussão, destacamos o conceito de subversão do sujeito com o objetivo de apontar o fracasso na estratégia de dominação total do Outro. É com a aposta nesta subversão lacaniana que articulamos um debate sobre o conceito de brasilidade, do historiador Luiz Antônio Simas,[294]debruçando-nos, para além do setting analítico, sobre as soluções subjetivas que produzem o enfrentamento ao racismo estrutural por meio das festas populares e movimentos sociais.

É possível constatar que, no Rio de Janeiro, a população de periferia enfrenta um ataque ostensivo e permanente que é análogo a uma situação de guerra. Até mesmo os

---

293 > Sigmund Freud, "As pulsões e seus destinos". Edição bilíngue,Autêntica, 2016.

294 > Luiz Antônio Simas, *Almanaque brasilidades: um inventário do Brasil popular*. Rio de Janeiro: Bazar do Tempo, 2018.

índices de mortos, desaparecidos, feridos e vítimas de uma série de violações físicas e psicológicas coincidem com as estatísticas da guerra na Síria. A diferença em relação a uma guerra propriamente dita é que um dos lados tem todas as armas e poder e o outro está absolutamente assujeitado ao inimigo, já que é a própria população civil que está sendo atacada pelo poder estatal, desassistida, desarmada e vulnerável. Não há meio de defesa senão a tentativa de criação de ações coletivas das próprias comunidades que façam frente à necropolítica.[295] No entanto, é preciso que toda a sociedade civil se organize e se responsabilize para barrar o necropoder.

De acordo com vários historiadores negros, como Beatriz Nascimento e Clóvis Moura e ativistas e artistas como Abdias Nascimento, os quilombos são uma invenção da colônia brasileira, como formas de grupamento coletivo, que resistiam à colonização e nos quais os escravizados negros desenvolviam, juntamente com alguns indígenas, produções culturais de dança e canto como forma de resgate de suas origens tradicionais e meios de combater a tentativa de extermínio de sua cultura, sua língua, seus costumes. Hoje, nós do Coletivo Ocupação Psicanalítica Rio de Janeiro,psicanalistas em meio aos movimentos sociais de luta antirracista, escutamos tanto de lideranças de luta política como representantes da cultura popular periférica que as favelas, com suas festas, estratégias e invenções coletivas, são como "quilombos urbanos", coletivos que resistem ao genocídio do povo negro através das mais diversas expressões subjetivas e culturais, sendo o carnaval de rua criado nas comunidades. Trata-se de um meio de transmitir para a sociedade como a cultura afro-ameríndia está na base, na raiz da identidade cultural brasileira.

Propomos uma leitura psicanalítica das estratégias da população amefricana[296] Gonzalez, por meio do conceito de sublimação; seja pelo carnaval, suas expressões linguareiras e dançantes, seja pelos movimentos de luta política, uma afirmação da vida para decolonização dos corpos.

a necropolítica

A necropolítica é um conceito desenvolvido pelo filósofo Camaronês Achille Mbembe[297]e ela pode ser definida da seguinte forma: *o poder soberano de matar aqueles que não interessam aos objetivos do capitalismo e às forças que o sustentam*. Mbembe atualiza o que Michel Foucault chamou de biopolítica. Vale, então,entrar nas bases foucaultianas que

295 > Achille Mbembe, *Necropolítica*. São Paulo: n-1 edições, 2018.

296 > Michel Foucault, *História da sexualidade I: a vontade de saber*. Rio de Janeiro: Graal, 1988.
Lèlia Gonzales, Por um Feminismo Afro Latino Americano.Rio de Janeiro: Editora Schwarcz- Companhia das letras, 2020.

297 > Achille Mbembe, Necropolítica, op. cit.

sustentam as estruturas do biopoder, para entendermos melhor a contribuição desse grande autor africano.

Para Foucault, a partir do século XVII, o Ocidente conheceu uma profunda transformação dos mecanismos de poder. De modo que o poder soberano, fundamentado no direito de causar a morte ou deixar viver, é substituído por uma normatização e apropriação do controle da vida, conceito denominado biopolítica.[298]

Vale lembrar que para Foucault o poder não se restringe ao Estado centralizador e soberano, ele funciona em rede de micropoderes, que se exercem através das relações que atravessam a estrutura social relativas ao saber. "O Estado é a superestrutura em relação a toda uma espécie de redes de poder que investem o corpo, a sexualidade, a família, parentesco, conhecimento, tecnologia, etc.".[299] O poder é uma estratégia com táticas de manobra e ele é exercido a partir da razão: ,está no ensino das escolas, na aprendizagem da prática médica nos hospitais, no desenvolvimento científico, no panóptico dos hospícios, na punição das prisões.

Em *O nascimento da Biopolítica*, Foucault[300] dá uma nova guinada em suas pesquisas e seu objetivo passa a ser o controle biopolítico, segundo o eixo das economias de mercado, influenciado pelo neoliberalismo econômico da escola de Chicago. O homem passou a ser entendido, a partir do pós-guerra e do neoliberalismo, como *Homo economicus*, um agente que, estimulado pelas exigências do mercado, busca responder às diversas formas de controle de indivíduos e populações.

Vale lembrar, no entanto, que as raízes iniciais do conceito de biopolítica em 1920 e 1930 são encontradas por Foucault nas concepções organicistas de Estado-corpo e Corpo-germânico, que forjaram as bases ideológicas do racismo biológico como política sobre a qual se ergueu o Estado Nazista. Mbembe parte da pergunta: se o biopoder, ao estabelecer o controle dos corpos e regular a vida, acaba por exercer o poder de matar, deliberando quem deve viver e quem vai morrer,então, quem é o sujeito dessa lei? Seria a noção de biopoder suficiente para contabilizar as formas contemporâneas pelas quais são exercidas políticas de morte?

O pensador africano recorre ao filósofo italiano Giorgio Agamben, através do conceito de Estado de exceção, que parte dos campos de concentração e extermínio nazista para uma espécie de metáfora central das formas violentas de exercício da soberania hoje. Hanna Arendt nos diz que não há paralelos para a vida nos campos de concentração, já que seu

---

298 > O genocídio do negro brasileiro: processo de um racismo mascarado História da sexualidade I: a vontade de saber, op. cit.

299 > Michel Foucault, L'impossible prison: recherches sur le systeme penitentiaire au XIX Siècle.Paris: Editions du Seuil, 1980, p. 22.

300 > Michel Foucault, Nascimento da Biopolítica:curso dado no Collège de France (1978-1979). São Paulo: Martins Fontes, 2008.

horror não pode ser inteiramente alcançado pela imaginação, visto que ele se situa fora da vida e da morte. Os ocupantes do campo de extermínio são desprovidos de estatuto político, reduzidos a seus corpos biológicos.

Para Mbembe, o mundo da soberania é o mundo no qual o limite da morte foi abandonado. E segue com Agamben na leitura da política como campo de trabalho da morte, mas coloca acento no estabelecimento de uma censura biológica que diferencia uns de outros, associada por Foucault ao racismo. A raça ou o racismo tem uma racionalidade própria em relação ao biopoder, pois a raça foi a sombra sempre presente no pensamento e nas práticas das políticas do ocidente, principalmente para desumanizar povos estrangeiros e exercer dominação sobre eles. A política da raça é a política da morte. Mbembe define o racismo como "uma tecnologia destinada a permitir o exercício do biopoder, este velho direito soberano de matar".[301]

No entanto, Mbembe dá um passo a mais servindo se do debate decolonial. A razão cartesiana como égide da existência humana encobre a dominação europeia de povos considerados primitivos e se institui quase um século após a conquista de novas terras por consequência da expansão marítima nas Américas e da opressão de sociedades indígenas e escravização de povos africanos. A invenção da raça pelo homem branco a partir da colonização veiculou uma objetalização de pessoas negras transformadas em mercadoria, sem que isso escandalizasse o homem racional e liberal. Mbembe é categórico em afirmar que, pela primeira vez na história da humanidade, o ser humano tornou se moeda, sendo a posse de outro homem, seu senhor, a quem rendia lucros e que detinha direito à violação ilimitada desse corpo-objeto.

O que as teorias de Foucault, Agamben, Deleuze, o próprio Freud e também Lacan deixam na sombra e sobre o que Mbembe, Dussel e os demais teóricos pós-coloniais lançam luz é que a racionalidade moderna, a ciência e, por consequência, o sistema capitalista foram forjado sob o jugo da dominação colonial. Muito antes de o Estado nazista instituir o campo de concentração, tivemos séculos e séculos de extermínio, humilhação, opressão e as mais terríveis formas de subjugação de um humano por outro durante a *plantation*.

Vale ressaltar que a experiência psicanalítica, embora a prática e a teoria partam do berço da Europa, tem lugar fundamental nesse debate, já que Freud inaugura com o inconsciente uma ferida narcísica no primado da razão, mostrando que o eu não é senhor em sua própria casa e que, portanto, a razão não controla "o *páthos*", como queria Kant. A consciência e as leis morais não determinam o agir ético, nem são capazes de impedir o desejo, muito

301 > Achille Mbembe, *Necropolítica*, op. cit., p. 18.

pelo contrário, os instituem. Portanto, estamos diante de uma prática que tem ferramentas efetivas de combate à racionalidade está na base da estrutura racista.

o gozo racista e seu tratamento pela sublimação

O *Seminário7*, sobre a ética psicanalítica, é o trabalho onde Lacan inaugura da forma mais determinante sua contribuição à política. Ele é concomitante ao fabuloso escrito Kant com Sade.[302] Esta obra, por sua vez, pode ser considerada uma introdução ao problema do gozo em seu sentido político, a partir da ética do desejo. O que está recalcado na razão kantiana, e sua proposta universalista de ética, é justamente revelada pela máxima sadiana. A fantasia perversa extraída pela proposta de Sade pressupõe a divisão e o sofrimento localizado no objeto. A vontade de gozo, que toma a dianteira, faz constituir um Outro não barrado, não submetido aos limites impostos pela diferença da alteridade e que visa o objeto sem qualquer perda de gozo. No entanto, a entrada na linguagem implica sempre uma perda de satisfação e esta perda é determinante para a constituição do sujeito. Ainda que não seja possível a realização de um gozo ilimitado, tal qual propõe Sade, o gozo perverso implica num assujeitamento do objeto, de forma que o próprio perverso não se defronta com a castração. Ele inscreve o recalque, o que o descompleta, mas desmente a ameaça de castração que introduz a Lei. Diante da Lei, Lacan afirma que o perverso diria: "Sei, mas mesmo assim..." Ou seja, embora saiba do limite, do proibido, faço,ignorando a interdição.

Propomos aqui a suposição de que a partir da psicanálise lacaniana seja possível demonstrar que as relações estabelecidas pela lógica colonial são decorrentes de uma relação do tipo perversa e que implica um gozo ainda pouco explorado pela Psicanálise. Mariana Mollica da Costa Ribeiro Araujo[303] Sustenta a hipótese de que o gozo racista seria um gozo perverso estabelecido na estrutura do laço social colonial, forjado sob formas bastante específicas com o desenvolvimento do discurso capitalista. Interrogamos sobre a especificidade e as consequências desse gozo, que ao longo do processo capitalista neoliberal e concomitante descentralização da Europa, rompeu o véu universalista e produziu transformação no inconsciente de nossa época, pautada pela necropolítica.

Com objetivo de explorar terras virgens e dominar politicamente e economicamente outros povos, o europeu imperialista produziu um domínio sexual dos corpos da colônia e empreendeu violações racistas e sexistas legitimadas pela sociedade; Mulheres eram

302 > Jacques Lacan, "Kant com Sade" in:*Escritos*. Rio de Janeiro: Jorge Zahar, 1963.

303 > Mariana Mollica da Costa Ribeiro Araújo, "Como tratar o gozo racista?" in: Leonardo Danziato, Maria Cristina Poli e Fernanda Costa-Moura (orgs.) *Cisões e Paradoxos na Política Brasileira: efeitos para o sujeito*. Curitiba: Appris, 2020

estupradas por escravagistas e submetidas à procriação inter-racial proposital, usadas como conquista privada do senhor e como projeto de miscigenação racial higienista.

Denominamos "gozo racista"[304] um gozo ligado a uma dimensão da identificação que excede as três identificações definidas por Freud[305] em *Psicologia das massas*. Uma quarta identificação, que supomos real, estaria ligada ao objeto mais-de-gozar e as formas de recuperação do gozo a partir não apenas do lucro, da fetichização da mercadoria, mas sobretudo, no estranho e esmagador gosto por ignorar e/ou odiar a existência de humanos reduzidos à dejetos, já que não interessam aos objetivos do capital. E como nos ensinam os teóricos decoloniais que falam desde a periferia geopolítica: os humanos colocados nesse lugar no discurso capitalista foram, privilegiadamente, os negros.

Retomando o texto freudiano de 1921, vale lembrar que a sugestionabilidade e o contágio são os princípios que dirigem os laços de um grupo pela via do amor. São mecanismos inconscientes que fazem com que os indivíduos, quando estão em grupo, para serem amados e se defendam das agruras das relações sociais, tenham seus afetos e condutas modificadas. A massa descrita por Le Bon, nomeada de "mente grupal", se caracteriza pela redução da capacidade intelectual de cada um e da tendência de cada membro agir por impulso, chegando à violência, à ferocidade e até mesmo ao heroísmo, que se levado longe demais pode provocar autoextermínio, contrário a qualquer esforço de autopreservação. O grupo é crédulo e sujeito à influência. Não consegue produzir um pensamento crítico e não se deixa persuadir pelo improvável; pensa por imagens e pode se desconectar facilmente dos limites da realidade. Um pequeno traço de diferença ou antipatia pode se tornar um ódio furioso. Freud enfatiza que a cola imaginária do grupo faz com que aquele que não pertence ao grupo e tem uma pequena diferença em relação aos ideais do grupo se torne um grande rival, o que nomeou de narcisismo das pequenas diferenças.

A primeira forma de identificação descrita por Freud se dá pela verticalização em relação ao líder, que coloca no lugar do objeto o ideal do eu, forjando um laço social original. Ao mesmo tempo que o líder é idealizado como objeto por parte dos membros, produz um elo identificatório com os demais participantes do grupo. No segundo caso, o investimento no objeto regride à identificação por extrair um traço do líder, que estrutura o sujeito, ele está na origem do sintoma neurótico. A terceira forma de identificação se estabeleceria por um laço mútuo entre os membros de um grupo por meio da qualidade partilhada com alguém que não é objeto das pulsões sexuais, ou seja, uma identificação com os "irmãos",

---

304 > Mariana Mollica da Costa Ribeiro Araujo e Angélica Bastos de Freitas Rachid Grimberg, "A fala e a escrita passíveis de tratar a segregação" in: Marta Rezende Cardoso e Regina Herzog (orgs.), *Diferença e segregação*. Rio de Janeiro: Appris. 2018; Mariana Mollica da Costa Ribeiro Araújo, "Como tratar o gozo racista?", op. cit.

305 > Sigmund Freud, "Psicologia de grupo e análise do eu".Edição Standard brasileira das obras psicológicas completas de Sigmund Freud.Comentários e notas de James Strachey.1996.

conforme Freud apresenta com o exemplo das moças de um internato e o contágio de seus modos de satisfação.

O gozo que se extrai do racismo excede às três identificações freudianas e pode ser melhor definido por uma identificação produzida pelo mais-de-gozar, que envolve um objeto enigmático, alguma coisa ínfima como o que Hitler apresentava à massa e que Lacan[306] ironicamente reduz ao seu bigode. Trata-se da dimensão corporal que busca reaver uma recuperação de gozo perdida pela entropia inerente a toda relação com o objeto perdido. O gozo racista, forjado no laço social capitalista, visa à recuperação do gozo, não mais através da relação com o Outro como ideal ou como referência simbólica, nem mesmo ao semelhante como meio identificatório, que situa pelo imaginário o seu desejo frente ao Outro. Esta outra versão recai sobre o *objeto a* conforme se apresenta no discurso capitalista, como tentativa de obter um gozo a mais, através da mais-valia contida em cada objeto de consumo. Há aqui um impasse em relação à perda do objeto.[307]

Além da identificação ao líder como fator de unificação das massas, residiria no falante uma tendência mais primitiva, uma primeira rejeição pulsional, a expulsão de um objeto segregado. O ódio seria dirigido àquele que goza diferente de mim, um estrangeiro, e essa força seria tão ou mais unificadora do que a identificação e amor ao líder. O crime fundador no caso do gozo racista não seria segundo Laurent, "o crime do assassinato do pai, mas a vontade de assassinato daquele que encarna o gozo que eu rejeito".[308]

Há nessa tentativa de recuperação do gozo um meio de eliminação do Outro que goza diferente de mim. Miller[309]chega a definir o racismo como horror ao próprio gozo. No caso do racismo ao negro, há um detalhe a mais, que não está presente no nazismo alemão ou no fascismo italiano e que produz uma especificidade fundamental: o capitalismo forjado na tomada do homem negro como mercadoria, como homem-moeda, homem-metal, homem-código, nos termos de Mbembe;[310] objeto de posse do senhor era algo íntimo, não tão estrangeiro quanto o judeu. O negro era doméstico, objeto de gozo do escravocrata, podia apanhar ser seviciado, ter seu corpo abusado, torturado, sequestrado e morto dentro da própria casa do senhor.

---

306 > Jacques Lacan, Le seminaire, livre 18. D'um discours qui ne serait pas du semblante. Paris: Seuil, 2006.

307 > Mariana Mollica da Costa Ribeiro Araujo e Angélica Bastos de Freitas Rachid Grimberg, "A fala e a escrita passíveis de tratar a segregação", op. cit.

308 > Éric Laurent, "Racismo 2.0", *Lacan Quotidien*, n. 371, 2014, p. 3.

309 > Jacques Allan Miller "Racismo e Extimidade, Derivas analíticas.Revista Digital de psicanálise e cultura da Escola Brasileira de Psicanálise Seção Minas Gerais. Belo Horizonte,2016.

310 > Achille Mbembe, *Crítica da razão negra*. São Paulo: n-1 edições, 2018.

Esse processo apresenta de forma muito nítida o inconsciente como estranho familiar, *unheimlich.*[311]Para todo ser falante o objeto está velado e quando faz sua aparição através de sua face estranha, produz angústia. Caracterizamos como gozo racista o horror a esse objeto êxtimo, que um dia foi expulso e que quando retorna é tão insuportável para o sujeito, que o racista precisa eliminá-lo.[312]

Lacan mostra que a principal característica da sublimação é o trabalho específico com o objeto: elevar o objeto à dignidade da Coisa. A Coisa, *das Ding*, aquilo que o sujeito expulsou para poder se constituir – desejada e temida – é o que dá dignidade ao objeto novo criado a partir do resto, do que não tinha valor no laço social. Àquilo que seria a princípio descartado pela cultura, ganha uma nova função e produz outra forma de satisfação e uma transformação social. A potência sublimatória presente nos movimentos sociais e em particular no feminismo negro pode ser exemplificado pela sábia enunciação de Lélia Gonzalez: "agora o lixo vai falar, e numa boa".[313]

No texto "A salvação pelos dejetos", Miller[314]destaca o *caput morton*, aquilo a que os alquimistas nomeavam sobre o que sobrava do garimpo do ouro. Enquanto o metal precioso se eleva em sua gloria e forma, o dejeto é informe. A sublimação seria uma "salvação pelos dejetos", elevar, valorizar o dejeto. O surrealismo é um bom exemplo de estetização do dejeto, ele faz passar o dejeto ao registro da estética. O processo analítico se dá justamente no recolhimento dos restos: sonhos, atos falhos, sintomas e faz deles uma categoria de verdade.

De acordo com Mbembe,[315] a mortificação se restringe a uma animalização do ser humano, uma tentativa de morte em vida. Atualmente há um empuxo ao que o autor nomeia de "devir negro no mundo", que levaria a uma tendência à condição negra, para todos aqueles que não interessam aos objetivos de lucros do marcado. No entanto, o próprio devir negro é um conceito que aponta a positividade de gerações diaspóricas pelo mundo, que encontraram formas de se defender dos horrores coloniais e com sua força cultural e sabedoria ancestral, tem muito a nos ensinar sobre as formas de enfrentar o colonialismo e sua capacidade camaleônica de adaptação se apresentando com novas tecnologias, sob a mesma estrutura de domínio.

Fazendo uma releitura de Psicologia das Massas a partir da lente do trabalho de escuta analítica junto aos "quilombos urbanos", como nomeiam os representantes dos movimentos

---

311 > Sigmund Freud "O infamiliar" Das Unheimliche. Edição comemorativa bilíngue (1919-2019) :Seguido de O homem de areia de Eta Hoffmann. Autêntica,2019.

312 > Mariana Mollica da Costa Ribeiro Araújo, "Como tratar o gozo racista?", op. cit.

313 > Lélia Gonzalez, "Racismo e sexismo na cultura brasileira", op. cit.

314 > Jacques-Alain Miller, "A salvação pelos dejetos"in: *Mental: Clinique et pragmatique de la disinsertion psychanalyse,* Clamecy, n, 24, abr. 2010. Disponível em: <http://www.matrizlacaniana.com.br/2016/12/a-salvacao-pelos-dejetos.html>.

315 > Achille Mbembe, *Crítica da razão negra*, op. cit.

sociais de luta política, os mesmos que inauguram o berço do samba carioca – na Portela, na Mangueira, em Padre Miguel e tantas outras favelas – encontramos a força inconsciente que subverte a estrutura da mente grupal. Freud chega a afirmar que "o próprio Le Bon estava pronto para admitir que em certas circunstâncias, os princípios éticos de um grupo podem ser mais elevados que o dos indivíduos que o compõem".[316]Sugerimos, nesse ponto, que os laços de solidariedade e de tomada de posição ética frente às grandes injustiças e desigualdades podem prevalecer e ganhar força nos coletivos constituídos por descendentes de quilombos e indígenas que encontram nas favelas um lugar de resistência quando forjam um meio de luta pela democracia através de uma força coletiva de expressão cultural, mais intensa e eficaz do que poderia ocorrer individualmente. Poderíamos considerar que os laços de solidariedade e invenção que sustentaram a luta dos movimentos negros pela sobrevivência teriam resistido graças atais princípios éticos?

De acordo com Freud, além de Le Bon, outros escritores indicam que, "em circunstâncias excepcionais, pode surgir nas comunidades o fenômeno do entusiasmo, que tornou possíveis as mais esplêndidas realizações grupais".[317]Grandes decisões de domínio do pensamento e numerosas descobertas e soluções de problemas pode ser"capaz de gênio criativo no campo da inteligência, como é demonstrado, acima de tudo, pela própria linguagem, bem como, pelas canções populares e outros fatores semelhantes".[318] Aqui não há contágio, mas por meio da produção artística, musical, artesanal e política de um, se proliferam por todos os membros por tocar um ponto sensível comum, cada um se apropriando ao seu modo, como é o caso do carnaval.

Os estudos subalternos revelam que o racismo não pode ser enfrentado no um a um. O combate à estrutura racista envolve muitos níveis de opressão. Por outro lado, ao examinarmos a problemática do gozo em jogo nas relações raciais, podemos notar que também não basta uma transformação epistêmica que se experimente coletivamente, pois a problemática não se dá ao nível da razão e da consciência de si. Somente começa a ser enfrentada quando tem uma incidência nos modos de gozo singulares em jogo. É preciso uma reviravolta no plano econômico da pulsão, que permita uma transmissão, uma transformação do gozo no laço social, como podemos supor que se passa com os efeitos sublimatórios das manifestações culturais e políticas da negritude carioca. Ou seja, não é sem o singular, mas também não é sem o coletivo.

---

316 > Sigmund Freud, "Psicologia de grupo e análise do eu".Edição Standard brasileira das obras psicológicas completas de Sigmund Freud.Comentários e notas de James Strachey.1996, p. 93.

317 > Sigmund Freud, "Psicologia de grupo e análise do eu".Edição Standard brasileira das obras psicológicas completas de Sigmund Freud.Comentários e notas de James Strachey.1996, p. 24.

318 > Ibidem (mesma de cima).

o sujeito e o corpo brasileiro: uma luta da vida contra a morte

Para além do laço social mais amplo que permeia a civilização ou uma determinada cultura, Lacan[319] (1932) em sua tese de doutorado, afirma que o meio familiar e parental é determinante da personalidade e avança observando os fenômenos de linguagem presente nos delírios psicóticos. Lacan desenvolve a dimensão imaginária através do Estádio do Espelho em 1949, afirmando que o sujeito é capturado primeiramente pela imago materna, em seguida pela presença do irmão intruso e, finalmente, pela própria imagem refletida no espelho, que o alienará para sempre, nesse Outro que é ele mesmo. É importante ressaltar que, para Lacan, o estádio do espelho não consiste em uma etapa a ser superada, mas em uma situação que coloca o eu como um outro, dimensão essencial, responsável pela estruturação da fantasia. O sujeito aqui se constitui, separando-se. Na relação dual imaginária "eu" e "tu" se confundem e o registro simbólico, dado pela linguagem, tem a função de mediar, organizar, diferenciar o eu de seu semelhante, viabilizando a constituição do sujeito.

Quando Lacan aponta que "o inconsciente é o discurso do Outro" podemos dizer que não se trata do outro da imagem especular, mas o Outro como diferença, alteridade absoluta. A identificação é um suporte, um tempo de parada que permite a separação. O sujeito constituído pelo Outro, representante da linguagem, é efeito do significante, submetido às suas leis.

Assim, o que falta à disposição do sujeito é da ordem do significante. E a subversão do sujeito se concretiza, justamente, nesse aspecto. A castração mostra que não há uma completude, um encaixe do (Outro barrado), sujeito ao objeto. Ou seja, o Outro falta. Para Lacan há uma prevalência do desejo sobre o gozo, na medida em que ele afirma: "a castração significa que é preciso que o gozo seja recusado para que possa ser atingido na escala invertida da Lei do desejo".[320]Renunciar o gozo significa recuar da ideia de fusão com o semelhante. Na concepção lacaniana, nunca haverá união entre um sujeito e um objeto, entre sujeito e Outro; eis o que estabelece sua subversão. O fato de o sujeito se submeter ao significante, à sua Lei – lei do desejo – o coloca na condição de desejar, impossibilitado de uma união primordial.

O que o sujeito produz com sua falta, sua implicação na tarefa inconsciente do desejo que não cessa?O que as soluções subjetivas nos ensinam? Que produção subjetiva frente à séria de direitos básicos negados, para travar com seus corpos uma luta da vida contra a morte?A experiência dos brasileiros parece nos ensinar muito sobre isso.

319 > Jacques Lacan "Da psicose paranóica em suas relações com a personalidade", 1932, Rio de Janeiro: Forense universitária, 1987.

320 > Jacques Lacan, Escritos. Jorge Zahar Editor. Rio de Janeiro,1998.

"Eu sou de Mangueira!" Conta-se que respondeu Cartola quando interrogado de onde vinha. Aos sujeitos subalternizados brasileiros restou uma missão de inventar algo para se fazer um corpo e uma existência num território que prezava pelo apagamento de sua história, origem e descendência. No Brasil a história testemunha uma série de opressões e políticas de apagamento e de violência contra os sujeitos. É inegável que todas essas imposições mortíferas produziram um massacre, e que as inúmeras tentativas de domesticar os corpos negros em várias esferas tiveram e, ainda tem, resultados estrondosos, como a miséria, a fome e o genocídio da juventude

Porém, nossa hipótese é que existem estratégias de reinvenção, que produzem saídas subjetivas, em meio ao caos e ao horror, responsáveis por fazer com que o Brasil, ainda hoje, tenha a maior população negra do mundo, perdendo apenas para a Nigéria. É também no Brasil que as religiões de matriz afro sobrevivem e se encontram em maior número do que em África. A experiência brasileira parece testemunhar certa subversão frente à prevalência do desejo, conforme Lacan nos ensinou,retratando a recusa da posição de objeto, fruto da fusão com o Outro colonizador.

Propomos que a ênfase incida justamente sobre tais soluções, principalmente considerando que as lentes usadas até então no Brasil foram quase sempre importadas por um ideal branco e eurocêntrico.As letras de samba e a cadência que as acompanha pelo ritmo da bateria,cai no gosto do povo, contagia os corpos, remetendo-os às lendas afro-ameríndias, ao ritmo da capoeira jogada pelos escravos, aos mitos dos orixás, às histórias contadas por transmissão oral por mães pretas, às línguas recalcadas que vem à luz no *pretuguês,* como afirmou Lélia Gonzalez.

brasilidade: um furo no silenciamento e no apagamento do corpo negro

> "Na capoeira é como se eu fosse muitos e ao mesmo tempo só eu mesmo, lá o negrão pode enfrentar sabe? Estudando a história dela, eu entendi um pouco de mim. Depois dela eu consegui parar de fugir da faculdade e das coisas que passam lá. Nas segundas eu gingo e vou à psicóloga, aí eu aguento o resto da semana"

P.S, 27 anos, estudante de direito, motoboy.

O historiador Luiz Antonio Simas, ativista e sambista, lança uma discussão sobre um conceito que nomeou como brasilidade, cuja expressão sustenta a aventura brasileira de se fazer vivo. Uma de suas definições de Brasilidade é a seguinte: uma comunidade de sentidos, afetos, sonoridades, rasuras, contradições, naufrágios, ilhas fugidias, identidades (in)viáveis e subversões cotidianas.

O autor aponta em entrevista ao *podcast Filosofia Pop*:

> "Ando cada vez mais convencido de que o Brasil na maior parte do tempo é um empreendimento de ódio muito bem-sucedido, não foi um equívoco, é assim porque foi projetado pra ser assim. A Brasilidade é ação e reação vital, inovadora, transgressora, contra a mortandade. Muitas vezes, a Brasilidade se manifesta nas diversas formas de construção de vida nas frestas do muro institucional erguido por aqui, produzindo incessantemente cultura. Brasilidade não é algo consensual, é repleta de conflitos, beleza e violência, porém está longe da idéia da miscigenação como solução, refere- se às questões cotidianas de invenção de vida, modos de ver o mundo; dinâmicas que operam nas frestas, brechas de um projeto de exclusão".[321]

Podemos conceber a cultura como um conjunto de hábitos, crenças, expressões artísticas, expressões sociais ou religiosas compartilhadas por um povo. Porém, o que o historiador aponta é que no Brasil ela parte de um lugar paradoxal de opressão e invenções.

Explicitando que no Brasil impera um projeto de domesticação dos corpos, de exclusão e mortandade de vulneráveis que cumpre bem seus objetivos nefastos, o autor chama a atenção para as frestas que os sujeitos encontram no processo de produção de criações que testemunham o impedimento do avanço da política higienista em curso.

Herdamos na psicanálise a célebre enunciação freudiana :"o homem não é senhor em sua própria casa" o que indica que não é possível sustentar uma lógica imaginária, a qual localizaria o eu numa cena de irmandade como discutiu Eric Laurent em "Racismo 2.0",[322] Ou seja, não é possível que o homem se encontre em sua casa com seus irmãos ou semelhantes. Vale ressaltar que essa dimensão transitória dos sujeitos não está condenada a vir à tona somente num ambiente de consultório ou em um setting analítico. Nos perguntamos se a potência dos sujeitos no enfrentamento da dominação pode ser transmitida no social. A Brasilidade como algo que se apresenta nas frestas do projeto de extermínio colonial poderia ser pensada como espaço em que as subversões do sujeito se atualizam no laço social?

Seja nos terreiros de candomblé, no baile charme em Madureira, no Rio, no duelo de MCs, em Belo Horizonte, ou no "pulão", permitido pelos motoristas dos transportes coletivos que autorizam a entrada de adolescentes nas periferias pulando a catraca para que

---

321 > ***Brasilidade, Luiz Antônio Simas.*** Apresentação: Marcos Carvalho Lopes. Vídeo publicado no canal Filosofia Pop, 8 fev. 2021. Disponível em: <https://www.youtube.com/watch?v=WythFz87RR0>.

322 > Éric Laurent, "Racismo 2.0", *Lacan Quotidien*, n. 371, 2014.

cheguem ao futebol, seja nas mais diversas manifestações culturais e encontros dos povos marcados pela tentativa diária de extermínio de suas expressões, existe espaço para que a psicanálise possa escutar o que os sujeitos inventam com seu vazio e como se lançam com ele nestes universos e representações?

Não pretendemos fazer uma romantização do precário, apontamos que essas experiências não são sem conflito, medo, e muitas vezes violência, no atravessamento ao racismo, o que não as impede de ser escutadas em suas particularidades e modos de acontecer.

Tais expressões artísticas e cotidianas que em sua maioria são pouco identificadas ou elencadas em relação aos espetáculos de alienação de massa poderiam ser pensadas como um laço no entre? Um entre discordâncias e opiniões que produz um movimento contrário à fixidez da massa?

Lélia Gonzalez,[323]ao trazer a mulata do carnaval com sua exuberância exposta ao olhar sedento do público como o objeto fetiche no racismo, sintoma cultural brasileiro, mostra que a mulher negra no carnaval revela a outra face da doméstica, cuja precursora era a mucama. Mucama é um termo que condensa as duas figuras, ambas objeto da exploração do corpo feminino negro desde a escravidão. Seja a exploração de seu corpo no campo do trabalho, seja na subjugação de sua sexualidade, a mulher negra está enclausurada pelo jugo patriarcal e colonial, remanescente até os nossos tempos. O que está encoberto aqui é a perversão antes assumida pela casa grande, hoje generalizada pelo gozo racista da sociedade neoliberal que produz a espetacularização da pobreza, da violência, do desamparo. Mas o que Gonzales nos mostra é que tal objetalidade encobre o que está denegado, o que está inconsciente no laço social; o lugar da mãe preta como aquela que transmite a cultura tradicional que passa de geração em geração e que tentou ser apagada pela branquitude colonial.

Tal branquitude, assim como toda a população que desfruta da brasilidade, assiste ao Carnaval e com ele alivia suas tensões e culpas ao consentir com suas raízes amefricanas. Ainda que haja tal objetalização, o que traz prazer transmitido pelo ritmo, pela letra do samba enredo, pelas alegorias originais sobre nossa história, é uma espécie de limite ao gozo racista no momento em que o pretuguês, essa língua falada por todos nós e é forjada pela negritude, resiste à tentativa de aniquilamento das subjetividades negras. Sob a forma de poesia, humor, adereços estéticos, musicalidade, o prazer que advém do alívio pelo furo que se faz no racismo estrutural, permite pelo samba, um compartilhamento dessa transmissão.

Como Simas explica e nomeia, é preciso certa negociação. Um de seus exemplos é o enfrentamento entre as tias do samba e a polícia, um jeito de existir e convergir, não sem conflito, mas que coloca em movimento a cadeia significante, recusando

---

323 > Lélia Gonzalez, "Nanny: pilar da amefricanidade" in: Flavia Rios e Marcia Lima (orgs.), *Por um feminismo afro-latino--americano*. Rio de Janeiro: Zahar, 2002.

imperativos ou cristalizações das palavras de um discurso dominante e racista, criando uma existência na fresta.

Assim como as tias do samba, as escolas de samba para sobreviver, e hoje se fazer em centenárias, precisaram negociar com os interesses neoliberais de comercialização do Carnaval, as apropriações do que é invenção da comunidade e dos recursos que possam ser devolvidos àqueles que fazem o Carnaval acontecer. Tais escolas não abriram mão de seus tambores, cada batuque com seu significado e suas danças de matriz afro e ancestral, mesmo que no passado, precisaram aceitar construir sambas enredo a pedido de uma força de Estado.

conclusões

A discussão sobre brasilidade nos permite tomar o carnaval como manifestação cultural de rua que traz a marca do rufar dos tambores dos quilombos enquanto espaço de resistência colonial da negritude. Sua organização institucional através das escolas de samba tem no samba de raiz sua origem e modos diversos de grupamento que implicam uma subversão do sujeito, que compartilha modos de gozo diversos. Como ler essa festa popular produzida por descendentes de povos colonizados sob a perspectiva do inconsciente freudiano e da sublimação como tratamento do gozo racista?

Na articulação entre sujeito e gozo, no Seminário 7, Lacan nos mostra que o perverso é aquele que extrapolar os limites do Bem e do Belo tentando superar as barreiras do princípio de prazer e no caso de Sade por exemplo extrair o gozo da maldade. Lacan debate neste conceito a sublimação a partir do limiar da pulsão de morte enquanto pulsão criacionista.

A sublimação não se dá de qualquer forma, ela obedece a algumas condições. A escrita sadiana é uma saída oposta do que a sublimação indica, por exemplo. Lacan redireciona o tema da dessexualização, conforme Freud trata da sublimação, pelo da criação ao gozo. Com a sua escritura Sade sairia numa busca ilimitada de tudo dizer. O perverso na sua busca de superação da dor e do prazer visa o gozo total da Coisa. O caminho da arte, da expressão cultural, quando tem uma potência sublimatória seria o contrário – tornar o horrível suportável. É o que Primo Levi, sobrevivente dos campos de concentração nazista faz – transmite pela literatura de testemunho o horror vivido pelo campo de concentração de forma a produzir marca, transmitir sua dimensão de testemunho, de dar tratamento ao trauma através de um trabalho com o indizível, o irrepresentável.

O Carnaval, com toda a sua especificidade e com as mudanças que sofreu ao longo do tempo, opera sem necessariamente ser um polo identificatório, e permite que o sujeito possa advir, já que não se movimenta como um grupo que subsume as diferenças e sensibilidades de cada um. O mais interessante é que a subversão não é no nível do sujeito singular, mas ela ocorre no coletivo e se expande para o laço social da polis.

No Carnaval, as caras do Brasil aparecem, seus machismos, sua homofobia, a hiper-sexualização das mulheres. Porém, é também nessa exuberante expressão popular que muitos encontram uma experiência com seu corpo, um campo de trabalho através da indústria da festa, e um lugar político social de questionamento de sua realidade.No Carnaval não está em jogo a impossibilidade do amor, pelo contrário, toda a cidade pode brincar e amar do seu jeito nas ruas, nas praças, nos becos. O evento é marginalizado, rechaçado por religiosos e conservadores, que o tomam como festa profana pelo risco de violência, excessos e assédios. Contudo, ele é palco de liberdade, com uma espécie de autorização para gozar. Entretanto, não um gozo infinito, já que tem data para terminar numa quarta-feira de cinzas. É como um sonho compartilhado, do qual se pode acordar. Quando é Carnaval há também a mensagem da castração; tem sol, mas haverá cinza e o fim. Cada poesia cantada, todo ritmo, qualquer fantasia e adereço, algum samba enredo em especial inscreve sua letra na história e, muitas vezes, funciona como ato político.

Se a Psicanálise precisa operar na cultura e fazer existir espaços onde o discurso dominante possa ser esvaziado, propomos que o psicanalista aprenda com o Carnaval e com os movimentos populares, cujo destino sublimatório da pulsão trata o gozo racista através das invenções, que podem surgir na subversão singular de um sujeito, mas é compartilhada e sustentada por gerações que vem de longe; uma tradição das mulheres e homens, negras e negros no nosso país que é tomado pela negritude que contagia a sociedade brasileira.

seção 3

<.>

ocupar a clínica: por uma práxis antirracista

> souza, marcela[324] • mendonça, renata[325] <.> o branco e o negro no racismo: questões para a psicanálise[326]

introdução

É possível sustentar a máxima de que um analista não tem cor em um país onde a maior parte da população é considerada negra? A resposta a esta questão inclui considerar que a psicanálise brasileira é decerto marcada pela escuta de um corpo colonizado e das incidências e cicatrizes dessa colonização nas construções discursivas que são tecidas em um processo analítico.

Além de ter uma população marcadamente negra, o racismo no Brasil é apontado e vivenciado diariamente como estrutural, portanto, está na estrutura discursiva, no laço social e na construção de *eu* de cada sujeito que se constitui brasileiro. E se o racismo está presente na constituição de *eu*, é de interesse peculiar à psicanálise essa questão, dada a relevância do desejo de escutar aquele que se propõe a falar, a rever sua posição em uma tentativa de separação do Outro. Nesse sentido, causadas pela teoria psicanalítica e justificadas por uma psicanálise brasileira que se propõe decolonial e antirracista, apresentaremos questões sobre o branco e o negro no racismo.

Nosso percurso será orientado pelas seguintes construções: a noção de que a Humanidade é conferida ao Branco numa posição universal e hegemônica; a escravização

---

324 > Psicanalista; Mestre pela Universidade Federal de Minas Gerais (UFMG); membro do Centro de estudos e Pesquisa em Psicanálise do Vale do Aço; pesquisadora do coletivo Ocupação Psicanalítica do Núcleo Psicanálise e Laço Social no Contemporâneo (PSILACS), da Universidade Federal de Minas Gerais (UFMG); participante da equipe de coordenação do Atelier Psicanálise e Segregação no Instituto de Psicanálise e Saúde Mental de Minas Gerais; trabalhadora da política de socioeducação em Minas Gerais.

325 > Psicanalista; Mestre pela Pontifícia Universidade Católica de Minas Gerais (PUC Minas); pesquisadora do coletivo Ocupação Psicanalítica do Núcleo Psicanálise e Laço Social no Contemporâneo (PSILACS), da Universidade Federal de Minas Gerais (UFMG); participante da equipe de coordenação do Atelier Psicanálise e Segregação no Instituto de Psicanálise e Saúde Mental de Minas Gerais.

326 > Adaptação textual da apresentação oral realizada no dia 29 de junho de 2021, no curso de extensão *on-line* "Ocupar a psicanálise: reflexões para uma prática antirracista" organizado pelo Núcleo Psicanálise e Laço Social no Contemporâneo (PSILACS) da Universidade Federal de Minas Gerais (UFMG).

tomada como fato que engendra o negro como mercadoria e, portanto, desumano; os possíveis efeitos de tal desumanização, com destaque, neste trabalho, para a violência; e, por fim, discutiremos uma posição psicanalítica orientada pela ética do desejo, avisada dos efeitos nefastos do racismo à brasileira.[327]

a violência como efeito de nomeação: o desumano é descartável

Rio de Janeiro, 2015:

> Os meninos se puseram a chorar mal foram trancados na caçamba do carro de polícia. "A gente nem começou a bater em vocês, e já estão chorando?", gritou um policial para os adolescentes negros capturados como suspeitos de praticar furtos na região central do Rio. O camburão subia as curvas da floresta da Tijuca, na capital fluminense. Para os garotos, aquele desvio de percurso, da delegacia para a mata, seria um passeio fúnebre, registrado por câmeras instaladas no veículo [...] Em uma parada no morro do Sumaré, contudo, a gravação é interrompida. Dez minutos depois, câmeras religadas, as imagens mostram os oficiais sozinhos no carro, descendo as mesmas curvas.[328].

Já em 2021, de novo no Rio de Janeiro, com o título "Jacarezinho: Laudos de cena mais letal indicam mortes sem chance de defesa", a notícia veiculada pelo *site* UOL[329] aponta:

> Documentos relacionados à investigação das mortes durante a Operação Excepios — na qual agentes da Polícia Civil do Rio mataram 27 civis na favela do Jacarezinho em maio — mostram indícios de execução e desfazimento da cena do crime no local onde ocorreram mais mortes.

A reportagem segue com os seguintes dados:

---

327 > Kabengele Munanga, "As ambiguidades do Racismo à Brasileira" in: Noemi Moritz Kon, Maria Lúcia da Silva e Cristiane Curi Abud (orgs.). *O racismo e o negro no brasil: questões para a psicanálise*. São Paulo: Perspectiva, 2017, pp. 33-44.

328 > Fernanda Mena, "Um modelo violento e ineficaz de polícia" in: Bernardo Kucinski et al. *Bala perdida: a violência policial no Brasil e os desafios para a sua superação*. São Paulo: Boitempo, 2015, p. 19.

329 > Igor Mello e Herculano Barreto Filho, "Jacarezinho: Laudos de cena mais letal indicam mortes sem chance de defesa". *UOL*, 26 jun. 2021. Disponível em: <https://noticias.uol.com.br/cotidiano/ultimas-noticias/2021/06/26/laudos-local-mais-mortes-jacarezinho.htm>. Acesso em: 8 nov. 2021.

> Entre os sete mortos no interior do imóvel, seis eram homens negros. A proporção repete um padrão sistêmico de atuação da polícia no Rio. Dados compilados pela Rede de Observatórios de Segurança mostram que mais de 78% das pessoas mortas pelas forças policiais no Rio de Janeiro em 2019 eram negras — pelo menos 1.423 das 1.814 vítimas. O número pode ser ainda maior, tendo em vista que não há informações sobre a raça de outros 159 mortos. O dado indica que pessoas negras são vitimadas de forma desproporcional pelas forças de segurança, já que apenas 51,7% dos fluminenses são negros. Em contrapartida, os brancos representam 47,4% da população, mas só foram vítimas de 12,7% das mortes.[330]

A realidade brasileira, caracterizada nesses pequenos fragmentos, distantes temporalmente, mas próximos em sua incidência cotidiana, desvela a crueldade estatal frente a corpos ditos pretos. Corpos estes que são destinados à morte. Segundo Fernanda Mena, o Brasil, no que se refere à homicídios de negros, é campeão mundial. Temos uma polícia embrutecida e uma sociedade que banaliza fatos como a corrupção, assassinatos, desrespeitos à lei e o racismo. E, assim, as instituições de privação de liberdade estão lotadas de corpos jovens e negros em sua grande maioria. Podemos afirmar que a polícia reproduz o que outras instituições constroem, que é a ideia de um corpo matável.[331]

Para pensar a dimensão da violência a partir da psicanálise, é fundamental considerar seu caráter estrutural e estruturante da subjetividade.[332] Freud, em *O mal-estar na civilização*, localiza a tendência à agressividade como algo intransferível à condição humana. A agressividade é um derivado da pulsão de morte, e viver em civilização implica em uma ininterrupta luta entre Eros e Tanatos. Freud adverte:

> O quê de realidade por trás disso, que as pessoas gostam de negar, é que o ser humano não é uma criatura branda, ávida de amor, que no máximo pode se defender, quando atacado, mas sim que ele deve incluir, entre seus dotes instituais, também um forte quinhão de agressividade. Em consequência disso, para ele o próximo não constitui apenas um possível colaborador e objeto sexual, mas também uma tentação para satisfazer a tendência à agressão, para explorar seu trabalho sem recompensá-lo, para dele se utilizar

---

330 > Igor Mello e Herculano Barreto Filho, "Jacarezinho: Laudos de cena mais letal indicam mortes sem chance de defesa", op. cit.

331 > Vários processos por óbito envolvendo a polícia são arquivados pelo Ministério Público. Cf.: Mena, 2019. E é fundamental considerar a cor da maioria dos corpos que morrem quando em possíveis conflitos com a polícia, ou mesmo cotidianamente como frutos da violência.

332 > Marcela Fernanda de Souza, *A verdade no discurso analítico e o encontro com a socioeducação.* Belo Horizonte: Departamento de Psicologia, Universidade Federal de Minas Gerais, 2019. Dissertação de mestrado.

> sexualmente contra sua vontade, para usurpar seu patrimônio, para humilhá-lo, para infligir-lhe dor, para torturá-lo e matá-lo.[333]

Lacan afirma que há na agressividade uma intencionalidade inconsciente, engendrada na "encruzilhada" que marca a constituição do eu, evidenciada por restrições reais:

> Basta escutar as fabulações e as brincadeiras das crianças, isoladas ou entre si, entre os dois e os cinco anos, para saber que arrancar a cabeça e furar a barriga são temas espontâneos de sua imaginação, que a experiência da boneca desmantelada só faz satisfazer.[334]

Na constituição especular do eu, o Outro tem função de corte na satisfação narcísica. E tendo toda operação simbólica um excedente que subjaz como resto, a agressividade é forjada a partir dessa desconexão do sujeito com seu próprio eu. Na agressividade, está incluída a relação do sujeito com o seu duplo imaginário. Ela se manifesta como a tentativa de rompimento com esse outro, sede da alienação primordial do sujeito. A agressividade surge nesse contexto como uma tentativa de separação do outro, sendo, portanto, estruturante da subjetividade.[335]

A violência, por sua vez, pode ser compreendida como o impossível de simbolização. Diante da frustração frente ao real inominável, o ato violento, enquanto concretização da violência, é um modo de sucumbir ao insuportável. Nesse sentido, a violência de estado, cotidianamente noticiada, pode ser compreendida como um modo de violar a privacidade, na tentativa de tudo ver e controlar,[336] tal como em um panóptico.

A violência pode ser compreendida como um discurso que visa a dar tratamento ao gozo. Serve como propulsora de um funcionamento repressivo que visa a controlar, coletivizando sintomas por meio de propostas universais que mortificam a singularidade.[337] Dunker, explorando Freud em *O mal-estar na civilização*, aponta que o mal-estar "exprime uma série de pressupostos existenciais incontornáveis: estamos todos juntos neste mundo do qual não podemos sair".[338] Ele situa a violência como nomeação para o mal-estar e sinaliza

---

333 > Sigmund Freud, "O mal-estar na civilização" in: *O mal-estar na civilização novas conferências introdutórias e outros textos*, trad. de Paulo César de Souza. São Paulo: Companhia das Letras, 2010, pp. 76-77.

334 > Jacques Lacan, "A agressividade em psicanálise" in: *Escritos*. Rio de Janeiro: Zahar, 1998, p. 108.

335 > Marcela Fernanda de Souza, op. cit., p. 43.

336 > Ibid., p. 43.

337 > Hebe Tizio, "Subjetividade e realidade social: a questão da violência" in: Ilka Franco Ferrari e Jacqueline de Oliveira Moreira (orgs.), *Psicanálise e violência: sociedade, juventude e literatura*. Curitiba: CRV, 2013, pp. 25-33.

338 > Christian I. L. Dunker, "A violência como nome para o mal-estar" in: Bernardo Kucinski et al., *Bala perdida: a violência policial no Brasil e os desafios para a sua superação*. São Paulo: Boitempo, 2015, p. 45.

que há aí um risco de se nomear de maneira unívoca. Há um risco na tentativa de contornar o mal-estar com nomeações que se pretendem universais. Essa nomeação única tende a engendrar uma falsa verdade, mas que é vista como tal. Ele cita a violência, e aqui podemos considerar as consequências do racismo.

Não seria o discurso racista aquele que constrói o negro como inimigo, um inimigo passível de ser eliminado? Para Dunker, "a tomada de uma palavra na função de nomeação, como diagnóstico unicista do mal-estar, cria uma estrutura de ficção convergente entre as diferentes narrativas do sofrimento, indexando todas elas em um mesmo fragmento de verdade".[339]

A ideia de violência como protótipo do mal-estar, tal como a ideia de que o negro é matável, engendra ficções que sustentam práticas de silenciamento que reverberam desde o período colonial. Nossa aposta, contudo, é na palavra, na palavra que produz e pode significantizar um corpo. "A melhor forma de tratar a violência ascendente no Brasil de hoje, bem como seu afeto sintomático, que é o ódio, está na retomada da palavra como experiência de reconhecimento".[340]

a raça e sua construção

> Quando criança, fui ensinada que a população negra havia sido escrava e ponto, como se não tivesse existido uma vida anterior nas regiões de onde essas pessoas foram tiradas à força. Disseram-me que a população negra era passiva e que "aceitou" a escravidão sem resistência. Também contaram que a princesa Isabel havia sido sua grande redentora. No entanto, essa era a história contada do ponto de vista dos vencedores, como diz Walter Benjamin.[341]

A introdução deste livro, Pequeno manual antirracista, nos mostra de forma evidente, e ao mesmo tempo velada, em qual lugar estão o negro e o branco na sociedade brasileira. Quem contou a história até o momento e, por causa dessa mesma perspectiva histórica, manteve uma população submissa e angustiada.

Sabemos que para a psicanálise o corpo não existe a priori, o corpo despedaçado do enfans vai sendo construído enquanto uma totalidade através das marcas simbólicas

339 > Ibid., p. 47.

340 > Ibid., p. 50.

341 > Djamila Ribeiro, *Pequeno manual antirracista*. São Paulo: Companhia das Letras, 2019, p. 7.

introduzidas pelo Outro, que lhe dirá: "Tu és isto", retirando-o da contemplação especular.[342] Podemos afirmar que a colonização deste país, Brasil, faz parte da construção do eu de cada brasileiro(a). Cada sujeito, nascido ou trazido para cá à força, viveu e vive as marcas e heranças da escravização. Essa constituição do sujeito se dá a cada vez, é feita no um a um, mas vivenciada com as marcas do lugar em que nasce e do discurso que agencia o laço social.

Assim, cada sujeito deve se apropriar de seu corpo e de sua cor negra, mas essa apropriação tem ainda hoje as feridas abertas localizadas no racismo estrutural à brasileira, de forma cotidiana, causando sofrimento e dor. Podemos afirmar também que, no fragmento de Djamila Ribeiro citado no início dessa seção, temos dois fatos importantes: não somos escravos, fomos escravizados, e não há um salvador, a luta pela liberdade foi dura e ainda é constante.

Para essa escravização ser bem-sucedida e não haver uma guerra de fato, de sermos presos após uma guerra, foi necessário transformar o negro em um animal, sem alma, tornando-o um objeto de uso, transformando seu modo de vida em algo sem ordem, bruto, violento, incivilizado, fora do mundo humano. Um movimento feito pelo Estado, pela Igreja e pela Ciência. Andréa Guerra mostra o esquema óptico, apontando a identificação e a alienação, e observa que os pontos obscuros podem sustentar o racismo.

> A segregação toma forma de racismo, no ponto mesmo dessa causa obscura que aloca como I(A), como espelho plano matricial da constituição de qualquer imagem de Eu, a branquitude como referente universal. Enquanto S1, o Branco equivalido ao Humano, coloca em marcha os discursos em ação, segundo Seshadri-Crooks (2012), forjamos uma especularidade pretensamente universal de Ideal de Eu na composição do agrupamento humano ocidental.[343]

Essa forja nasce com a conquista das Américas e sua marcação histórica é o ano de 1492. Na aliança entre Capital e Estado, ciência e religião, os grupos sociais são remanejados, ocorre a universalização de um modo de vida, em que a vida civilizada e o humano são representados pela raça branca europeia. Assim, "nosso futuro de mercados comuns [que] encontrará seu equilíbrio numa ampliação cada vez mais dura dos processos de segregação" (Lacan, 1967/2003, p. 263).[344]

---

342 > Jacques Lacan, op. cit.

343 > Andrá M. C. Guerra, "Branquitude e psicanálise", *Revista Espaço Acadêmico*, Maringá, v. 21, n. 230, 2021, pp. 55-67.

344 > Lacan, Jacques. "Proposição de 9 de outubro sobre o psicanalista da Escola" in: Jacques Lacan. *Outros Escritos*. Rio de Janeiro: Jorge Zahar, 2003, p. 248.

Só é possível estar fora do mundo humano quando há um único mundo humano de referência. Um Ideal de Eu. Como afirmamos acima: a referência de humano é, portanto, o branco europeu. A escravização causada pelo homem branco arranca os sujeitos de suas vidas como se "não tivesse existido uma vida anterior nas regiões de onde essas pessoas foram tiradas à força"[345].

O ato de escravizar os povos encontrados em seus lugares de origem, as invasões e a escravização teve o aval da Igreja, da Ciência e do Estado, e é a união desses três poderes que sustenta a civilização europeia branca em um sistema-mundo assentado no capital liberal. Assim, a escravização não passou somente pelo poder bélico, mas por toda uma criação chamada científica e religiosa que destitui a história, o modo de vida, a ancestralidade e a ideia de humanidade de homens, mulheres e crianças negras e indígenas. São sujeitos considerados sem alma pela Igreja e animais pela Ciência.

Após essa invasão e escravização, foram criadas várias ideias imaginárias e fetiches sobre o homem negro e homem branco, surgindo, dessa forma o Tarzan branco e sua mulher Jane. A ideia de o negro parecer com um macaco, ser mais forte fisicamente e em distintas representações estéticas ser assim reproduzido nos remete a dois filmes. No primeiro, *Entre dois amores*,[346] o subalterno, escravo, deve usar luvas brancas para servir o jantar. No segundo, no filme intitulado *Pajé*[347], a personagem cujo nome é o mesmo que o título da obra cinematográfica, perde o lugar e o "poder" na tribo indígena a partir da entrada da Igreja na comunidade.

Esse discurso, assentado no pacto narcísico da branquitude, criou todas as ideias e fabulações sobre os corpos do negro e do indígena. Trata-se de um discurso hegemônico que estabeleceu o que seria o modo de vida considerado civilizado e quem seria o humano e o bom humano. Esse discurso é cristão, monogâmico, branco e cis-heteropatriarcal. Esse discurso é reatualizado a cada vez, através das famílias, do Outro social e das instituições em uma tentativa de manter o poder desse grupo e de adequar a ele os modos de gozo. Determina quem goza de um modo civilizado e coerente. Com isso, o negro e o indígena ficaram à mercê da pretensa sociedade e puderam ser usados como objetos, pois tanto seus corpos como o modo em que vivem não condizem com o gozo pré-estabelecido pela raça branca.

Com isso, para que o negro pudesse ter sua ascensão reconhecida, ele precisou e ainda precisa dirigir o seu olhar para o branco como o Ideal de Eu, tal como proposto por Neusa Souza, no livro *Tornar-se negro: ou as vicissitudes da identidade do negro brasileiro em*

---

345 > Djamila Ribeiro, op. cit., p. 7.

346 > Filme de 1985, com direção de Sydney Pollack, produzido nos EUA.

347 > Filme de 2018, com direção de Luiz Bolognesi, produzido no Brasil.

ascensão social,[348] e por Fanon em *Pele negra, máscaras brancas:* "Para o negro há apenas um destino. E ele é branco".[349] Assim, é possível afirmar que o Ideal de Eu para o negro é ser branco, para estar na civilização, na condição de ser humano, nomear-se e ser nomeado a partir dessa ideia de civilização.

O conceito de raça advém do racismo, não simplesmente como preconceito, mas como uma ideia que se autoabastece, que alimenta a condição dos brancos em uma esfera social e econômica, concomitantemente. Com isso, a raça surge como uma diferença entre humanos e animais (sem alma, ignorantes e brutos). É assim que a Europa colonizadora nomeou as humanidades, pois a sociedade europeia nunca precisou ser classificada a partir da noção de raça, por ser considerada o S1, o humano em si. Esse S1 passa a nortear o que era humano e o que não era humano. O negro perde seu lugar legítimo e precisa lutar diariamente para sustentar uma humanidade que lhe foi retirada. Dizemos retirada e não negada, pois já existia, antes da colonização, antes de ele ser escravizado.

Portanto, a raça não existe desde sempre, nunca foi um fato natural, físico, antropológico ou genético, mas forjada e sustentada por uma pretensa ciência e pela religião. "A raça não passa de uma ficção útil, uma construção fantasmática ou uma projeção ideológica, cuja função é desviar a atenção de conflitos considerados, sob outro ponto de vista, como mais genuínos – a luta de classes ou a luta de sexos".[350] Essa "ficção útil" ao capitalismo fez com que nossos corpos negros, estrangeiros ao mundo branco, fossem considerados animalescos para que o homem branco pudesse deles fazer uso, caprichosamente, sendo domesticados e explorados ainda hoje.

Em *Crítica da razão negra*, obra citada anteriormente, Achille Mbembe diz das várias fabulações, invenções imaginárias, delirantes, que foram criadas pelo colonizador europeu e se tornaram verdades para todos os sujeitos negros e não negros. Invenções criadas a partir de palavras e signos por meio dos quais o homem negro deixa de ser homem e passa a ser um animal inferior, podendo entrar na categoria de mercadoria. Ele fala de uma construção, passo a passo, e afirma que, no decorrer desta história,

> as novas elites se aproveitaram da ideologia da mestiçagem para negar e desqualificar a questão racial. E, com isso, a contribuição dos afro-latinos e dos escravos negros para o desenvolvimento histórico da América do Sul acabou sendo, se não apagada, pelo menos severamente ocultada.[351]

---

348 > Neusa Santos Souza, Tornar-se negro: ou as vicissitudes da identidade do negro brasileiro em ascensão social. Rio de Janeiro: Graal, 1983.

349 > Frantz Fanon, Pele negra, máscaras brancas. Salvador: EDUFBA, 2008, p. 28.

350 > Achille Mbembe, Crítica da razão negra. Lisboa: Antígona, 2014, p. 28.

351 > Achille Mbembe, op. cit., p. 37.

Para Mbembe, o negro não existe como tal, ele é constantemente produzido. "Produzi-lo é gerar um vínculo social de sujeição e um corpo de extração, exposto à vontade do senhor e do qual tentamos tirar o máximo proveito [...] obter o máximo de rendimento [...] ele também é o nome da injúria [...] símbolo do homem confrontado pelo açoite e pelo sofrimento",[352] marcado de todas as formas.

Grada Kilomba, em *Memórias da plantação: episódios de racismo cotidiano*, apresenta alguns significantes construídos sobre os corpos dos sujeitos, no período da colonização, em que a mestiçagem é vista como união inapropriada e bruta. A pesquisadora aponta que vários termos da língua portuguesa "têm a função de afirmar a inferioridade de uma identidade através da condição animal".[353] Ela usa como exemplos os nomes: "mulata", "mestiço", "cabrita", os quais, ligados ao controle de reprodução e proibição do "cruzamento de raças", engendram as novas identidades. Estas identidades são marcadas pela condição de animal.

Os termos acima citados foram inclusive romantizados, dando lugar à mulher mulata, bela e sexualizada, mas Kilomba afirma:

> *m.* (*mestiça/o*), palavra que tem sua origem na reprodução canina, para definir o cruzamento de duas raças diferentes, que dá origem a uma cadela ou um cão, rafeira/o, isto é, um animal considerado impuro e inferior; *m.*(*mulata/o*), palavra originalmente usada para definir o cruzamento entre um cavalo e uma mula, isto é, entre duas espécies diferente, que dá origem a um terceiro animal considerado impuro e inferior; *c.* (*cabrita/o*), palavra comumente usada para definir as pessoas de pele mais clara, quase próximas da *branquitude*, sublinhando porém a sua *negritude*, e definindo-as como animais[354].

No Brasil, após a abolição da escravatura, a miscigenação passa a ser incentivada pelo Estado, pois embranquecer o povo brasileiro era um modo de civilizá-lo. O quadro *A redenção de Cam*,[355] do artista espanhol Modesto Brocos, representa muito bem esse período.

Considerando o que foi feito ao negro, aos povos indígenas e a todas as civilizações não europeias, podemos nos perguntar: onde está o branco neste contexto? O branco é a própria humanidade e ele nunca se perguntou, realmente, o que significa ter esse corpo, essa pele. Quais são os privilégios que não foram adquiridos nem conquistados, mas estabelecidos a partir do momento em que se nasce branco? É um nascimento em berço esplendido, pois não há um questionamento, uma pergunta sobre a sua responsabilidade que implicaria uma

---

352 > Ibid., p. 42.

353 > Grada Kilomba, *Memórias da plantação: episódios de racismo cotidiano*, trad. de Jess Oliveira. Rio de Janeiro: Cobogó, 2019, p. 19.

354 > Ibid., pp. 19-20.

355 > Pintura a óleo, 1895.

reparação, uma responsabilização, uma perda de gozo. Ele nem sabe de fato que é branco, mas sabe que é humano.

O branco não se sabe branco, não questiona a supremacia branca. São indivíduos e dificilmente se percebem como brancos, incluídos em uma raça.[356] São os vencedores que contaram a história, como disse Djamila Ribeiro, são o Tarzan e a Jane da selva, são as inglesas do filme *Entre dois amores*, o pastor que vai até a tribo indígena com sua família para levar àquele povo o amor e a verdade do Deus único.

Os brancos não questionam a própria cor, nem os seus privilégios, nem se estão corretos com suas verdades. Casam-se entre si, vivem entre si. Estão em destaque social, econômico, nos melhores empregos em um país de maioria negra e não se perguntam sobre isso. Para a psicanálise, como assinala Jésus Santiago no texto *Racismo: apenas existem raças de discurso*, "as raças constituem um mito criado por diversas manifestações de discursos dominantes".[357]

Quais os efeitos disto para os sujeitos negros e brancos? Uma criança que vai conhecer sua próxima escola é apresentada às pessoas e, se deixam de apresentá-la aos cantineiros, aos faxineiros da escola em que a cor da pele e o cabelo estejam preponderantemente nestes lugares, teremos ali um efeito sobre essa criança. Não importa, de imediato, qual cor a criança tenha. Naquele momento, ela pode identificar quem importa e quem não importa e, se ela olhar para si mesma, para o corpo que ela tem, ela vai, sem mesmo se dar conta, poder saber em que grupo ela está. No capítulo de Lia Shucman neste livro, ela diz do investimento, do banho de língua que a criança branca recebe assim que nasce no hospital, na família, mesmo que ainda receba esses significantes de forma passiva.

Nascemos em um corpo de pele negra, branca ou parda, mas isso, principalmente para a psicanálise, não faz corpo, não basta. Não basta nascer com uma concentração maior de melanina. Cleyton Andrade, no texto *Feminismo negro – do lixo à letra*, diz: "Não há raça nos genes [...]. Nem na quantidade de melanina. Mas não é indiferente a cadeia significante implicada neste processo de subjetivação e nesta construção de uma subjetividade para o sujeito".[358] Podemos afirmar que não é café com leite, mas sim uma preponderância do leite sobre o café. Isso acontece em todos os lugares de maiores privilégios e riquezas no Brasil, tendo um efeito direto sobre os sujeitos e suas construções simbólicas e imaginárias.

---

356 > Aula *on-line* em 22 de junho de 2021, na atividade o Coletivo Ocupação Psicanálise e Laço Social no Contemporâneo (PSILACS) da Universidade Federal de Minas Gerais. Cf.: YOUTUBE. Aula Aberta: Branquitude e Psicanálise, com Lia Schucman - Curso Ocupar a Psicanálise. Canal Psilacs, 23 jun. 2021. Disponível em: https://www.youtube.com/watch?v=hD-6zpisNVbw. Acesso em: 8 nov. 2021.

357 > Jesus Santiago, "Por que só há raças de discurso: desafios para a democracia", *Correio Express: Revista Online da Escola Brasileira de Psicanálise*, n. 2, edição extra, 9 mar. 2018.

358 > Cleyton Andrade, "Feminismo negro – do lixo à letra" in: Tania Coelho dos Santos, Ana Lydia Santiago e Flavia Lana Garcia Oliveira (orgs.). *Reconfigurações do Imaginário no Imaginário no século XXI*. Curitiba: Editora CRV, 2019, p. 213.

Ao definir o branco como humanidade, a partir da criação do conceito de raça, e destituir o negro do seu lugar de humano, tornando-o uma raça a ser domesticada ou melhorada, o negro se viu, como diz Souza, obrigado a se utilizar do branco como referência, pois tinha que se livrar da concepção "que o definia econômica, política e socialmente como inferior e submisso, e não possuindo outra concepção positiva de si mesmo, o negro viu-se obrigado a tomar o branco como modelo de identidade, para levar a cabo sua ascensão social".[359]

É necessário nos perguntarmos como se dá a constituição do sujeito negro e do sujeito não negro no Brasil. O negro brasileiro, nascido escravo desde sempre, desde a colonização do país, e a constituição do sujeito branco, que nunca precisou se perguntar sobre o seu corpo, sobre o seu lugar no mundo, pois

> o branco que chama para si a condição de ser humano, cabendo a este (na colonização) a construção daquilo que será a alma negra. O problema é que o branco não se pensa como branco, posto que universaliza essa condição. A expressão "todos são iguais" deve ser lida, "todos os brancos são iguais".[360]

Assim, a condição do negro para existir e para sua ascensão é muito diferente da condição do sujeito branco. O negro precisa se perguntar, questionar e se colocar "cotidiariamente", tal como nos disse Maria Lúcia Silva.[361] Sabemos que não existe o "todos iguais", mas há uma condição específica do negro que só pode ser escutada a partir desta história ampla que inclui as políticas, que controlam a população e a supremacia branca com dispositivos que os mantêm na lógica de humanos.

por uma psicanálise decolonial: a escuta dos efeitos do ódio ao gozo do outro

O Brasil, tal como reconhecido, é construído a partir dessa invasão, desqualificação e escravização dos povos já existentes no país. Uma desqualificação também dos negros escravizados vindos da África, caracterizada por uma violência que persiste até o momento. O negro era

---

359 > Neusa Santos Souza, op. cit., p. 14.

360 > Cleyton Andrade, op. cit., p. 214.

361 > Psicóloga e psicoterapeuta, Maria Lúcia é especialista em trabalhos com recortes de gênero e raça. É diretora-presidente do Instituto AMMA – Psique e Negritude. coordenadora geral da Articulação Nacional de Psicólogas(os) Negras(os) e Pesquisadoras(os) de Relações Raciais e Subjetividades (ANPSINEP). Uma das organizadoras do livro: *O Racismo e o negro no Brasil: Questões para a Psicanálise*. Cf.: REGINA, Cláudia. Maria Lúcia da Silva. Instituto de Estudos Avançados da Universidade de São Paulo, 6 abr. 2018. Disponível em: http://www.iea.usp.br/pessoas/pasta-pessoam/maria-lucia-da-silva. Acesso em: 8 nov. 2021.

recebido com chibatadas em um país que para ele era desconhecido e sem nome, sem sua língua e sem pátria.

Acreditamos que isso tem consequências psíquicas. E que os efeitos psíquicos advindos desta história são importantes de serem escutados. Esse discurso racista e violento sobre os corpos foi a base e a sustentação de um país. Nascer negro ou nascer não negro no Brasil tem suas consequências não somente sociais, mas psíquicas. Como disse Lia Shucman:[362] uma criança branca, quando nasce, recebe sobre o seu corpo, mesmo de forma passiva, significantes específicos que uma criança negra não recebe, pois foi criado um imaginário sobre os sujeitos de pele branca e outro imaginário sobre as crianças negras.

Assim, há um convite e agora uma convocação para que a psicanálise, através dos psicanalistas, possa ler os efeitos do racismo sobre os sujeitos. Podemos afirmar que, ao lermos os casos clínicos e as nossas próprias análises, verificamos, a cada vez, um fazer-se um corpo, uma apropriação de si mesmo. Essa construção de um corpo e uma apropriação de si mesmo, dentro de uma análise, não pode ser feita sem levarmos em conta o racismo estrutural, pois é necessário estar avisado dos discursos nos quais os sujeitos nascem mergulhados.

Discutir as implicações do racismo na psicanálise brasileira supõe questionar como construir uma prática antirracista, que se mantenha fiel aos princípios norteadores de sua prática clínica. É a ética do desejo que opera na clínica analítica. E o desejo do analista pela escuta, nesse país colonizado, pode ser um desejo avisado sobre os efeitos estruturais e estruturantes dessa colonização, incluindo aí o inconsciente, dado que sua existência sustenta e orienta a escuta analítica. Pois, os psicanalistas sabem que o homem só sabe rejeitar o gozo do Outro.

Em "Racismo 2.0", Éric Laurent[363] questiona a função da psicanálise na civilização, e recorrendo às proposições de Lacan no *Seminário 19*, sinaliza que o racismo está "enraizado" naquilo que se pretende como fraternidade. A ciência e os ideais de fraternidade avançam concomitantemente às experiências de racismo e segregação. A tentativa de engendrar um saber sobre a essência do humano fomenta segregação, em benefício do mercado comum, que tenta a universalização do gozo e a redução das diferenças. Ao analisar de maneira propositiva a constituição da identificação humana, Laurent conclui que o homem, ao afirmar-se homem, o faz rejeitando aquele que é nomeado como não homem. Portanto, a rejeição ao diferente está no cerne da autoafirmação de si.

Considerando a tendência inalienável à agressividade e avançando a partir do conceito de gozo, apontamos as contribuições de Miller, em *Racismo e extimidade*.[364] A partir da

362 > Lia Schucman, aula aberta no dia 22 de junho de 2021.

363 > Éric Laurent, "Racismo 2.0", *Lacan Quotidien*, n. 371, 2014.

364 > Jacques-Alain Miller, "Racismo e extimidade", *Derivas Analíticas*, n. 16, 2021.

noção de imigração, ele nos apresenta o racismo em duas vertentes: como ódio ao modo de gozo do Outro e a noção de raças sustentada como efeito de discurso.

Para compreendermos essas proposições, destacamos o estatuto de imigração do sujeito na psicanálise, já que "o sujeito como tal é um imigrante – o sujeito como o definimos a partir de seu lugar no Outro".[365] A condição de imigrante de si mesmo lança o sujeito em uma busca nos grupos, nos povos, nas nações, uma busca de sua identidade. Não há, contudo, esse lugar no Outro. Não há Outro do Outro, mas há o gozo. E o racismo advém, portanto, do ódio da maneira particular como o Outro goza.[366]

Miller sinaliza ainda que o discurso da ciência sustenta o racismo por almejar um absurdo lógico, que é o humanismo universal, como direito de saber e contribuição com o saber. O desenvolvimento da ciência, paradoxalmente, desfaz solidariedades comunitárias e familiares, recrudesce o racismo.

O racismo tem como escopo o desejo de eliminar o outro, é a agressividade em sua manifestação real. Jurandir Costa, no prefácio de *Tornar-se negro*, aponta que a violência é tema central no racismo. "Ser negro é ser violentado de forma constante, contínua, cruel, sem pausa ou repouso, por uma dupla injunção: a de encarnar o corpo e os ideais do Ego do sujeito branco e a de recusar, negar e anular a presença do corpo negro".[367]

Neusa Souza, tal como já mencionado neste texto, aponta que essa violência acontece destruindo a identidade do negro, o qual constrói seu Ideal de Ego tendo o branco como referência. Nesse sentido, o negro é construído de maneira mítica, ou seja, através de uma construção que visa a escamotear o real e negar a história. O negro foi obrigado a se utilizar do branco como referência, pois tinha que se livrar da concepção que o inferioriza e o torna submisso.

Laurent, em *Racismo 2.0*, mostra-nos o que Lacan denuncia;

> [...] o duplo movimento do colonialismo e da vontade de normalizar o gozo daquele que é deslocado, emigrado em nome de um dito "bem dele". Deixar esse Outro entregue a seu modo de gozo, eis o que só seria possível não lhe impondo o nosso, não o tomando por subdesenvolvido.[368]

365 > Ibid.

366 > Ibid.

367 > Jurandir Costa, "Prefácio" in: Neusa Santos Souza, op. cit., p. 2.

368 > Éric Laurent, op. cit.

Portanto, o racismo só pode ser pensado como uma junção entre o preconceito e o poder. E afirmamos: "Não é o choque das civilizações, mas é o choque dos gozos. Esses gozos múltiplos fragmentam o laço social"[369], daí a tentação de apelo a um Deus único. Gozamos todos da mesma forma dentro da lógica de um Deus unificador. Miller ainda sinaliza que, "quando se diz que uma raça é um efeito de discurso, isso não quer dizer que é um efeito de discurso que se sustente na escola maternal. Isso quer dizer que esses discursos estão aí. Eles estão aí como estruturas. Não basta soprá-los para que voem".[370]

Nesse sentido, a posição de uma psicanálise que se pretende antirracista é estar avisada de que o racismo, como estrutura discursiva, incide sobre os corpos, e consequentemente sobre o modo como sujeitos ditos negros e brancos significam suas vivências. Há nisso um inconsciente sem cor, mas decerto colonizado. Nascer branco ou negro no Brasil tem efeitos sobre os sujeitos, não por causa dos seus corpos literalmente, mas pela incidência dos discursos sobre os sujeitos, a incidência da linguagem, o olhar, a voz que incide sobre os sujeitos, assim que nascem.

considerações finais

Se o lugar do analista é vazio e, portanto, sem cor, a construção discursiva que lança o sujeito em uma desconstrução de si mesmo não ocorre sem os efeitos nefastos das cicatrizes da colonização e do racismo. Nesse sentido, mesmo estando em um lugar esvaziado, o analista faz corpo. E corpos brasileiros são, decerto, marcados pelo racismo como discurso estrutural que marca a pele e atravessa a subjetividade de sujeitos negros e não negros.

O analista, avisado de tais efeitos, não deixa de fazer uma psicanálise fundamentada na ética do desejo e orientada pelos conceitos fundamentais, mas não recuando à subjetividade da época, propõe-se a uma psicanálise antirracista e decolonial. Incluindo nesta psicanálise uma pergunta sobre o corpo que envolva as questões sobre a raça, que o corpo negro, branco ou pardo seja tratado com essa escuta que pode dar lugar para as diferenças singulares que são atravessadas pela política e pelo discurso dominante de nossa época.

---

369 > Éric Laurent, op. cit.

370 > Jacques-Alain Miller, op. cit.

> santos, alessandro[371] <.> clínica preta? algumas reflexões sobre a práxis clínica estabelecida por psicanalistas pretas e pretos e seus pacientes pretas e pretos

introdução

Desde a invenção da psicanálise e sua clínica, Freud sempre se deparou com desafios de seu tempo. Ao longo dos anos, a psicanálise e os psicanalistas foram convocados a se posicionar em relação às várias transformações subjetivas e sociais no mundo ocidental. Como é sabido, mas cabe destacar, as marcas de cada tempo inexoravelmente chegam à clínica.

Convém uma pequena reflexão para pensar a psicanálise e sua relação com o contemporâneo é algo necessário. Nessa perspectiva, propõe-se outro recorte. Para além de pensar os desafios do nosso tempo, objetiva-se abordar a relação da psicanálise e o enfretamento do racismo estrutural, aspecto central na estruturação e organização da sociedade brasileira. Dito de outro modo, interessa pensar sobre a problemática de uma prática clínica antirracista. Sem delongar sobre o que seria uma clínica antirracista, ela é definida, de modo pontual, como uma clínica que reconhece o racismo e seus impactos psíquicos. Além de reconhecer, se constitui como uma clínica que acolhe, aborda e trata as cicatrizes do racismo e suas implicações no inconsciente.

Um dos desafios do nosso tempo é pensar um arcabouço teórico e a sustentação de uma clínica que entenda os efeitos psíquicos do racismo, mas que se posicione de modo enfático numa perspectiva antirracista. Essa sustentação é marcada por posicionamento

371 > Psicanalista. Doutor em Psicologia pela Pontifícia Universidade Católica de Minas Gerais. Membro do coletivo Ocupação Psicanalítica.

ético e político de enfrentamento às estruturas sociais e institucionais que sustentam o racismo cotidianamente.

Aos leitores, cabe salientar que tal temática, a saber, a clínica antirracista, precisa ser tomada por uma perspectiva decolonial. Ou seja, decolonizar as leituras, os conceitos, as práticas clínicas e, em última instância, decolonizar o inconsciente. O que nos interessa em decolonizar o inconsciente? Isso implica considerar a formação do inconsciente atravessado pela cultura, pelo que nos singulariza, incluindo a lógica do racismo à brasileira.

O objeto do presente artigo versa sobre a prática clínica de analistas pretas e pretos e seus pacientes pretas e pretos.

Na prática clínica de quase duas décadas do autor do presente artigo, testemunha-se uma nova e crescente demanda de analisantes pretas e pretos por analistas pretas e pretos, especialmente nos últimos anos. Interessa, neste artigo, o estudo e entendimento desse fenômeno. A referida demanda não é sem consequências.

Em relação à prática clínica antirracista, duas perguntas ganham realce. A primeira questão: pode um(a) analista branco(a) entender e ser sensível à questão racial em sua prática clínica? A segunda pergunta de certo modo se conecta a primeira: o que a demanda por analistas pretas e pretos denuncia?

A proposta é pensar as implicações de uma clínica antirracista e os desafios para além do espelho, em uma clínica de analistas e pacientes pretas e pretos.

Este artigo é estruturado em três partes. Na primeira, é abordada a questão da transferência a partir do clássico texto de Freud A dinâmica da transferência. Pretende-se estabelecer uma correlação entre a dinâmica da transferência e a clínica entre analistas e pacientes pretas e pretos. Na segunda, é trabalhada a identificação a partir de fragmentos da obra de Freud e do ensino de Lacan, além das reflexões acerca das armadilhas e especificidades na prática clínica anteriormente mencionada. Por fim, são apresentadas as recomendações estabelecidas pelo psicanalista vienense aos analistas que se aventuram pela prática clínica, tendo como ponto de partida o texto *Recomendações aos médicos que exercem a psicanálise*, no horizonte da prática clínica atravessada pela questão racial.

da transferência

É preciso salientar para os leitores que a proposta aqui não é retomar ponto a ponto do texto de Freud, mas pinçar alguns pontos sensíveis no texto. Em seu texto clássico *A dinâmica da transferência*, o pai da psicanálise destaca que a transferência incide a partir de uma disposição "inata" (aqui entendida como algo intrínseco ao sujeito e não uma condição biológica) e se correlaciona com as influências sofridas nos primeiros anos de vida. Uma questão surge:

a partir das duas dimensões da transferência, como pensar a questão racial a partir do inato e das influências sofridas nos anos iniciais da vida?

Parte-se da hipótese de que a questão racial instaura marcas no inconsciente e no corpo. A cor da pele se estabelece como elemento relevante na constituição do sujeito. Esse elemento intrínseco impacta a constituição do sujeito e pode apresentar-se como algo elementar, primário no psiquismo. Nesta perspectiva, o inato atravessa e constitui o inconsciente como se observa nas narrativas dos pacientes na clínica.

Se a questão da disposição inata é um aspecto abordado por Freud em seu texto, outro aspecto importante é a correlação estabelecida pelo psicanalista vienense entre transferência e resistência. Ele disserta sobre a interrupção das associações e estabelece uma correlação entre as interrupções das associações livres e o mecanismo de projeção do analisante na figura do analista. Quando se pensa a prática clínica entre paciente e analistas pretas e pretos, duas questões surgem. Se as interrupções das associações têm relação com a projeção do analisante em relação ao juízo do analista, como pensar esse silêncio na relação entre analisante e analista preta e preto? Outra questão se desdobra: qual posição cabe ao analista quando o silêncio tem relação com a crença do analisante de que o analista sabe do que se trata, por ser preta e preto?

A questão da projeção tem uma profunda relação com a identificação. Entende-se que a identificação é um dos pilares que sustentam a demanda de analisantes pretas e pretos aos analistas. Realça-se que essa identificação não pode funcionar como um espelho que paralisa. Neste sentido, a prática clínica exige uma torção, um certo não saber ou um não tudo saber sobre o racismo, ou melhor, sobre as vivências racistas. Não se trata de ignorar as marcas do racismo, mas deixar que os analisantes digam ao seu modo sobre os impactos de ser preta ou preto e as decorrentes implicações. Em relação à primeira questão acima colocada sobre o silêncio e as interrupções das associações, parece fundamental ocupar um lugar de não saber para que o sujeito possa dizer da sua experiência. Não que uma ou um analista preta ou preto não saiba do racismo, mas não se pode "pular na frente" do analisante para estabelecer uma formulação da vivência racial.

Se até aqui abordou-se de modo pontual a questão do inato, da transferência e da resistência, cabe a partir de agora outra articulação pontual. Quando refletimos sobre a questão racial, como pensar a transferência e a resistência na clínica? A partir da obra de Freud, é possível pensar a resistência como parte do tratamento psicanalítico. A resistência é parte da própria transferência. Dito de outro modo, o curso da transferência porta em si a resistência. Ela, a resistência, tem relação com o movimento do sujeito de não falar sobre alguns conteúdos. Já na perspectiva lacaniana, a resistência é tomada como sendo do analista. Nas palavras do psicanalista francês, a "resistência é gerada na prática. É também isso que queremos deixar claro, quando dizemos que não há outra resistência à análise senão a do próprio analista".[372]

A resistência sinalizaria que tem algo que não está sendo escutado adequadamente. Seguindo a perspectiva lacaniana e, estabelecendo uma aproximação com a questão racial, parece-nos importante considerar que se a resistência é do analista; é preciso atenção em relação ao risco de não se ficar preso a uma dimensão imaginária que a questão racial pode nos impor. A dimensão imaginária pode justamente fazer com que os pacientes estagnem e não se impliquem em relação a sua posição de gozo.

Por fim, destaca-se um último aspecto da noção de transferência. Para Freud[373] a transferência em uma análise tem a função de remontar as fontes eróticas. Eis aqui mais uma questão: o componente racial atravessa a vida erótica (fantasmática de um sujeito)? Para avançar nesta reflexão, passaremos à aproximação entre essa problemática e a questão da identificação.

das identificações

Se até aqui abordou-se a questão da transferência, parece ponto de consenso que a procura de uma / um analista por pacientes pretas e pretos toca fortemente na questão da identificação, mesmo que se dê de modo inconsciente. Como dito anteriormente, para pensar a identificação, reportar-se-á pontualmente a Freud e Lacan.

Freud[374] destaca a identificação como o mais longínquo laço emocional de um sujeito com um outro e a associa ao complexo de Édipo. Aproximando tal noção de identificação e a clínica antirracista, é possível conjecturar que a identificação aos analistas pretas e pretos diz de um laço emocional. Eis aqui um elemento que pode ajudar no entendimento da questão da raça e a vida erótica.

O pai da psicanálise destaca que a identificação emoldura o eu. Este aspecto parece-nos central na clínica com pacientes pretas e pretos. Da figura à presença, os analistas se constituem como moldura para os analisantes. Não se trata de uma moldura que engessa, mas uma moldura que faz borda diante de um ideal eminentemente branco, como observado na cultura e na lógica colonial, que se evidencia na realidade brasileira. A presença e o corpo dos analistas se constituem como um contraponto ao ideal branco que invisibiliza os pretos.

---

372 > Jacques Lacan, *Escritos*. Rio de Janeiro: Zahar, p. 601.

373 > Sigmund Freud, *O caso de Schreber, artigos sobre técnica e outros trabalhos*. Rio de Janeiro: Imago, 1996. (Trabalho original publicado em 1912.)

374 > Sigmund Freud, *Psicologia das massas e análise do eu*. Rio de Janeiro: Imago, 1996. (Trabalho original publicado em 1921.)

Por fim, retoma-se as fontes da identificação. Freud[375] destaca três fontes ou tipos de identificação: 1) como laço emocional com um objeto; 2) por meio da incorporação do objeto ao eu; 3) por compartilhamento de um traço comum com outra pessoa. As três fontes ajudam a pensar a transferência pela via da identificação entre analisantes e analistas que têm relação com o laço emocional, a incorporação dos analistas como objeto e a captura pelo traço. É justamente a partir da questão do traço que avançaremos para a noção de identificação na perspectiva lacaniana.

Para tal empreitada será destacada, de modo pontual, a concepção de identificação no ensino do psicanalista parisiense ao longo dos seminários em que ele toca na questão da identificação. A questão da identificação ao longo do ensino lacaniano é aborda nos seminários 1, 4, 5, 8, 9, 11, 16 e 17.

No seminário 1, *Os escritos técnicos de Freud*, Lacan aponta a identificação como um lugar, como uma função. Ele diz:

> O outro tem para o homem valor cativante, pela antecipação que representa a imagem unitária tal como é percebida, seja no espelho, seja em toda realidade do semelhante. O outro, o alter ego, confunde-se mais ou menos, segundo as etapas da vida, com o *Ich-Ideal,* esse ideal do eu invocado o tempo todo no artigo de Freud. A identificação narcísica - a palavra identificação, indiferenciada, é inutilizável -, a do segundo narcisismo, é a identificação ao outro que, no caso normal, permite ao homem situar com precisão a sua relação imaginária e libidinal ao mundo em geral. Está aí o que lhe permite ver no seu lugar, e estruturar, em função desse lugar e do seu mundo, seu ser.[376]

Nessa noção de identificação, o outro é tomado como espelho, como ideal. No seminário 4, *A relação de objeto*,[377] Lacan retoma a identificação a partir da noção de sujeito e objeto. Ele retoma a identificação pelo viés do Édipo, perspectiva preponderante ao longo de todo seminário.

Em seu seminário 5, *As formações do inconsciente*,[378] Lacan (1957-1958/1999) trabalha a identificação a partir do Édipo. O psicanalista parisiense concebe a identificação a partir da incidência de um terceiro que produz uma radical diferença. Próximo da finalização do

---

375 > Sigmund Freud, op. cit.

376 > Jacques Lacan, *O seminário, livro 1: Os escritos técnicos de Freud*, 2. ed. Rio de Janeiro: Jorge Zahar, 1986. (Trabalho original publicado em 1953-1954).

377 > Jacques Lacan, *O seminário, livro 4: A relação de objeto*. Rio de Janeiro: Jorge Zahar, 1995. (Trabalho original publicado em 1956-1957.)

378 > Jacques Lacan, *O seminário, livro 5: As formações do inconsciente*. Rio de Janeiro: Jorge Zahar, 1999. (Trabalho original publicado em 1957-1958.)

seminário, ele define de forma nítida a noção de identificação. Lacan afirma que a "*identificação são os dois condenados de Dante que se beijam na boca, um transformando-se no outro, e o outro no um*".[379]

No seminário 8, *A transferência*,[380] Lacan aproxima a identificação a uma demanda de amor. A identificação como uma demanda de amor endereçada ao Outro.

Em seu seminário 9, *A identificação*,[381] ele aproxima a ideia de identificação e o significante. O autor entende identificação como a identificação a um significante. Ele também aproxima a identificação ao traço unário.

No seminário 11, *Os quatro conceitos fundamentais da psicanálise*,[382] Lacan estabelece uma aproximação entre a identificação e a transferência. Nas palavras de Lacan (1964/1998) "a identificação é apenas um tempo de parada".[383] Ele avança e estabelece uma correção entre o objeto *a*, a transferência e a identificação.

Em seu seminário 16, *De um Outro ao outro*,[384] o psicanalista francês trata da questão da identificação no processo de análise.

Nos seminários 16 e 17, a identificação é tomada pelo viés do traço unário, como ele abordou no seminário 9. No seminário 17, *O avesso da psicanálise*,[385] portanto, Lacan reafirma que "a identificação-pivô, a identificação-mor, é o traço unário, é o ser marcado como *um*".[386]

Ao aproximar a questão da identificação e a noção de raça, parece interessante a articulação da identificação como uma operação importante na clínica com pacientes pretas e pretos. Uma operação que tem impactos no processo transferencial. Quando se aborda a questão da raça como um fator de identificação, torna-se oportuno aproximar-se da perspectiva lacaniana.

O psicanalista francês abordou a questão da identificação como um lugar, como uma função. Neste sentido, a demanda de pacientes por analistas pretas e pretos recorrente na atualidade parece que porta na demanda um endereçamento por um lugar. Faz parecer que

---

379 > Ibid., p. 530.

380 > Jacques Lacan, *O seminário, livro 8: A transferência*. Rio de Janeiro: Jorge Zahar, 1992. (Trabalho original publicado em 1960-1961.)

381 > Jacques Lacan, *O seminário, livro 9: A identificação*. Texto inédito.

382 > Jacques Lacan, *O seminário, livro 11: Os quatro conceitos fundamentais da psicanálise*, 2. ed. Rio de Janeiro: Jorge Zahar, 1998. (Trabalho original publicado em 1964.)

383 > Ibid., p. 39.

384 > Jacques Lacan, *O seminário, livro 16: De um Outro ao outro*. Rio de Janeiro: Zahar, 2008. (Texto original publicado em 1968-1969.)

385 > Jacques Lacan, *O seminário, livro 17: O avesso da psicanálise*. Rio de Janeiro: Jorge Zahar, 1992. (Trabalho original publicado em 1969-1970.)

386 > Ibid., p. 146.

encontrar uma ou um analista preta ou preto tem a função de um certo espelho que reflete não a imagem do analista, mas dos analisantes.

Em outra perspectiva da identificação pela via edípica, é possível observá-la em alguns casos como uma atualização pela via da transferência que inclui a raça como um elemento de atualização da história do sujeito.

Os dois aspectos da identificação abordados acima dialogam com a terceira perspectiva sobre a identificação tomada por um sujeito que se identifica com outro. Essa noção de identificação reafirma o lugar em que pacientes pretas e pretos colocam os analistas. Ao fazer tal endereçamento na chegada ou durante o processo analítico, permite associar esse endereçamento a quarta concepção, a saber, a identificação como demanda de amor. Aqui cabe destaque, pois na clínica tem sido possível observar que esses analisantes endereçam uma demanda de amor para que os analistas os compreendam em relação às vivências racistas. Como destacado anteriormente, não cabe aos analistas a compreensão, dito de outro modo, dizer ao paciente: eu sei o que você está passando. Esse dizer cabe exclusivamente ao paciente, mas diante da demanda de amor, cabe aos analistas permanecerem atentos para não entrar em uma lógica de correspondência aos pacientes. Já sobre a quinta perspectiva da identificação a partir do traço unário, destaca-se que na clínica com pacientes pretas e pretos é cada vez mais evidente a noção do traço e das marcas no corpo e inconsciente quando os sujeitos racializam sua história e sua subjetividade. Ver-se como preta e preto realça a questão do traço. Cabe salientar aos leitores que este aspecto da identificação pela via do traço unário e da raça merece uma investigação mais cuidadosa, o que não será feito aqui. A última concepção de identificação relaciona a transferência ao objeto como pontos de conexão com a identificação. Na clínica, por vezes é possível localizar justamente a crença dos analisantes em que os analistas detêm o objeto e um saber fazer com esse objeto e com a vivências racistas.

Se até aqui articulou-se a questão da transferência e da identificação, cabe uma última visita a transmissão freudiana endereçada aos praticantes da psicanálise.

das recomendações

Ao retornar ao clássico freudiano *Recomendações aos médicos que exercem a psicanálise*, cabe uma pergunta: as recomendações preconizadas pelo pai da psicanálise aos jovens analistas de sua época fazem sentido no contexto contemporâneo? Em relação ao objeto deste artigo, urge outro questionamento: é possível pensar essas recomendações de modo racializado?

Em posse das duas questões, a partir de agora cabe ater-se de modo pormenorizado às recomendações do psicanalista vienense.

A) A primeira recomendação é concernente à "atenção uniformemente suspensa" ou atenção flutuante. Freud (1912/1996)[387] destaca que a atenção flutuante é condição importante no trabalho do psicanalista. A partir da ideia de que a atenção flutua e não se fixa à integralidade do que é dito pelo analisante, cabe mencionar algumas questões no que tange à questão racial. Entre elas: em que medida não se corre o risco de romper com a lógica da atenção flutuante a partir do momento em que na narrativa dos analisantes aparece a questão racial? Como não ser capturado pela identificação racial? Ao mesmo tempo, como não diminuir a questão racial apresentada pelos analisantes? Eis um desafio que não é um desafio qualquer. Para avançar diante desse desafio, um ponto parece crucial: entender se a palavra anunciada pelo analisante se constitui como um significante. Um significante que organiza uma cadeia significante em que o elemento raça toca e diz daquele ser falante.

B) Já a segunda recomendação refere-se ao cuidado não se tomar as notas integrais durante as sessões. É sabido que o conteúdo registrado pelos psicanalistas é também atravessado por seu inconsciente. Em relação à questão racial, requer-se um cuidado para o registro do relato foque a questão racial, mas preferencialmente considerando a posição do sujeito diante do que foi relatado. Não se trata de minimizar a questão racial, mas também não se pode abrir mão da percepção em relação ao Outro que o sujeito constitui e com ele (o Outro) se relaciona.

C) A terceira recomendação aborda as notas que são tomadas durante as sessões e podem ser utilizadas para a publicação de estudos científicos. Essa recomendação permanece atual.

D) O psicanalista vienense, em sua quarta recomendação, salienta que pesquisa e tratamento coincidem, mas, a partir de um determinado momento, elas se opõem. Ele disserta sobre os casos bem sucedidos como aqueles que avançam sem qualquer intuito a vista. Quando pensamos na questão racial, é possível conduzir um caso sem qualquer intuito a vista? Não se trata de uma psicanálise que passa deseja o bem-estar, não é isso! A questão é: seria possível deparar-se com os efeitos do racismo na subjetividade sem nenhum intuito, de um modo despretensioso?

E) A quinta recomendação versa sobre o que o pai da psicanálise delineou como o sentimento mais perigoso para um psicanalista. Que diz respeito a ambição terapêutica de convencer outras pessoas sobre os efeitos de uma análise. A clínica com pacientes pretos essa recomendação permanece não se trata de convencer os pacientes dos efeitos de uma análise, mas dar lugar para que os sujeitos localizem e tratam os desdobramentos do racismo e a ressignificação do componente racial.

F) Na sexta recomendação destaca-se que o processo analítico é o encontro de dois inconscientes o do analista e do analisante. O autor destaca que para que isso aconteça

387 > Sigmund Freud, *O caso de Schreber, artigos sobre técnica e outros trabalhos*. Rio de Janeiro: Imago, 1996. (Trabalho original publicado em 1912.)

exige-se do analista "uma condução psicológica de alto grau". Dito de outro modo, este encontro exige do analista um avanço em sua própria análise. Eis outro ponto crucial no que se refere a questão racial. Parece necessário debater como o racismo deixa marcas nos inconscientes dos analistas e analisantes. No que tange ao processo de análise, entende-se que os analistas precisam tratar dos impactos do racismo em suas próprias análises.

G) Em sua sétima recomendação, Freud diz: Os psicanalistas jovens e ávidos indubitavelmente ficarão tentados a colocar sua própria individualidade livremente no debate, a fim de levar o paciente com eles e de erguê-lo sobre as barreiras de sua própria personalidade limitada. Poder-se-ia esperar que seria inteiramente permissível e, na verdade, útil, com vistas a superar as resistências do paciente, conceder-lhe o médico um vislumbrar de seus próprios defeitos e conflitos mentais e, fornecendo-lhe informações íntimas sobre sua própria vida, capacitá-lo a pôr-se ele próprio em pé de igualdade.[388]

No que pese a questão racial, eis aqui o perigo da prisão especular e imaginária. Não se recomenda que os analistas coloquem sua individualidade de modo livre e despretensioso.

H) A oitava recomendação é concernente à tentação educativa. No que se refere à questão do racismo, parece importante evitar a tentação educativa de "ensinar" as pacientes os efeitos do racismo.

I) Por fim, a nona e última recomendação do psicanalista vienense diz que não se deve atribuir tarefa aos pacientes, tampouco usar casos para comparações ou indicar leituras aos pacientes. O que também se aplica a pacientes pretas e pretos.

Observa-se que as recomendações do pai da psicanálise continuam atuais e carecem de permanente interlocução com os analistas que, em sua clínica, recebem pacientes pretas e pretos.

considerações finais

A pergunta colocada no título desse artigo sobre a existência de uma clínica preta ainda reverbera. Não se trata de pensar uma clínica preta para os pretos. Registra-se que toda a discussão deste artigo é sustentada pelos pilares da psicanálise. Não se propõe uma psicanálise preta. Aqui se defende que é preciso sustentar os fundamentos da psicanálise e, a partir deles, inserir a temática racial. Não se trata de uma nova psicanálise, mas de um novo

388 > Ibid., p. 131.

posicionamento da psicanálise em um contexto social e político em que o tema da raça já não pode mais ser tratado como algo menor.

Pensar a transferência como motor de uma análise, a identificação como uma condição, ou melhor, algo que está dado e que se testemunha na clínica contemporânea quando se trata de pacientes pretas e pretos, especialmente diante das novas demandas de análise, pensar a conexão desses elementos parece fundamental no contexto atual.

Retomar alguns dos clássicos textos de Freud e Lacan e dialogar com a questão racial constitui-se como uma estratégia política de demonstrar a necessária articulação entre psicanálise, clínica e raça.

Por fim, em um gesto de ousadia, inclui-se duas recomendações:

> 1) Aos analistas de modo geral, não é aconselhável ignorar o componente racial na prática clínica no contexto brasileiro.
>
> 2) Aos analistas pretos, é preciso ter cuidado com os riscos de um processo de análise com analisantes pretas e pretos não se reduzir a uma identificação especular.

> rosa, paulina[389] <.> psicanálise e interseccionalidade: os casos "emma" na encruzilhada <

Na Viena do fim do século XIX, Freud realiza a descoberta do inconsciente por meio da escuta das histéricas, que com seus corpos denunciam a falência dos ideais impostos pela cultura cis-heteronormativa, patriarcal e capitalista de então. Pela escuta do singular de cada sujeito, a psicanálise inaugurou um movimento inédito e subversivo que demonstrou a impossibilidade da subsunção dos múltiplos modos de gozo a um universal. Por universal, compreendem-se aqui os ideais veiculados pelo Mito da Modernidade, fundador da era moderna, conforme descreve Enrique Dussel, na obra *1492: O Encobrimento do Outro*, texto seminal do chamado "Pensamento Decolonial:[390] "Às Américas chegou o herói civilizador – homem heterossexual branco, cristão, patriarcal, militar, capitalista, europeu",[391] que tem o dever de desenvolver os povos primitivos, resgatando-os de sua condição original degenerada.

A escuta das mulheres vitorianas colocou em evidência as contradições de uma sociedade onde a razão cartesiana pressupunha a apreensão do corpo humano disjunto de sua subjetividade e subjugado pelo mito universal da Modernidade: masculino, branco, patriarcal heterossexual, cristão. A invenção psicanalítica evidencia que a forma como cada sujeito

---

389 > Psicanalista, mestranda do Programa de Pós-graduação em Teoria Psicanalítica da Universidade Federal do Rio de Janeiro – UFRJ (CAPES 5) e advogada. Atuou de 2009 a 2019 em conflitos agrários nas regiões Norte e Nordeste do Brasil. Pesquisadora do programa INTERFACES, do núcleo PSILACS – Psicanálise e Laço Social no Contemporâneo, do Departamento de Psicologia da Universidade Federal de Minas Gerais, membro do"Ocupação Psicanalítica", coletivo de psicanalistas da UFMG, UFES e UFRJ, que visa colaborar com a reversão dos quadros de desigualdade racial.

390 > No fim da década de 1990, pensadores de origem Latina, tais como Enrique Dussel, Aníbal Quijano, Walter Mignolo, Maldonado-Torres se reúnem em um grupo autodenominado "Modernidade/Colonialidade (M/C)", inaugurando o movimento intelectual que pode ser compreendido como "teoria decolonial", cuja proposta é a radicalização da crítica às epistemologias eurocêntricas às quais ainda estavam submetidos os estudos culturais. (Ballestrin, 2013). Segundo o grupo, a América Latina, território onde havia sido iniciada a barbárie colonial através do genocídio dos povos originários e exploração predatória do território não estava contemplada nos debates pós-coloniais, que tinham como foco as colônias britânicas na Ásia e África. Dessa forma, os integrantes do grupo M/C se dedicam às reflexões sobre as peculiaridades da colonização latina propondo uma virada epistemológica que leva em conta "a espacialidade enquanto fator significativo na compreensão da filosofia e na produção da teoria social" (Torres-Maldonado, 2008, p.73).

391 > Enrique Dussel. *1492: o encobrimento do outro. A origem do "mito da modernidade"*. Petrópolis: Vozes, 1993, p. 25.

goza e sofre é sempre singular, intransferível, não generalizável e não passível de submissão a um universal.

Ao discorrer sobre o sofrimento no texto de 1930, Freud elenca suas três principais origens: as forças da natureza; a relação com o próprio corpo, sujeito ao adoecimento e envelhecimento; e as interações entre seres humanos, que são a fonte de mal-estar mais contundente, dada a vulnerabilidade ante o inexorável fracasso em proteger-nos contra os percalços da relação eu/outro:

> Já demos a resposta quando mencionamos as três fontes de onde vem o nosso sofrimento: o poder superior da natureza, a fragilidade de nosso próprio corpo e a inadequação dos dispositivos que regulam as relações dos serenes humanos entre si, na família, no Estado e na sociedade. No que diz respeito às duas primeiras, nosso julgamento não pode oscilar por muito tempo, ele nos obriga a reconhecer essas fontes de sofrimento e a nos entregarmos ao inevitável. Nunca dominaremos a natureza completamente; nosso organismo, ele próprio uma parte dessa natureza, será sempre uma formação passageira, limitada quanto à adaptação e à realização. De maneira diferente nos conduzimos a terceira fonte, a social. Esta, não queremos absolutamente admitir, não conseguimos compreender por que os dispositivos criados por nós mesmos não deveriam ser sobretudo uma proteção e um benefício para todos nós.[392]

A ideia de mal-estar na cultura ultrapassa as categorias clássicas da tríade inibição-sintoma-angústia reunidas no texto de 1926. O *unbehagen* indica que o sofrimento não se reduz a uma experiência interior e isolada na esfera íntima. Se a premissa freudiana apresenta as relações intersubjetivas como veementes causas do mal-estar, é admissível sustentar que, por derivar do laço social que está em constante modificação conforme a dinamicidade da cultura, este mal-estar é localizável no tempo e no espaço. Em outras linhas, a forma como o sofrimento e o gozo são engendrados está sujeita às determinantes históricas, às condições geopolíticas e socioeconômicas da época, e, portanto, é atravessada pelo que toca o particular de cada comunidade.

A própria descoberta do inconsciente nos demonstra a plausibilidade desta afirmativa. A sintomatologia histérica se apresentava como um enigma, índice da resistência feminina aos ideais cis-heteronormativos da Europa de fim de século, que já sofria as inflexões do Capitalismo, sistema cuja constituição e consolidação tem como condição fundamental, além da escravização de corpos negros, a submissão e domesticação de corpos femininos:

---

392 > Sigmund Freud, *O mal-estar na cultura*, trad. de M. R. S. Moraesin: Sigmund Freud, *Obras incompletas de Sigmund Freud: O mal-estar na cultura e outros escritos*. Belo Horizonte: Autêntica, 2020. (Trabalho original publicado em 1930)

> Como demonstra essa breve história das mulheres e da acumulação primitiva, a construção de uma nova ordem patriarcal, que tornava as mulheres servas da força de trabalho masculina, foi de fundamental importância para o desenvolvimento do capitalismo [...] Conforme defendi, a diferença de poder entre mulheres e homens e o ocultamento do trabalho não remunerado das mulheres por trás do disfarce da inferioridade natural permitiram ao capitalismo ampliar imensamente "a parte não remunerada do dia de trabalho" e usar o salário (masculino) para acumular trabalho feminino.[393]

Com efeito, a instauração do modo capitalista de organização econômica e social pressupunha a alteração radical da divisão sexual do trabalho. Segundo Federici, tal divisão pode ser localizada nas categorias binárias do trabalho produtivo e reprodutivo. O trabalho produtivo é entendido como aquele direcionado à produção de mercadorias precificadas e colocadas em circulação no sistema de trocas econômicas. Já no trabalho reprodutivo, a mercadoria gerada é a própria força de trabalho, criada e restaurada no âmbito doméstico, compreendendo tanto o cuidado quanto a própria procriação a fim de fornecer o contingente que se converterá em capital humano, além da atenção para com idosos e enfermos e a gestão da alimentação, do conforto e da saúde da família.

Além de razões pecuniárias, a exploração das mulheres também se justifica por razões psíquicas. A economia libidinal elabora um cálculo cujo produto é redução do feminino à noção de corpo objetalizado, apossado tanto para a exploração e apropriação dos diversos produtos de seu trabalho, quanto para o gozo masculino. Ao longo da história, os corpos femininos, tal como os corpos de povos colonizados, foram tomados como o receptáculo das pulsões agressivas do outro descritas por Freud (1930):

> O ser humano não tem uma natureza pacata, ávida de amor, e que no máximo até consegue defender-se quando atacado, mas que ao contrário, a ele é dado o direito de incluir entre as suas habilidades pulsionais uma poderosa parcela de inclinação para a agressão. Em consequência disso o próximo não é, para ele, apenas um possível colaborador e objeto sexual, mas também uma tentação, de com ele satisfazer a sua tendência à agressão, de explorar sua força de trabalho sem uma compensação, de usá-lo sexualmente sem seu consentimento, de se apropriar de seus bens, de humilhá-lo, de causar dores, de martirizá-lo e de matá-lo.[394]

---

393 > Silvia Federici, *Calibã e a Bruxa. Mulheres, corpo e acumulação primitiva*, trad. de Coletivo Sycorax. São Paulo: Elefante, 2017, p. 233.

394 > Sigmund Freud, op. cit., p. 363.

Vemos com Federici (2017) que a domesticação feminina e sua transformação em alvo das pulsões destruidoras é um dos fatores determinantes para a consolidação do capitalismo, processo que se dá na conjectura da razão cartesiana, assentada no dualismo moderno que opõe corpo e mente, natureza e cultura, civilização e barbárie, circunscrevendo o pensamento como faculdade exclusivamente ínsita aos homens e reduzindo a mulher ao puro corpo, como nos demonstra Cecília Sardemberg:

> Um caso ilustrativo de como essa dicotomia tem permeado as construções ditas científicas nas ciências naturais nos é oferecido por Lorna Schienbinger (1996). De acordo com essa autora, a associação do feminino com a natureza e do masculino com a mente se faz presente no Systema naturae de Carolus Linnaeus – precisamente,na sua designação da espécie humana como Homo sapiens ("homem sábio"), ao mesmo tempo em que situa nossa espécie na classe dos mamíferos ou Mammalia. De acordo com Schienbinger (1996, p.144): "Na terminologia de Linnaeus, uma característica feminina (a mama lactente) liga os seres humanos aos brutos, enquanto uma característica tradicionalmente masculina (razão) marca a sua separação".[395]

Como reação contra o alijamento do direito à autonomia sobre o próprio corpo e contra a relegação das mulheres à esfera doméstica para o desempenho do trabalho reprodutivo, no fim do século XIX emergem os movimentos feministas de primeira onda, cujos principais clamores eram a equidade de gênero através da equiparação dos direitos civis, notadamente o direito ao voto, através do emblemático movimento das sufragistas. Contudo, as insurgências contra o patriarcado e os movimentos antirracistas de então não contemplavam as demandas das mulheres negras, que sempre exerceram o trabalho reprodutivo – no interior das casas grandes, nas figuras das mucamas e amas de leite e, posteriormente, como faxineiras, babás e diaristas – e produtivo – nas lavouras da monocultura latifundiária, no ciclo do ouro durante o período escravagista colonial no Brasil e nas mais diversas formas de trabalho precarizado contemporâneo.

A objetalização do corpo feminino negro, reduzido às categorias "mulata, doméstica e mãe preta" é comentada por Lélia Gonzalez, intelectual negra que reflete sobre os fenômenos de segregação por gênero e raça na sociedade brasileira, deixando evidente sua filiação ao consignar que "nosso suporte epistemológico se dá a partir de Freud e Lacan, ou seja, da Psicanálise":

---

395 > Cecília M. B. Sardenberg, "Da Crítica Feminista à Ciência a uma Ciência Feminista?", *Labrys*. Estudos Feministas (online), n. 11, 2007.

O fato é que, enquanto mulher negra, sentimos a necessidade de aprofundar nessa reflexão, ao invés de continuarmos na reprodução e repetição dos modelos que nos eram oferecidos pelo esforço de investigação das ciências sociais. Os textos só nos falavam da mulher negra numa perspectiva sócio-econômica que elucidava uma série de problemas propostos pelas relações raciais. Mas ficava (e ficará) sempre um resto que desafiava as explicações. E isso começou a nos incomodar. Exatamente a partir das noções de mulata, doméstica e mãe preta que estavam ali, nos martelando com sua insistência... Nosso suporte epistemológico se dá a partir de Freud e Lacan, ou seja da Psicanálise. Justamente porque como nos diz Miller em sua *Teoria da Alíngua* (1976):

"O que começou com a descoberta de Freud foi uma outra abordagem da linguagem, uma outra abordagem da língua, cujo sentido só veio à luz com sua retomada por Lacan. Dizer mais do que sabe, não saber o que diz, dizer outra coisa que não o que se diz, falar para não dizer nada, não são mais, no campo freudiano, os defeitos da língua que justificam a criação das línguas formais. Estas são propriedades ineliminávies e positivas do ato de falar. Psicanálise e Lógica, uma se funda sobre o que a outra elimina. A análise encontra seus bens nas latas de lixo da lógica. Ou ainda: a análise desencadeia o que a lógica doméstica".[396]

Além da categoria "raça", a categoria "gênero" foi determinante para o êxito da colonização e ainda hoje se apresenta como sustentáculo do capitalismo através da Colonialidade:[397]

Dada a Colonialidade do poder, creio que também podemos afirmar que contar com um lado oculto/obscuro e com um lado visível/claro é característico da co-construção entre a Colonialidade do poder e o sistema de gênero colonial/moderno. Problematizar o dismorfismo biológico e considerar a relação entre o dismorfismo biológico e a construção dicotômica de gênero é central para entender o alcance, a profundidade e as características do sistema de gênero colonial/moderno. A redução do gênero ao privado, ao controle sobre o sexo e seus recursos e produtos é uma questão ideológica apresentada como biológica e parte da produção cognitiva da modernidade que conceituou a raça como generizada e o gênero como racializado de maneiras particularmente diferenciadas entre os europeus-eias/brancos-as e a gente colonizada/não branca. A raça não é nem mais mítica nem mais fictícia que o gênero – ambos são ficções poderosas.[398]

---

396 > Lélia Gonzalez, "Racismo e sexismo na cultura brasileira", *Revista Ciências Sociais Hoje*, Brasília, DF, Anpocs, 1984, p. 240.

397 > A Colonialidade pode ser compreendida como o conjunto de práticas que atravessam a cultura e estruturam as trocas sociais baseadas em mecanismos de dominação que ligam o racismo, a exploração capitalista, o controle sobre o sexo e o monopólio do saber. Trata-se de uma condição permanente de dependência triplamente dimensionada em Colonialidade do poder, do saber e do ser (Aníbal Quijano, "Colonialidad del Poder, Eurocentrismo y América Latina" in: Edgardo Lander (org.). *Colonialidad del saber, eurocentrismo y ciencias sociales*. Buenos Aires: Consejo Latinoamericano de Ciencias Sociales (CLACSO), 2000).

398 > No original: "Dada la colonialidad del poder, creo que también podemos afirmar que contar con un lado oculto/oscuro y con un lado visible/claro es característico de la co-construcción entre la colonialidad del poder y el sistema de género colonial/moderno. Problematizar el dimorfismo biológico y considerar la relación entre el dimorfismo biológico y la

Raça, gênero e classe são elementos associados às dimensões fundamentais na construção de hierarquias sociais.[399] Na hierarquia das sociedades colonizadas ocidentais, a mulher negra ocupa um lugar subalternizado por experimentar a constante privação de bens materiais e simbólicos como efeitos da cor de seu corpo, conjectura em que o racismo se apresenta como consequência direta da dominação colonial.

Para avançar no diálogo entre a psicanálise e a teoria decolonial a partir da categoria "gênero", lançamos mão do termo "Interseccionalidade", tomando como referência a já mencionada autora Lélia Gonzalez, que, embora não tenha se valido especificamente de tal termo, foi pioneira nas articulações interseccionais entre gênero, classe e raça na sociedade brasileira, tecidas à luz dos aportes psicanalíticos. Convém salientar que o texto de Lélia não se debruça sobre um caso clínico, mas se vale das estruturas para realizar uma leitura de um fenômeno social.

A autora descreve o racismo como o sintoma por excelência da chamada "neurose cultural brasileira", e nesse sentido, veremos que sua articulação com o sexismo produz efeitos violentos sobre a mulher negra em particular".[400]

Sabemos, com Freud, que a neurose é uma forma de lidar com a castração através da *Verneinung*.[401] A neurose cultural representaria assim uma forma de defesa contra um traço constitutivo da sociedade brasileira, consistindo em uma estratégia de preservação do narcisismo através da denegação, tentando expurgar aqueles a quem a humanidade foi negada – negros e o indígenas – para se equiparar ao herói civilizador europeu com suas insígnias fálicas: "projetar o estranho é uma solução da economia psíquica.... A rejeição a uma cara que não agrada, na qual não me reconheço, é uma estratégia de autopreservação ou do narcisismo, através do deslocamento na cena social do que não é elaborado entre o si e o si mesmo".[402]

O homem branco, mestre civilizador, emerge em oposição ao negro, ao indígena e sobretudo em oposição à mulher negra, reduzindo-a a puro corpo explorável e descartável.

construcción dicotómica de género es central para entender el alcance, la profundidad, y las características del sistema de género colonial/moderno. La reducción del género a lo privado, al control sobre el sexo y sus recursos y productos es una cuestión ideológica presentada como biológica y parte de la producción cognitiva de la modernidad que ha conceptualizado la raza como "engenerizada" y al género como racializado de maneras particularmente diferenciada entre los europeos-as/blancos-as y las gentes colonizadas/no-blancas. La raza no es ni más mítica ni más ficticia que el género –ambos son ficciones poderosas." María Lugones, "Colonialidad y género", *Tabula Rasa*, Bogotá, n. 9, 2008, pp. 73-101.

399 > Fernanda Canavêz, "Raça, gênero e classe social da clínica psicanalítica", *Revista Tempo Psicanalítico*, v. 52, n. 2, pp. 79-102.

400 > Lélia Gonzalez, op. cit., p. 4.

401 > Sigmund Freud, "O futuro de uma ilusão" in: *Obras incompletas de Sigmund Freud. Cultura, Sociedade, Religião: O mal-estar na cultura e outros escritos*, trad. de M. R. S. Moraes. Belo Horizonte: Autêntica, 2020. (Trabalho original publicado em 1927).

402 > Maria Beatriz Costa Carvalho Vanuchi, "A violência nossa de cada dia: o racismo à brasileira" in: Cristiane Curi Abud, Maria Lucia da Silva e Noemi Moritz Kon (orgs.), *O racismo e o negro no Brasil: questões para a psicanálise*. São Paulo: Perspectiva, 2017.

Nos espaços de classes abastadas, observamos a repetição da cena colonial: mulheres negras ocupando uma posição servil, geralmente uniformizadas para se destacar dos frequentadores e integrar-se ao ambiente como parte de um serviço oferecido: babás, faxineiras, garçonetes. E quando fora dessas funções, o corpo da mulher negra ganha destaque como elemento exógeno, não pertencente, que, por contrastar com a brancura, causa incômodo ou é relegado à condição de fetiche para satisfação do gozo sexual de pessoas brancas.

O processo colonial escravagista no Brasil não finda com a abolição, mas se reatualiza segundo as lógicas sociais e jurídicas do Estado de Direito,[403] fixando a mulher negra em uma encruzilhada: como alcançar ascensão social, garantir condições de vida digna, com acesso à saúde, educação, lazer, transporte, moradia para si e sua família, quando a exploração do corpo e mente desta mulher é um dos pilares fundamentais do capitalismo?

Interseccionalidade é uma das nomeações para a encruzilhada "gênero, raça e classe" pensada por Akotirene[404] como a colisão entre avenidas identitárias promotoras de barreiras raciais e sexistas para mulheres negras. A fim de ilustrar essa proposição, tomemos o paradigmático caso tratado pela intelectual negra afro-estadunidense Kimberlé Crenshaw e comentada por Akotirene.

No ano de 1976, a trabalhadora negra e estadunidense Emma DeGraffenreid moveu uma ação judicial contra a General Motors dos Estados Unidos, sob o argumento de que a empresa segregava a força de trabalho por raça e gênero. Ao julgar o caso, a Suprema Corte entendeu não estar configurada a violação de direitos, fundamentando sua decisão no fato de a empresa contratar homens negros para atuação na linha de montagem, o que elidia o argumento racial, e contratar mulheres para as funções administrativas, o que afastava por sua vez a alegação de sexismo. No entanto, todas as mulheres contratadas para funções administrativas pela General Motors eram brancas. O que ocorreu foi que o tribunal separou as duas categorias de discriminação por gênero e raça[405] e, nessa perspectiva, as mulheres negras estavam absolutamente excluídas da possibilidade de ingressar no quadro de funcionários daquela multinacional.

Nesse cenário, as demandas de homens negros por direitos igualitários com fundamento na discriminação racial e das mulheres brancas por equidade de gênero se apresentaram como legítimas. Porém, para que as mulheres negras pudessem ser ouvidas, deveriam combinar duas categorias ditas "identitárias", o que se afigurava inviável no entender da Suprema Corte. No "caso Emma", é possível constatar a Colonialidade enquanto expressão

---

403 > Segundo dados oficiais da Organização Internacional do Trabalho publicados em 2012, o Brasil é o país com o maior número de trabalhadores domésticos no mundo. E mesmo nessa conjectura apenas em 2015 a PEC das domésticas foi regulamentada, ou seja, após mais de cinco séculos é que a categoria teve seus direitos reconhecidos pelo Estado.

404 > Carla Akotirene, *Interseccionalidade*. São Paulo: Pólen, 2019. (Coleção Feminismos Plurais).

405 > Fernanda Canavêz, op. cit.

de dominação na recusa da interseção entre raça e gênero, o que obstaculiza sua mobilidade social de classe, fixando-a em um lugar subalterno.

Não percamos de vista ainda a peculiaridade brasileira para a qual nos chama atenção Sueli Carneiro, ao mencionar que "o estupro colonial da mulher negra pelo homem branco no passado e a miscigenação daí decorrente criaram as bases para a fundação do mito da cordialidade e democracia racial brasileira".[406]

Segundo o mito da democracia racial, cuja vigência e atualidade foram emblematicamente expressas pelo vice-presidente da República, General Mourão, que em 20 de novembro de 2020, ao comentar o assassinato de João Alberto, homem negro espancado por seguranças da rede de supermercados Carrefour, afirmou sem pudor: "No Brasil, não existe racismo".[407]

Segundo a premissa da democracia racial, a possibilidade de superação do estado de precariedade econômica e social está à disposição de todos aqueles que se esforçarem e trabalharem o suficiente. O mito da democracia racial e o mito da modernidade são estruturas narrativas fundamentais para o funcionamento do capitalismo, que oferta aos sujeitos a falsa ideia de igualdade de oportunidades e os conclama a provar o seu valor pela meritocracia e pelo empreendedorismo de si. Ao criar a ilusão de equidade e possibilidade irrestrita de ascensão social através da mão invisível do mercado, o capitalismo se retroalimenta da parcela de trabalho não remunerada executada majoritariamente pelas mulheres negras, mantidas na posição de sustentação da estrutura racista que as oprime.

Certo de que nossa atuação está comprometida com a direção apontada pela psicanalista Maria Lúcia da Silva,[408] nos propomos a percorrer caminhos que viabilizem uma práxis psicanalítica que leve em consideração gênero, raça e classe não como recortes ou como pautas identitárias, mas como elementos constitutivos da subjetividade, reinventando os postulados de nosso campo e tomando tais elementos com a dignidade teórico-clínica que merecem. Como convite à construção de novos horizontes, trazemos um excerto de caso atendido por esta analista.

Paciente de 42 anos, mulher, negra, faxineira, moradora de uma região periférica, que trabalha em um hotel localizado em uma área nobre da capital mineira, em regime de turnos de 12 horas de trabalho por 24 de descanso, ao final da sessão se levanta e diz: "Pergunte

---

406 > Sueli Carneiro, "Mulheres em movimento", *Estudos Avançados*, v. 17, n. 49, p. 140.

407 > Guilherme Mazui, "'No Brasil não existe racismo', diz Mourão sobre assassinato de homem negro em supermercado", *G1*, 20 nov. 2020. Disponível em: <https://g1.globo.com/politica/noticia/2020/11/20/mourao-lamenta-assassinato-de-homem-negro-em-mercado-mas-diz-que-no-brasil-nao-existe-racismo.ghtml>.

408 > "É preciso a inauguração de uma psicanálise brasileira comprometida com a construção de uma clínica que não recuse a realidade histórico-social de nosso país e que leve em consideração o impacto dessa história na construção das subjetividades" (Maria Lucia da Silva, "Racismo no Brasil: questões para psicanalistas brasileiros" in: Cristiane Curi Abud, Maria Lucia da Silva e Noemi Moritz Kon (orgs.), *O racismo e o negro no Brasil: questões para a psicanálise*. São Paulo: Perspectiva, 2017, p. 87).

depois às suas amigas se elas não querem que eu limpe o consultório delas. Estou precisando de mais faxina". A analista permanece em silêncio. Não um silêncio como mensagem dirigida à analisante, enquanto não resposta a uma demanda, mas um silêncio que interroga a si própria em sua práxis.

A fala da analisante põe a analista a trabalho e a move em direção a reflexões sobre os lugares de poder, privilégio e, sobretudo, de gozo que a atravessam e atravessam a paciente à sua frente. Embora o *setting* psicanalítico não seja de modo algum um espaço de militância ou de reparação de identificações fragmentadas pelo trauma, não se pode negar o racismo que nos concerne a todos enquanto sociedade e enquanto psicanalistas, posto que seus efeitos deletérios se inscrevem continuamente no campo público e privado.

A posição de "não saber" neste caso não é aquela assumida pelo analista na condução do caso,[409] mas, sim, o não saber que se dá conta da escassez de elaborações teóricas em nosso campo sobre a interseção entre raça, gênero e classe. Almejando estar à altura da subjetividade de nossa época, acompanhamos Fernanda Canavêz, em seu artigo intitulado "Raça, gênero e classe social na clínica psicanalítica", que, de saída, assinala:

> Se Freud inaugurou um saber e uma prática marcadamente subversivos na modernidade que lhe serviram de berço cabe a nós, praticantes da psicanálise, fazer jus à subversão de Freud para colocar também nossos aportes teóricos à prova. Sendo assim, faz-se premente visibilizar o transbordamento de temas como raça, gênero e classe social na clínica psicanalítica onde quer que esta se dê: dos dispositivos públicos de assistência aos consultórios localizados em bairros abastados dos grandes centros urbanos. Para tal, convém tomar a psicanálise em uma perspectiva situada, portanto absolutamente ancorada na realidade em que se desenvolve, sempre parcial e crítica. Seguindo as pistas de Ayouch (2019, p. 183), temos que a prática psicanalítica, como qualquer experiência social, "não escapa a essas intersecções de gênero, cultura, raça e classe, embora ela não faça parte de um processo de comunicação e troca habitual".[410]

A subjetividade de nossa época nos convoca para, visando o singular do sujeito e a queda das identificações, não cingirmos o olhar de forma a não contemplar as questões de estrutura socioeconômica, cultural e política, que para além das estruturas clínicas, mobilizam os discursos de nossos pacientes. Nos referimos, evidentemente, ao racismo estrutural. Ao contrário da instituição judicial interpelada por Emma DeGraffenreid, que estreita seu plano de visão para ignorar a demanda de uma mulher negra, apresenta-se diante de nós a

---

409 > Jacques Lacan *O saber do psicanalista*. Recife: Centro de Estudos Freudianos de Recife, 1997. (Trabalho original publicado em 1971/1972.)

410 > Fernanda Canavêz, op. cit., p. 81.

possibilidade de expandir as fronteiras de nossa teoria e de nossa prática para pensar essas experiências de sofrimento a partir da ética de nosso campo e não as rechaçar para fora, sob o argumento de que se tratam de pautas identitárias.

Ao lado da Emma do célebre caso descrito Freud, que em seu *Projeto para uma psicologia científica*, dá aporte à elaboração da teoria do trauma, decisiva para o avanço da psicanálise, propomos que caminhe a Emma que ousou interperlar a corte estadunidense situando-se na encruzilhada raça, classe e gênero. Nesse horizonte, localizamos as seguintes questões: como nos situarmos nestas encruzilhadas enquanto psicanalistas cidadãos?[411] No que consiste a posição do analista cidadão quando este se encontra diante de sujeitos há muito destituídos de cidadania?

Que, assim como o caso Emma guiou Freud em direção à expansão dos limites de sua teoria, o caso Emma de Kimberlé Creenwshaw possa nos orientar na elaboração de uma psicanálise que aborde o trauma da colonização instaurado a partir de um evento que recobre sujeitos com os véus da raça e do gênero. Que o encontro de Emma Eckstein e Emma Degraffenreid possam acontecer nessa encruzilhada, "zona propícia às relações dialógicas, de integibilidade e coexistência".[412]

411 > Eric Laurent, "El analista ciudadano", *Notas Freudianas*, v. 2, 2008, pp. 38-45.

412 > Luiz Rufino, "Exu e a pedagogia das encruzilhadas", *Revista Periferia*, Rio de Janeiro, v. 10, n. 1, 2018, pp. 71-88,

> ribeiro, cristiane[413] •mollica, mariana[414] • celen, tayná[415] <.> "outros modos de conhecimento": a escrevivência e o testemunho[416] <

a estrutura epistêmica ocidental e os outros modos de produção de conhecimento

A pergunta de partida gira em torno da dúvida sobre como conhecer algo, como produzir conhecimento, como produzir ciência, porém de outras formas, diferentes da estrutura epistêmica ocidental, baseada em homens ocidentais de cinco países (França, Alemanha, Inglaterra, Estados Unidos e Itália). Esse percurso mais introdutório sobre a estrutura epistêmica do mundo moderno tem como objetivo mostrar como se formou a ideia de ciência ou como um conhecimento é validado ou invalidado. No fio desse raciocínio, também conheceremos duas opções possíveis, a partir desses "outros modos": a escrevivência e o testemunho.

O primeiro ponto para a montagem deste percurso é compreender o que é definido como ciência de maneira geral. A palavra vem do latim e pode ser traduzida por "conhecimento", refere-se a qualquer conhecimento ou prática sistemáticos, ou seja, submetidos a

---

413 > Psicóloga, psicanalista. Mestre em Promoção da Saúde e Prevenção da Violência UFMG. Integrante do NZINGA Coletivo de Mulheres Negras. Integrante do Coletivo Ocupação Psicanalítica e pesquisadora-colaboradora do PSILACS/UFMG.

414 > Psicóloga, Psicanalista. Doutora e pós-doutoranda do Programa de pós-graduação em Teoria Psicanalítica da UFRJ (PNPD-CAPES). Professora colaboradora do Instituto de Psicologia, da pós-graduação do PPGTP/UFRJ e do IPUB/PROJAD-UFRJ. Editora executiva da revista *Ágora*. Pesquisadora, editora e apresentadora da TV 247 (programa Lugar de Escuta) e da TV Portal Favelas. Integrante do Projeto de pesquisa e extensão Ocupação Psicanalítica antirracista/PSILACS (Integração UFMG, UFES, UFRJ) – coordenadora do núcleo RJ. Autora do livro *O RISO na clínica das psicoses*. Rio de Janeiro: 7Letras, 2006.

415 > Psicóloga pela PUC-Minas e psicanalista, mestranda em Teoria Psicanalítica na UFMG, integrante do Ocupação Psicanalítica e pesquisadora-colaboradora do PSILACS.

416 > Adaptação textual da apresentação oral realizada no dia 22 de julho de 2021, no curso de extensão online *Ocupar a psicanálise: reflexões para uma prática antirracista*, organizado pelo Núcleo PSILACS/UFMG.

sistemas. Em sentido estrito, ciência refere-se ao sistema de adquirir conhecimento baseado em um método científico, bem como ao corpo organizado de conhecimento conseguido através de tais pesquisas. Dessa forma, torna-se perceptível que a estrutura epistêmica promove um certo enclausuramento nesse sistema, um certo circuito retroalimentado e limitado, que se encerra em si mesmo. Nesse sentido, é inclusive curioso pensar que quanto mais um "conhecimento" consegue submeter-se e, consequentemente, enclausurar-se nesse circuito, mais validade científica esse estudo passa a ter. Podemos citar como exemplo as distintas nomeações que as classificações científicas foi assumindo, que evidenciam uma certa hierarquia entre essas distinções, tais como: ciências formais e factuais, ciências naturais e sociais, ciências puras e aplicadas, ciências exatas e inexatas, ciências duras e moles, ciências nomotéticas e ideográficas.

Grosfoguel, professor do departamento de Estudos Étnicos da Universidade da Califórnia, escreveu o artigo intitulado *A estrutura do conhecimento nas universidades ocidentalizadas: racismo/sexismo epistêmico e os quatro genocídios/epistemicídios do longo século XVI*.[417] Este artigo discute a estrutura epistêmica do mundo moderno, compreendido no século XVI, pela existência de um sistema-mundo. O autor argumenta que há um privilégio epistêmico concentrado na figura do homem ocidental e construído às custas de genocídios/epistemicídios dos sujeitos coloniais, relacionando racismo/sexismo epistêmico na estrutura das universidades ocidentalizadas e do mundo moderno. Sousa Santos chamou "epistemicídio" a destruição de conhecimentos ligada à destruição de seres humanos, tornando, então, o genocídio indissociável do epistemicídio.[418] Assim, compreendemos, com Grosfoguel, que quatro genocídios/epistemicídios são fundantes da estrutura epistêmica moderno-colonial e das universidades ocidentalizadas.[419] O primeiro foi o genocídio/epistemicídio contra muçulmanos e judeus na conquista de Al-Andalus – ocorrida no final do século XVI feita pela monarquia cristã espanhola na Península Ibérica sob o lema da "pureza do sangue" que produziu um genocídio (físico) e promoveu a expulsão forçada dos muçulmanos e judeus de suas terras, levando a um repovoamento do território com populações cristãs, o que a literatura chamou de "colonialismo de população"; e do epistemicídio (cultural) com a destruição massiva da espiritualidade e do conhecimento islâmico e judeu, daqueles que ali permaneceram, forçados à conversão, e acarretando na destruição da memória, do conhecimento e da espiritualidade desses povos. É importante notar que mesmo a relação entre a conquista de Al-Andalus e a conquista das Américas ser pouco explorada pela literatura,

417 > Ramón Grosfoguel, "A estrutura do conhecimento nas universidades ocidentalizadas: racismo/sexismo epistêmico e os quatro genocídios/epistemicídios do longo século XVI", *Revista Sociedade e Estado*. Brasília, v. 31, n. 1, 2016.

418 > Boaventura de Sousa Santos, *Epistemologias del Sur*. México: Siglo XXI, 2010.

419 > Ramón Grosfoguel, *op. cit*.

percebe-se que os métodos de colonização e dominação utilizados em Al-Andalus foram transportados para as Américas. E aqui, neste continente, o genocídio/epistemicídio se deu contra povos nativos na conquista das Américas, onde o epistemicídio se presentificou a partir do uso de métodos de evangelização empregados contra os povos indígenas. A História nos mostra que, depois de meses de navegação pelo Oceano Atlântico, Cristóvão Colombo registrou em seu diário, sobre o momento em que pisou fora da embarcação no dia 12 de outubro de 1492, o seguinte:

A mim me parece que [eles] são um povo pobre de tudo. Todos andam nus como suas mães os puseram no mundo... devem ser servos bons e desenvoltos, pois observei que assimilam rapidamente o que lhes é dito. E acredito que podem ser facilmente convertidos em cristãos, me parece que não formam uma seita.[420]

A respeito desse primeiro contato entre os povos originários da América e os europeus, como contraponto, Ailton Krenak, historiador e filósofo indígena brasileiro, em sua fala na série documental *Guerras do Brasil*, conta que se estima entre 8 e 40 milhões de habitantes de mais de mil povos distintos viviam aqui antes da chegada dos colonizadores.[421] Todos esses povos que intercambiavam há mais de 200 mil anos viviam em rede, tanto que a chegada dos brancos foi admitida como mais uma em sua diferença.

Contrariando o senso comum, Grosfoguel afirma que o "racismo de cor" não foi o primeiro discurso racista, mas o "racismo religioso" que opunha:

"POVOS COM RELIGIÃO" x "POVOS SEM RELIGIÃO"
"POVOS COM ALMA" x "POVOS SEM ALMA"[422]

Este primeiro racismo do "sistema-mundo patriarcal, eurocêntrico, cristão, moderno e colonialista" foi debatido ao longo do século XVI, e no ano de 1592, o famoso julgamento de Valladolid realizado pelos teólogos Bartolomé de las Casas e Gines Sepúlveda determinou que os indígenas possuíam uma alma, mas eram bárbaros a serem cristianizados. Então, enquanto os indígenas eram dispostos pela *encomienda* (regime de trabalho imposto, análogo à escravização), os africanos, classificados como "povos sem alma", eram forçosamente trazidos às Américas para substituir os indígenas no trabalho escravo. Com o sequestro massivo e a comercialização/escravização de negras e negros pelos 300 anos seguintes, o racismo religioso foi complementado pelo racismo de cor. Como se pode notar, houve

420 > Ibid., pp. 35-36

421 > Ailton Krenak, "Universidade do crime" in: *Guerras do Brasil.doc*. São Paulo: Netflix, 26 min, 2018.

422 > Ramón Grosfoguel, *op. cit*.

um emaranhamento entre a religião centrada na hierarquia global do cristianismo e o centralismo racial e étnico do Ocidente expresso nesse "sistema-mundo", capaz de identificar praticantes de uma espiritualidade não-ocidental como racializados ou abaixo da linha do humano. Por fim, o último genocídio/epistemicídio fundante da estrutura epistêmica das universidades ocidentalizadas e do mundo trata do genocídio das mulheres, que dominavam conhecimentos ancestrais abrangentes de diferentes áreas como a astronomia, a biologia, a ética etc., e o transmitiam de geração em geração.

A tese principal que encontramos neste artigo de Grosfoguel é de que a condição de possibilidade para o cartesianismo idolátrico dos anos 1640 que assume o olho de Deus e arroga-se o direito de dizer "penso, logo existo" é o "extermino, logo existo", demonstrado pelos seguidos genocídios/epistemicídios ocorridos no mundo.[423]

No entanto, não precisamos ir longe, o genocídio atual da juventude negra, as operações policiais nas favelas, a abordagem policial/repressiva diária que sofrem as pessoas pretas, o próprio racismo cotidiano à brasileira (que é o racismo sem racistas, segundo Munanga[424]) que afeta a nossa subjetividade, o racismo religioso contra as religiões de matriz africana, o próprio epistemicídio de diversas teóricas e diversos teóricos negros e indígenas do nosso país e por aí vai...

Quando começamos a nos atentar para estas questões é um caminho sem volta guiado pelo desejo de produzir conhecimento a partir de "outros modos". Numa pesquisa ampla e na experiência cotidiária compartilhada com psicanalistas do coletivo Ocupação Psicanalítica, percebemos que não há um caminho já pronto para este intento, até porque não se trata de "jogar fora a água do banho junto com o bebê", ou de desvalidar toda uma teoria. Mais do que isso, talvez se trate de lançar mão de epistemologias, teorias, conceitos e noções, não mais sem estar desavisada de toda a estrutura epistêmica que não nos é refratária.

a escrevivência como atrevimento metodológico

A partir da visualização desta estrutura epistêmica do mundo ocidental, percebemos que durante muito tempo, e porque não dizer, ainda hoje, a forma de produção e legitimação de conhecimento acadêmico foi a via de manter as "ditas" minorias (com ênfase na questão racial e de gênero) restritas ao lugar de objeto. "Quem são? Onde e como vivem? Do que se alimentam?" eram questões direcionadas aos sujeitos que estavam fora do campo de produção de saber sobre si mesmos, e destinados a terem outros falando, descrevendo, caracterizando e analisando seus modos e costumes. Essa forma de construção e manutenção

---

423 > Ramón Grosfoguel, op. cit.

424 > Kabenguele Munanga, Rediscutindo a mestiçagem no Brasil. Belo Horizonte: Autêntica, 2019.

de conhecimento garantiu durante muito tempo que a história sempre tivesse apenas um lado, e este como sendo o branco, o cis-heteronormativo, o patriarcal e o originado no berço civilizatório eurocentrado.

Um provérbio nigeriano nos ensina que "até que os leões tenham seus próprios historiadores, as histórias de caça sempre glorificarão o caçador". E formar seus próprios historiadores, em África e diáspora, para serem possíveis outras versões da história do povo negro foi e continua sendo uma ação em curso na qual os desafios se renovam cotidianamente.

O apagamento, na seara de referências intelectuais, de psicanalistas negras como Virgínia Leone Bicudo, Lélia Gonzalez e Neusa Santos Souza, além de Frantz Fanon, entre outros pensadores que se utilizaram da psicanálise para suas elaborações, é hoje amplamente utilizado para pensar na importância da narrativa de pessoas negras no contexto da produção de saber. Nesse ponto, as escrevivências se aproximam do testemunho, já que a condição para ambas é promover a ruptura de uma enunciação silenciada por uma opressão e que a voz do sujeito que fora tornado objeto venha à público e passe a protagonizar a direção da pesquisa, furando o epistemicídio científico.

Quantos estudantes de psicologia ou leitores de psicanálise tiveram contato com a obra *Tornar-se negro*, de Neusa Santos Souza?[425] Virgínia Bicudo foi a primeira psicanalista não médica do Brasil, autora da primeira tese brasileira sobre relações raciais no país,[426] responsável, juntamente com outros, pelo estudo da UNESCO que desvelou o mito da democracia racial em um momento em que o Brasil exportava a tecnologia social da harmonia na convivência racial tendo a mestiçagem como identidade nacional.[427] Qual o lugar relegado à sua produção intelectual? Qual variável teve mais força para o apagamento dessas intelectuais? Podemos elencar algumas: ser mulher; ser uma psicanalista que não era médica; ser negra. Neusa Santos Souza era uma psicanalista com formação em Medicina. Contudo, isso não lhe garantiu um lugar no rol de intelectuais.

Conforme apontado pelo professor Fábio Santos Bispo, é sempre um desafio na pesquisa psicanalítica "encontrar um tom preciso e definido para a exposição do método".[428] Não se trata de fazer cada um à sua maneira, pois apesar do que afirmou Freud acerca do manejo da transferência, que "o caminho que o analista deva seguir [...] é um caminho para o qual não existem modelos na vida real",[429] trata-se do esforço da construção de um percurso

---

425 > Neusa Santos Souza, Tornar-se Negro: as vicissitudes da identidade do negro brasileiro em ascensão social. Rio de Janeiro: Edições Graal, 1983.

426 > Virgínia Leone Bicudo, Atitudes raciais de pretos e mulatos em São Paulo. São Paulo: Editoria Sociologia e Política, 2010.

427 > Roger Bastide e Florestan Fernandes, Brancos e negros em São Paulo. São Paulo: Nacional, 1959.

428 > Fábio Santos Bispo, Morte violenta: modalidades de apresentação no laço social. Curitiba: CRV, 2018, p. 27.

429 > Sigmund Freud, "Reflexões para os tempos de guerra e morte" in: *Edição standard brasileira das obras completas de Sigmund Freud* (v. XIV), trad. br. de J. Salomão. Rio de Janeiro: Imago, 1996, p. 183. (Trabalho original publicado em 1915.)

que esteja implicado com a escolha de um caminho que o justifique, pois, "embora a estrutura da psicanálise esteja inacabada, ela apresenta [...] uma unidade da qual os elementos componentes não podem ser separados ao capricho de qualquer um".[430]

Em seu estudo sobre as vicissitudes da identidade de negros brasileiros que ascendem socialmente, Neusa Santos Souza privilegia o estudo de caso como método qualitativo de análise sob a prerrogativa de que qualquer unidade social pode ser tomada como representativa da totalidade. "A construção de um discurso do negro sobre o negro",[431] no que se refere à sua emocionalidade, a partir de suas experiências e vivências, é uma das formas de comprometer-se com essas histórias e de recriarem-nas em suas potencialidades. Segundo a autora:

> Aqui esta experiência é a matéria-prima. É ela quem transforma o que poderia ser um mero exercício acadêmico, exigido como mais um requisito de ascensão social, num anseio apaixonado de produção de conhecimento. É a ela que, articulada com experiências vividas por outros negros e negras, transmutar-se-á num saber que – racional e emocionalmente – reivindico como indispensável para negros e brancos, num processo real de libertação.[432]

Giovana Xavier localiza que a aposta é no "uso da narrativa na primeira pessoa" como ferramenta para visibilizar o conceito de "ciência de mulheres negras" e seus significados".[433] A referida aposta é fundamentada no ponto de que para "além do discurso da neutralidade científica",[434] o objetivo é de aproximação da origem de quem produz com o conhecimento produzido e, em última instância, "sobre o que é conhecimento e quem está autorizado a produzi-lo".[435]

Rosângela Aparecida Cardoso da Cruz situa a literatura afro-brasileira como uma construção contranarrativa por abalar a ideologia nacionalista e por estabelecer um olhar crítico sobre o Estado e a identidade nacional, bem como por sua capacidade de reescrever a história a seu modo.[436] Ao discorrer sobre o lugar da narrativa, Giovana Xavier localiza seu recuo

430 > Id., "Conferência XXXIV – Explicações, Aplicações e Orientações" in: *Edição Standard brasileira das obras completas de Sigmund Freud* (v. XXII), trad. br. de J. Salomão. Rio de Janeiro: Imago, 1996, p. 137. (Trabalho original publicado em 1933.)

431 > Neusa Santos Souza, op. cit., p. 17.

432 > Ibid., p. 18.

433 > Giovana Xavier, *Você pode substituir mulheres negras como objeto de estudo por mulheres negras contando sua própria história*. Rio de Janeiro: Malê, 2019, p. 16.

434 > Ibid., p. 17.

435 > Ibid., p. 17.

436 > Rosângela Aparecida Cardoso da Cruz, "Gênero e educação nas escrevivências de Conceição Evaristo: um olhar sobre Ponciá Vicêncio e Becos da Memória" in: *Anais V Simpósio Internacional em Educação Sexual*. Maringá: Universidade Estadual de Maringá, 2017.

diante de uma perspectiva de disputa de narrativa que é amplamente utilizada nas construções textuais e orais para descrever o movimento de contar a história a partir de uma perspectiva de pessoas até então excluídas do campo da produção de conhecimento.[437] Segundo a autora, enveredar pela disputa de narrativa seria afirmar que existe uma verdade histórica em jogo e, mais, que o referencial continuaria ancorado no mesmo dispositivo colonizatório, o branco.[438] Trata-se, segundo a autora, de abrir novos espaços para novas autorias, a partir de singularidades que têm vocação de representar o coletivo tendo o político como posição singular. Para tanto, Giovana Xavier destaca três pontos como fundamentais na construção desse processo: 1) narrativa em primeira pessoa, em uma perspectiva da construção de um método que não separe o sujeito e o objeto na construção de pesquisas científicas; 2) escrevivências como lugar da produção de conhecimento científico "ligados à memória, oralidade, histórias, trajetórias familiares e demais narrativas das classes trabalhadoras, desqualificadas pela *mainstream*";[439] e 3) permitir-se, o que pode ser localizado como a ação através da qual o próprio sujeito se autoriza à autoria, ou seja, não se trata de abandonar qualquer rigor teórico metodológico, mas se autorizar ser portador de um conhecimento a partir de sua singularidade, que pode ser transmitido para corroborar ou refutar o saber estabelecido.

Lissandra Vieira Machado Soares e Paula Sandrine Machado lançam mão da noção de "Escrevivência", forjada por Conceição Evaristo, como método de investigação, de produção de conhecimento e do que nomearam como uma posicionalidade implicada.[440] As autoras se utilizam da obra *Becos da Memória*,[441], de Conceição Evaristo, e a via pela qual a autora reflete que, em uma escrevivência, "as histórias são inventadas, mesmo as reais, quando são contadas. Entre o acontecimento e a narração do fato, há um espaço em profundidade".[442] Escreviver, nesse sentido, significa contar histórias absolutamente singulares, mas que remetem a outras experiências que podem ser tomadas como portadoras de traços que aludem ao coletivo. Uma existência que pode ser localizada como um comum constituinte entre autoria e protagonismo, seja por lugares compartilhados por imposição de marcadores sociais, seja pela experiência vivida, ainda que de posições distintas.

Cabe aqui mencionar as elaborações propostas pelo psicanalista Garcia,[443] que corroboram com a construção da proposta metodológica sustentada no uso das escrevivências.

---

437 > Giovana Xavier, op. cit.

438 > Ibid.

439 > Ibid., p. 77.

440 > Lissandra Vieira Soares e Paula Sandrine Machado, "'Escrevivências'" como ferramenta metodológica na produção de conhecimento em Psicologia Social", *Revista Psicologia Política*, v. 17, n. 39, 2017, pp. 203-219.

441 > Conceição Evaristo, *Becos da Memória*. Rio de Janeiro: Pallas, 2017.

442 > Lissandra Vieira Soares e Paula Sandrine Machado, op. cit., p. 11.

443 > Célio Garcia, "Psicologia e direitos humanos: possibilidades e desafios dessa interlocução", *Pesquisas e práticas psicossociais*, v. 5, n. 2, 2010, pp. 143-150.

O desafio contido nas elaborações subjetivas do sujeito estaria justamente na subversão discursiva, de forma que o sujeito se autorize a falar de si mesmo, arcando com todas as potencialidades e responsabilidades implicadas nessa operação. A partir de tais colocações, podemos apostar na escrevivência como ferramenta metodológica, que porta uma dimensão ética ao alçar a autoria como um lugar de enunciação, que pode também ser tomada como coletiva, de alguém que evoca do lugar do "um", por meio de sua própria narrativa e voz, a história de um "nós" compartilhado.

O testemunho enquanto direção clínica em Psicanálise, que pode vir a ser utilizado como uma metodologia de pesquisa na universidade, ou mesmo como um meio de transmissão da psicanálise nas escolas de formação lacanianas através dos depoimento de passe – não tendo necessariamente um objetivo científico – se inspiraram na literatura de testemunho decorrente dos escritos, poesias e cartas dos sobreviventes do holocausto nazista, que tem como seus expoentes mais conhecidos no mundo os diários de Annie Frank e a obra de Primo Levi.

testemunho

É preciso destacar a importância do testemunho para o tratamento do trauma e do sofrimento decorrente da violência de Estado, que não tem a mesma natureza de outros modos de violência. Vale enfatizar a importantíssima iniciativa que se sustentou por anos no Brasil para reparação psíquica daqueles que foram assolados pela violência da ditadura militar brasileira no Projeto "Clínicas do Testemunho".[444] Programa instalado pela Comissão de Anistia, iniciado em 2013 a partir do trabalho da Comissão da Verdade, que tinha o objetivo de integrar a história das marcas individuais e coletivas das graves violações de direitos humanos perpetradas por agentes do Estado brasileiro durante a ditadura civil-militar (1964-1985). Trata-se de uma conquista construída por ideias, escuta e trabalho coletivo.

O pressuposto é de que a clínica do testemunho produz torção no discurso que organiza o laço social, ao contribuir para a construção de uma memória coletiva. Pode-se pensar em uma estratégia de resistência ao que tenta se impor, abusivamente, pela força; resistência que produz abertura, fissura no tecido social. Os psicanalistas que sustentam essa clínica introduzem uma questão:

> como pensar o intervalo (ou a distância) entre a experiência do trauma – avalanche de espanto e horror, sideração do sujeito – e sua configuração como relato, como

444 > Clínicas do Testemunho RS e SC, *Por que uma clínica do testemunho?*. Porto Alegre: Instituto APPOA, 2018.

experiência representável, possível de ser narrada a um terceiro? Como atualizar este lugar psíquico – franja de loucura – que articula os registros da percepção e da alucinação, da experiência de vigília com a experiência onírica?[445]

O trauma aqui não é concebido somente pelo indizível, pelo irrepresentável que retorna na repetição singular pela impossibilidade de ser simbolizado, como destaca Lacan na leitura da neurose traumática freudiana, mas é "uma experiência paradoxal",[446] que tem a peculiaridade de, quanto mais violenta e intensa, menos habilitados estamos para conhecê-la; não apenas no plano do sujeito, mas também do Outro social. Isto fará desse trauma "um sintoma para a história".[447] Esse paradigma do trauma decorrente da violência estatal instala uma "crise da verdade",[448] plena em consequências sociais, políticas e culturais. Ou seja, o ocorrido não é legitimado como verdade pelo laço social. Por essa razão, um dos diferenciais da Clínica do Testemunho é que, além dos sujeitos atendidos falarem para o analista, colocando em palavras sua experiência de horror, a escuta e sua elaboração estão incluídos no processo de "reparação psíquica", um trabalho interdisciplinar que produz um arranjo junto a instituições jurídicas e instâncias legislativas nacionais e internacionais de defesa dos direitos humanos, além da partilha dos relatos coletivos que legitimam e dão lugar de verdade para a construção de uma memória social, ali onde há um apagamento, uma deslegitimação do acontecimento.

A escuta psicanalítica do projeto Clínicas do Testemunho, no Brasil, se deu na quarta fase da justiça de transição, já que as outras fases de reparação dos torturados, perseguidos e desaparecidos políticos (e suas famílias) incluem pedido de desculpas por parte do Estado, reinterpretação da Lei da anistia, pena para os culpados, reparações econômicas, etc. A dimensão do tratamento analítico pretende proporcionar escuta e devolver voz àqueles que tiveram suas vidas devastadas por um regime de exceção, configurando-se, assim, como crime de lesa-humanidade, portanto imprescritível. As práticas instituídas de tortura, prisões arbitrárias, mortes e desaparecimentos forçados permanecerão produzindo efeitos em nossa sociedade, enquanto continuarem ocultadas, desconhecidas e impunes. Por isso, o projeto não se restringe ao atendimento individual, as intervenções articulam o clínico, o social, o político e o jurídico. Ainda que um atendimento psicanalítico articule sempre o singular com o Outro social, já que o inconsciente é transindividual, o trabalho da Clínica do Testemunho vai além do enquadramento do *setting* analítico:

445 > Marcelo Viñar, "Especificidad de la tortura como trauma: el desierto humano cuando las palabras se extinguen", *Psicoanálises*, v. 27, 2005.

446 > Cathy Caruth, "Introduction to psychoanalysis, trauma, and culture II", *American Imago*, v. 48, n. 4, 1991, p. 417.

447 > Ibid., p. 3.

448 > Ibid., p. 7.

> "Foi longo tempo de silenciamento imposto pelo efeito traumático e pela autoanistia [...] por sonhos capturados, temporalidades congeladas: marcas que insistem em se fazer presentes ainda hoje. Nessa perspectiva, o testemunho, ao retirar essas vivências do registro do medo e da humilhação, devolve à história sua dimensão coletiva e temporal".[449]

A temporalidade do testemunho instala um outro tempo, que supõe um jogo de ouvir e falar que afeta a ambos: quem testemunha sua história e quem a escuta. É preciso que toda a sociedade se implique neste processo de reparação, já que todos são afetados. A implicação se dá tanto no campo da recomposição da vida daquele que atravessou as experiências de horror, com a quebra do silenciamento do não dito, quanto no campo coletivo, com a recuperação da verdade histórica que buscou ser apagada, com todas as consequências que isso acarreta em termos de modificações no laço social, leis, acordos internacionais, recompensas, rearranjos diplomáticos. Um exemplo no caso da desnazificação da Alemanha, mas também em todo o mundo, foi o estabelecimento de punições para quem utiliza, por exemplo, a suástica.

Quando o Estado mata, não há a quem recorrer e o assassinato passa a ser autorizado simbolicamente, chancelado pelo Outro, legitimado pelo pacto social. Diferentemente de outras violências, a violência do Estado toma determinado corpo como um corpo matável. Há um processo de desumanização que resta após a morte, um processo que tende ao apagamento dos acontecimentos e da memória social e ao consentimento público que normaliza a barbárie. Portanto, não basta que o próprio sujeito fale em análise e avance no tratamento das consequências traumáticas que o afetam, é preciso que seu testemunho ganhe o espaço público e transforme o Outro social.

Como dito anteriormente, a Clínica do testemunho inspira-se na literatura de testemunho, que teve uma importância fundamental para o processo de desnazificação da Alemanha. Primo Levi,[450] sobrevivente dos campos de concentração nazistas, afirma que não é possível transmitir a radicalidade do vivido nos campos apenas a partir de um sujeito, é preciso pelo menos dois: aquele que já está morto, que é objeto e que daria o testemunho, mas já não pode falar, e o que pode verbalizar, mas não sabe da radicalidade do primeiro. É um processo de emprestar a voz. Levi empresta a sua voz para o que Agamben nomeia como "muçulmano" em Auschwitz, aqueles que desistiram de viver. Estão numa "zona cinzenta", intermediária entre vivo e morto. Levi chega a afirmar que algo nele já está morto, mas em sua letra dará testemunho daqueles que submergiram. Seu texto tocou o mundo pelo marco

---

449 > Barbara de Souza Conte, "Reparação psíquica e testemunho" in: Sigmund Freud Associação Psicanalítica (org.). Clínicas do testemunho: reparação psíquica e construção de memórias. Porto Alegre: Criação Humana, 2014, p. 24.

450 > Primo Levi, *É isto um homem?* Rio de Janeiro: Rocco, 1988.

do que foi a tragédia imposta pelo Terceiro Reich e, portanto, foi fundamental para a erradicação dos efeitos do nazismo na Alemanha.

Segundo Lucíola Macedo,[451] a poesia de Primo Levi porta a dimensão da extimidade, que a distancia de uma literatura de denúncia. Tem a característica da exterioridade íntima, aquilo que não divide o mundo em externo e interno. Convida o leitor a diferenciar uma literatura de vitimismo daquela de extimidade: "nós, arianos, *versus* eles, judeus". Aqui não há alteridade interna, ou seja, um índice de percepção de que o que está fora me diz respeito. As primeiras operam através de uma lógica dual e linear que restringe os problemas da política ao par problema/solução, o mesmo que criou a máquina nazista. O testemunho de extimidade concerne à posição do sujeito em relação ao inconsciente enquanto discurso do Outro e uma implicação ética no real traumático.

Os testemunhos dos sobreviventes inspiraram a invenção dos testemunhos de passe na Escola de Lacan, que modificaram a transmissão da clínica, antes centrada no relato do caso clínico em terceira pessoa (pelo analista), que passou a ser protagonizado pelo próprio analisante que viesse a público narrar a travessia de sua análise, promovendo seu ensino, através do testemunho de sua passagem de psicanalisante a psicanalista. O testemunho é muito caro à Escola de Lacan e tornou-se, junto com cartel, um dos dois principais dispositivos institucionais da formação analítica para tratar as tendências imaginárias e os efeitos de grupo que imperavam nas instituições de psicanálise. Nesse ponto, o testemunho se aproxima das escrevivências, pois a narrativa é em primeira pessoa, ao invés de o sujeito ser falado pelo Outro. A outra aproximação que se pode fazer é que este dispositivo pretende modificar os mecanismos de poder institucionais que permaneceriam nas mãos dos mesmos analistas didatas, como se fossem os mestres. Contudo, os testemunhos de passe se distanciam das escrevivencias, já que não têm qualquer compromisso com as opressões raciais e coloniais.

Acerca do ponto mais singular da transmissão que se opera no depoimento de passe, Ana Lucia Lutterbach nos remete a dois termos em latim para designar testemunho: "*Testis* – aquele que se coloca como terceiro entre duas partes em um litígio e o segundo, *Superstes*, designa aquele que viveu algo, atravessou de ponta a ponta um acontecimento e pode, portanto, testemunhá-lo".[452]

Giorgio Agamben,[453] apresenta a noção de testemunho: "o verdadeiro testemunho vale essencialmente por aquilo que lhe falta [...] ele porta em seu coração um intestemunhável".[454] Tratar-se-á, para o passante, de inventar e transmitir algo do impossível de uma

451 > Lucíola Macêdo, *Primo Levi: a escrita do trauma*. Rio de Janeiro: Subversos, 2014.

452 > Ana Lucia Lutterbach Holck, *Patu: a mulher abismada*. Rio de Janeiro: Subversos, 2008, p. 105.

453 > Giorgio Agamben, "O que resta de Auschwitz: o arquivo e a testemunha" in: *Homo Sacer III* (1942), trad. de Selvino Assman. São Paulo: Boitempo, 2008.

454 > Giorgio Agamben apud Ana Lucia Lutterbach Holck, op. cit., p. 105.

experiência atravessada, na medida de uma posição terceira, como na primeira acepção de testemunho. Miller aproxima a posição do testemunho daquela do matema ou do poema. Ana Lucia destaca que o que era saber, mesmo com falhas, vira-se do avesso, de forma que, no final da análise, o saber se volta para palavras que atuaram e produziram transformação e aquilo que se sabia que já não existe mais. É um saber de uma verdade que se transforma e que não é estável, mas "um saber sobre algo que desvaneceu, e o procedimento do passe tende a converter esse saber para si, em saber para o Outro".[455]

A dimensão do real do dizer assume um caráter ficcional pela escrita. Entre o traumático e o que pode ser *a posteriori* recuperado em termos de linguagem, há um fosso cujo trabalho singular será o de refazer, a partir de sua própria experiência, a recuperação do sujeito que se enuncia no testemunho.

Investigamos se a publicação de escritoras negras no Brasil, na esteira de Conceição Evaristo, produziria esse ponto em comum com Levi em relação ao tratamento do gozo: uma escrita testemunhal que se aproxima de uma escrita *extima*, que faria uma torção no objeto do gozo racista. Tais questões nos interessam para pensar as escrevivências como metodologia de pesquisa em Psicanálise, já que o que se escreve não se reduz ao fatível do texto que se produz e pode ser lido, mas uma escrita do trauma, com os efeitos de intervenção nos modos de gozo tanto para o sujeito quanto para o Outro social.

o testemunho em busca de escrevivências compartilhadas

Os psicanalistas do Ocupação Rio, diante da escuta dos movimentos sociais de periferias e favelas cariocas, puderam ouvir o que ressoava da indignação dos moradores organizados: "não aceitamos mais o modo como a imprensa, as instituições, o Estado, os representantes da branquitude falam de nós. Não queremos ser falados, mas sim contar nossa própria história!"

A narrativa da mídia sobre o que acontece com a população não tem compromisso com a verdade, pelo contrário, manipula a interpretação dos acontecimentos e a reação que se tem deles. A ideia de integrar um conjunto de mídias, rádios e TVs comunitárias cariocas, que surge de Rumba Gabriel, importante referência da favela do Jacarezinho, despertou o interesse de vários outros representantes de outras favelas: Lourenço Cesar, da Maré, Patricia Felix, da Vila Vintém, Rute Sales, do Borel, Nivia Raposo, da baixada, Álvaro Maciel, da Babilônia, Mauricio Soca, da Rocinha, entre outros, além de outras organizações ligadas aos direitos humanos, pesquisadores e psicanalistas. A proposta mais parecia encarnar o projeto

---

455 > Ibid., p. 115.

de Milton Santos, que propôs, na década de 1980, o que chamou de "Outra globalização", que se daria através da apropriação das novas tecnologias de comunicação para que a voz dos oprimidos e das periferias do mundo se encontrassem e pudessem ressoar e transformar a lógica perversa da globalização econômica e do falseamento da verdade promovido pelo monopólio da imprensa internacional.

Se pudéssemos atualizar Althusser em sua leitura de Marx, relido por Achille Mbembe, diríamos: a televisão, assim como as instituições de um modo geral e, mais ainda, a internet são um aparelho ideológico do Estado que, juntamente com sua máquina repressiva, sustenta uma maioria absolutamente inerte ou mesmo aderida ao discurso necropolítico.

Uma demanda se destacou entre as lideranças populares: o pedido de serem escutados, não com palavras que fossem levadas pelo vento, mas um desejo de registro. Registrar a violência de Estado, para não mais repetir! Escrever de forma a tocar as pessoas, simbolizar as violações e o puro horror.

O que foi se delimitando com o trabalho da conversação, através do encontro com psicanalistas implicados com a luta antirracista, foi que a denúncia dos fatos jornalísticos não bastava. Queria-se depurar o modo de dizer. Era preciso que fosse com a linguagem da favela, o estilo que mistura o nordeste com o sudeste, a cultura africana e as aldeias, era preciso o protagonismo e a ênfase de falar em primeira pessoa. Também era preciso a depuração de uma palavra que pudesse circular coletivamente e que esse registro fosse trançado, permeado por encontros de múltiplas vozes. Foi então que, inspirados na obra de Conceição Evaristo, passamos a propor reuniões virtuais de conversação que pudessem redundar na possibilidade de que o relato do vivido viesse a ser uma exposição não do excesso da violência, mas de aprendizados extraídos dos testemunhos; desde o relato das atrocidades e violações policiais, passando pela negligência e desinvestimento do poder público até a resistência ao escravismo moderno, convocando o leitor a se sensibilizar e a sair de sua neutralidade mortífera! A articulação com o campo jurídico, com a justiça de transição e seus processos de reparação, além das consequências políticas promovidas pela publicização dos testemunhos são fundamentais como efeitos desta metodologia que tentamos implementar no projeto de extensão.[456]

A escrita, a fala, o canto e a dança endereçadas ao grande público poderiam então ser lidas ou escutadas dentro e fora da favela, o que motivou a ideia de construir algo que permitisse ao mesmo tempo que cada um testemunhasse o que de fato acontecia na sua favela, trocasse experiência das estratégias de defesa e promovesse uma interação em rede, que vai

---

456 > O Ocupação Rio tem um convênio com a Ouvidoria da Defensoria Pública do Estado do Rio de Janeiro e interlocução com a Comissão de Direitos Humanos da ALERJ, além de inúmeros coletivos políticos de defesa dos direitos humanos que dão consequências legislativas e jurídicas para as situações de Violência de Estado, encaminhadas para nós.

das colunas do jornal às escritas compartilhadas e publicadas à produção de um documentário ou à composição de sambas.

conclusões e aberturas

Durante o debate no curso do Ocupação, a convergência entre as escrevivências de Evaristo e o testemunho de primo Levi, que inspira a clínica do testemunho, nos permite refletir o que seria comum a ambos. Foi apontado por alunos e pesquisadores, em grande parte pretas e pretos, que vivificam o seminário, o questionamento da tendência de tomar a experiência do sofrimento negro, indígena e toda(o) aquela(o) sobre quem incide a opressão colonial com o nazismo e os relatos de judeus sobreviventes dos campos de concentração. Por que sempre o referencial europeu?

Não se trata de fazer a hierarquia dos horrores ou diminuir a barbaridade do holocausto, mas a questão que vem como uma objeção, e vale dizer que foi dirigida a uma professora branca, ressoou e apontou a colonização dos nossos saberes e nossas referências, produzindo uma reflexão e uma implicação que não merece ser omitida no registro escrito deste curso. Como a psicanálise surgiu em um horizonte de perseguição aos judeus, esse é o paradigma a partir do qual se toma a opressão e a perseguição, mas estamos no Sul global, num país colonizado que contabiliza há séculos o extermínio de diferentes povos tradicionais. As barbaridades horríveis cometidas contra os povos africanos, sequestrados de seus países e trazidos para o Brasil, tem uma especificidade própria de incluir a tendência à naturalização, à deslegitimação e ao apagamento do genocídio de um povo que sofre o que Fanon chamou de epidermização do racismo. Ou seja, é pela cor da pele que se dão os graus de maior ou menor opressão.

Se há um testemunho que podemos nos servir que possa ser aproximado das escrevivências, que seja por exemplo o de Frederick Douglass, que viveu como escravizado por 20 anos e foi um dos principais abolicionistas dos Estados Unidos.[457] Ao narrar as marcas da escravização, o autor afirma que são mais permanentes do que os castigos físicos e sua evidência está no exemplo de que entre os próprios escravizados se emitia a seguinte máxima: "boca fechada é sinal de boa cabeça". Ora, o processo de abuso e de maus tratos pelos quais passaram e viram outras pessoas sofrerem, submetidas às sevícias, foi um processo de desumanização capaz de fazê-los não desenvolver nenhum tipo de afeto pelos familiares ou pelo lugar onde tinham nascido.

457 > Frederick Douglass, *Narrative of the life of Frederick Douglass*. Estocolmo: Wisehouse Classics, 2015.

Desacreditar o autor foi uma prática ostensiva entre os defensores da escravização para mitigar o impacto de seu texto. Segundo críticos, quanto mais violentas são as práticas contra o povo preto, mais elegante e altivo era seu texto. Saber ler e escrever se tornou, contudo, mais importante do que seu estilo altissonante, pois esse é o meio de sua liberdade.

Evaristo afirmou na Flisu, em fevereiro de 2021, que o lugar de marginalizada constitui seu "sujeito da escrita, esse sujeito mulher negra". Evaristo tem por hábito citar outras autoras negras e escritoras "marginais", negras, apresentando, com esse ato, autoras que passam a participar do sistema literário ao serem lidas, que se tornam referências. Os povos pertencentes às classes populares devem se apossar da literatura e da escrita como um direito de cidadania, ela afirma.

Perguntamo-nos se as escrevivências estariam restritas à escrita formal de um texto, de cunho literário, produzido pela autoria de mulheres negras com sua potência de ato, incluindo também as escrevivências como método de investigação de uma psicanálise antirracista e se a gente pode alargar esse conceito ou esse gênero literário para trabalhar com as invenções coletivas periféricas, que ganham a forma de registro, não apenas na escrita com papel e caneta, mas promovendo suas escritas na cidade, como a "pichação" com os escritos "Nossos mortos têm voz", que ecoam por tantos muros, ou "nossas histórias vêm de longe", que viralizam nas redes. Ou, então, nos grafites dos muros da cidade, com a imagem grafada das crianças de periferia ainda vivas, tão jovens e tão inocentes, assassinadas pela polícia. É criado um memorial em meio às favelas, um verdadeiro museu a céu aberto, com o rosto dos jovens: suas histórias, seu nome inscrito no muro, de forma que não seja possível apagar os restos da violência do poder público, como visa o Estado necropolítico.

pósfácio

<.>

> amorin, dalila[458] • salgado, joão[459] • guerra, andréa[460] <.> universidade, psicanálise e racismo: o movimento ocupação psicanalítica <

coordenadas do movimento

A constatação de que o racismo estrutural,[461] como estrutura encoberta que deu ensejo à modernidade, é parte de um modo colonial de poder, saber, ser e gênero[462], nos permitiu localizar nas instituições o modo como a branquitude se instala como S1, significante-mestre, que agencia um modo de gozo regressivo[463] em relação ao discurso do mestre. Poderíamos pensá-lo como discurso universitário que reproduz o saber do mestre, mas a afirmação de Lacan vai em outra direção. Trata-se de um modo como o inconsciente é vendido pelo Império aos povos colonizados e como, assim, se instalam, discursivamente e em ação, processos segregatórios articulados pela raça. Fanon[464] fala em duplo narcisismo, numa imposição violenta em que a/o branca/o e a/o negra/o precisam um do outro para existir,

---

458 > Graduanda em Psicologia pela Universidade Federal de Minas Gerais com ênfase em processos clínicos. Membro do coletivo Ocupação Psicanalítica e pesquisadora do Núcleo PSILACS/UFMG desde 2021.

459 > Graduando em Psicologia pela Universidade Federal de Minas Gerais com ênfase em processos clínicos. Membro do coletivo Ocupação Psicanalítica e pesquisadora do Núcleo PSILACS/UFMG desde 2020.

460 > Professora de Psicologia na Universidade Federal de Minas Gerais. Membro do coletivo Ocupação Psicanalítica e coordenadora do Núcleo PSILACS/UFMG.

461 > Silvio Luiz de Almeida, *Racismo estrutural*. São Paulo: Pólen, 2019.

462 > Aníbal Quijano, "Colonialidad del poder y subjetividade en América Latina" *in*: Maria Amelia Castañola e Mauricio González (Orgs.), *Decolonialidad y psicoanálisis*. Cidade do México: Navarra, 2017.

463 > Jacques Lacan, *O seminário, livro 17: o avesso da psicanálise (1969-1970)*. Rio de Janeiro: Jorge Zahar, 1992.

464 > Frantz Fanon, *Pele negra, máscaras brancas*. Salvador: EDUFBA, 2008.

afirmando-se o branco como universal através da invenção da cor negra como não-humana ou menos-humana[465] e a consequente instalação de uma hierarquia racial de privilégios.[466]

Esse arranjo incrusta um espelho branco, cis-heteronormativo, patriarcal e classista, cristão e racional, que funda uma cosmologia na qual a norma define o que pode ou não pertencer, o que é abjeto e o que é ideal. Santos[467] nomeia de linha abissal o corte que define o verdadeiro, o justo e humano do lado de lá, numa dicotomia articulada pela regulação--emancipação, desenhando-se sobre o que desaparece, invisibilizado, encoberto, do lado de cá. Não à toa, o racismo mata mais jovens negros e pobres, periféricos, no Brasil que nos países europeus reunidos. Esses e os outros dados vermelhos de nossa terra restam, no máximo, como noticiário.

Na contramão desse movimento, desvelando o modo colonial de poder, olhando o espelho por trás e buscando instalar uma outra condição societária, subjetiva, de justiça e de ciência:

> partimos de quatro premissas teóricas: a segregação é intrínseca ao laço social; ela se organiza a partir da projeção no outro de um gozo inassimilável que perturba o próprio sujeito; o processo de colonização, para se legitimar, inventou o conceito de raça, tomando a branquitude como ideal que subumaniza corpos não-brancos, sede do ódio e da projeção do pior; a práxis clínica precisa nomear esses processos e operar sobre o gozo que os estrutura.[468]

Apostamos, então, na construção de um programa permanente de intervenção, intitulado Movimento de Ocupação Psicanalítica que tem por finalidade precípua colaborar com a reversão de quadro de desigualdade racial institucional e com o quadro de privilégios raciais. Criamos um programa que funciona em quatro estados brasileiros (Minas Gerais, Espírito Santo, Rio de Janeiro e Bahia), trabalhando em ações coordenadas de acolhimento ao sofrimento da população negra e de formação de profissionais clínicos, com geração de produção teórica inovadora para fundamentar, promover e transmitir práticas clínicas anti-racistas através de projeto de pesquisa-intervenção. Somos eminentemente pessoas pretas, mas não apenas.

---

465 > Achille Mbembe, *Necropolítica: biopoder, soberania, estado de exceção, política da morte*, trad. bras. Renata Santini. São Paulo: n-1 edições, 2018.

466 > Kalpana Seshadri-Crooks, *Desiring Whiteness: a lacanian analysis of race*. Londres: Routledge, 2000.

467 > Boaventura Souza Santos, "Para além do pensamento abissal: das linhas globais a uma ecologia de saberes", *Novos Estudos*. CEBRAP, n. 79, v. 3, nov. 2007.

468 > Andréa Maris Campos Guerra *et al.*, *Ocupação psicanalítica: por uma clínica antirracista*. Trabalho vencedor do prêmio profissional Virgínia Bicudo "Práticas para uma psicologia antirracista" de 2021 do Conselho Federal de Psicologia.

Temos três frentes em curso: (1) oferta de lugares de escuta clínica ao sofrimento mental da população negra, com espaços de supervisão e estudo visando a formação nacional de profissionais e estudantes; (2) pesquisa-intervenção sobre modos de sofrimento psíquico do sujeito negro e suas abordagens clínicas, por meio da escuta da vivência do racismo através de metodologias narrativas, bem como da troca de experiências nacionais entre o que cunhamos de "clínicas de borda", realizadas com moradores das periferias, quilombolas, ribeirinhos, imigrantes, vítimas da violência do Estado, militantes de movimentos de luta pela terra, comunicadores populares de favela e sujeitos que sofrem a opressão interseccional; (3) atividades de formação e capacitação antirracistas, com produção e divulgação de conteúdo antirracista em redes virtuais, TVs e jornais comunitários, produção de documentários, promoção de seminários e cursos dentro e fora da universidade, além de publicação de artigos e livros, participação em debates públicos e políticos, prevalentemente em atividades online no momento pandêmico.[469]

Agraciado com o Prêmio Nacional de Direitos Humanos, Virgínia Bicudo, do Conselho Federal de Psicologia, pelo seu êxito na ação antirracista, o movimento avança com decisão. Opera a partir de uma lógica que entende a transformação histórica como contígua à transformação estrutural de sujeitos e processos num contexto geopolítico. Os processos de mudança em linha de contiguidade operam a mudança sem impor um modelo, na conformação do par. Explicamos: A incidindo sobre B, transforma B em B'. E B incidindo em A, transforma A em A' - e não em B'. Dessa maneira, A' e B' modificados podem produzir uma transformação em C.[470] A fim de recolher o registro dessa experiência em curso e de seu modo de operação, segue o testemunho dos primeiros estudantes que compuseram o projeto em seu primeiro ano.

testemunho do trabalho pelos estudantes de graduação

A experiência de poder fazer parte do Ocupação Psicanalítica, logo na graduação, foi com certeza um grande privilégio. Fomos os primeiros bolsistas do programa, o que trouxe muitas responsabilidades, mas também muitos aprendizados e trocas inesquecíveis. Foi a primeira vez que pudemos entrar em contato com uma psicanálise que, em partes, se diferenciava do que era representado na sua forma "tradicional" – que por vezes se afasta do compromisso com determinados grupos sociais por crer haver nisso o identitarismo,

---

469 > Andréa Maris Campos Guerra et al., Ocupação psicanalítica: por uma clínica antirracista, op. cit.

470 > Andréa Maris Campos Guerra, "A psicanálise e a necessária transformação refratária na Extensão Universitária" in: Andréa Maris Campos Guerra e Aline Guimarães Bemfica (orgs.), Psicanálise implicada e adolescência: modos de intervenção e testemunhos clínicos. Curitiba: CRV, 2020.

pensamento do qual nosso campo não compactua – mas que era também, radicalmente, a mesma psicanálise de Freud, incomodada pelo mal-estar contemporâneo, orientada pela ética do inconsciente e guiada pelo desejo de analista ao oferecer a palavra ao sofrimento psíquico daqueles que eram silenciados pelas contingências sociais da cultura.

É este o desejo que sustenta o Ocupação. Desejo de, através da psicanálise, buscar a reversão do quadro de racismo que atravessa a sociedade brasileira, ainda que no início se restringisse apenas aos limites territoriais de Belo Horizonte. Territoriais em parte. Começamos na pandemia, no online. Os primeiros encontros do coletivo e escutas feitas tomaram o espaço virtual como pano de fundo. Mas também foi graças ao virtual e suas flexibilidades que conseguimos conhecer e nos conectar com tantos outros, em diferentes estados, implicados por esse mesmo desejo. Assim, o Ocupação pôde iniciar sua expansão.

Seu berço foi no Núcleo PSILACS, da Universidade Federal de Minas Gerais, como um dos projetos do núcleo. Porém, em pouco tempo, ele já não cabia mais nesta categoria. Foi necessário que o Ocupação se expandisse e se tornasse um projeto independente. Hoje, ele também está presente nas universidades federais dos estados já mencionados, composto por estudantes, professores e pesquisadores que reafirmam todos os dias seu compromisso contra o racismo estrutural e institucional do nosso campo.

Sua impulsão também não seria a mesma sem os apoios e parcerias que o coletivo firmou. As pró-reitorias de assuntos estudantis, nas diferentes universidades, marcam o projeto pela sua atenção e seu cuidado em articular o Ocupação às demandas do corpo estudantil, além da sua participação rica nos eventos e produções do coletivo. Nossa inclusão entre os beneficiários do "Emenda com a gente", edital da Gabinetona da deputada federal Áurea Carolina, foi fundamental para vislumbrar uma ação nacionalizada ainda no início, quando o Ocupação contava apenas com um núcleo duro de participantes que o idealizou. Hoje, dentro de cada estado, contamos também com apoios mais localizados e fundamentais para a ação cotidiana, seja através de bolsas para os estudantes ou de recursos para ações específicas do projeto.

A partir de toda essa rede, foram dados os subsídios necessários para sustentarmos nosso tripé: Clínica, Pesquisa e Transmissão. No eixo clínico, podemos acolher o sofrimento psíquico de diversos grupos, como coletivos negros universitários, moradia universitária, kilombos urbanos, alunos imigrantes africanos, entre outros. A ação acontece em diversas metodologias, cobrindo tanto a análise individual quanto a intervenção coletiva, através, por exemplo, das narrativas memorialísticas e da conversação psicanalítica.

A partir dessa escuta, podemos também levantar o material necessário para o eixo de pesquisa, que busca transformar o arsenal teórico psicanalítico, de maneira a incluir tanto o sofrimento psíquico do povo negro enquanto seu objeto, dado o descaso histórico nessa matéria, quanto incluir estudos decoloniais latino-americanos que possam remodelar os referenciais que constituem a teoria psicanalítica como tal. Além disso, o eixo de pesquisa também atua de outras formas, como, por exemplo, dando voz aos próprios pesquisadores do projeto, que, ao narrar sua experiência com o racismo e a branquitude a partir do modelo da escrevivência, de Conceição Evaristo,[471] geram uma discussão no coletivo que resulta, em cada caso, em um desenvolvimento temático diferente.

Nossa pesquisa também se desenrola nos grupos de estudo que o coletivo vem propondo desde seu início. Hoje, contamos com um grupo de estudos sobre aquilombamento, muito importante para lidar com a intervenção no kilombo urbano com o qual temos uma parceria. Toda essa pesquisa gera uma produção teórica a qual o Ocupação busca sempre compartilhar. Nosso eixo de transmissão, portanto, se ocupa de cursos e eventos que têm por objetivo fazer ecoar na comunidade psicanalítica a experiência vivida e os desdobramentos clínicos e teóricos sobre os quais nos debruçamos em nossa investigação.

Uma das ações mais articuladas em rede talvez seja, hoje, aquela chamada "Clínicas de Borda"[472], que pesquisa experiências inovadoras com diferentes coletivos psicanalíticos espalhados por todas as cinco regiões do Brasil. São mais de 20 coletivos que, assim como o nosso, se dedicam ao compromisso com grupos sociais marginalizados, como pessoas trans ou ribeirinhos. Atualmente, após a fase de discussão da ação particular de cada um, todos os coletivos se reúnem periodicamente para planejar os produtos desse contato tão potente, mirando na transmissão daquilo que seria a ação da psicanálise "na borda".

De borda, mas central à psicanálise, para mais uma vez marcarmos e retornarmos à essencialidade dessa clínica do social. Trabalho muito similar elas faziam ao que fez Freud a partir do V Congresso de Budapeste ao inaugurar as clínicas públicas, que logo se disseminaram por toda a Europa.[473] Compromisso que permitiu a Freud relatar que pôde "ajudar pessoas com as quais não possuía qualquer vínculo de raça, educação, posição social ou visão de mundo, sem incomodá-las em sua individualidade".[474] Para nós, apenas dois alunos de graduação em Psicologia encantados pela Psicanálise, ver aquilo, em frente aos próprios olhos, e poder compartilhar da posição freudiana em relação àquele compromisso, foi algo transformador. Uma dessas experiências que mudam completamente sua forma de se relacionar com a profissão – que, após um tempo, parece ser um dos últimos significantes que

---

471 > Conceição Evaristo, "A escrevivência e seus subtextos" in: Constância Lima Duarte, Cristiane Côrtes e Maria do Rosário A. Pereira (orgs.), *Escrevivências: a escrita de nós – reflexões sobre a obra de Conceição Evaristo*. Rio de Janeiro: Mina, 2020.

472 > Coleção de Zines Clínicas de Borda. SP: editora n-1: 2023.

473 > Elizabeth A. Danto, As clínicas públicas de Freud: Psicanálise e Justiça Social, 1918-1938. São Paulo: Perspectiva, 2019.

474 > Sigmund Freud, "Caminhos da terapia psicanalítica" [1919] in: Obras completas, v. 14. São Paulo: Companhia das Letras, 2010, p. 215.

você usaria para descrever sua posição enquanto analista ou estudante de psicanálise – e te faz ter a certeza do caminho que quer seguir: aquele do analista na cidade.

ultimas palavras

No Ocupação Psicanalítica, sustentamos a psicanálise como aquela que, como defende Lacan, é comprometida com a subjetividade de sua época, à qual acrescentamos nossa geopolítica. A prática clínica dos estudantes e profissionais que atravessam sua transmissão é profundamente moldada e influenciada pela lógica que ali se estabeleceu. Se Freud falava em defender a Psicanálise de médicos e sacerdotes, aprendemos que é preciso também defendê-la daqueles que temem, sob a insígnia de o racismo ser uma suposta pauta identitária, lutar contra ele. Escutar o sofrimento mental da população negra, entender os efeitos do racismo no psiquismo e se comprometer com uma clínica que não fecha os olhos (nem os ouvidos) para isso, é estar, mais do que nunca, levando o nome de Freud adiante e protegendo a Psicanálise daqueles que, avisados ou não, correm o risco de distorcê-la de sua finalidade original, que é tratar o sofrimento psíquico. Estar implicados e atentos à psicanálise com a marca do Brasil e suas problematizações, essa mesma que as nossas psicanalistas Isildinha Baptista Nogueira, Neusa Santos Souza, Virgínia Bicudo e Maria Lúcia Silva, dentre outras, expuseram anos atrás é um guia. Como lembra Braga,[475] elas foram propositalmente apagadas pela branquitude que ainda coloniza a psicanálise. Por isso, nossa aposta em ter no horizonte a subjetividade de sua época e não recuar frente ao trabalho que ela exige. Implicar-se, trabalhar, deslocar, movimentar. Tarefa que, desde 2020, o Ocupação Psicanalítica sustenta com seu desejo decidido!

---

475 > Ana Paula Musatti Braga, *Os muitos nomes de Silvana: contribuições clínico-políticas da psicanálise sobre mulheres negras*. São Paulo: Instituto de Psicologia, Universidade de São Paulo, 2016. Tese de doutorado.

PSILACS

@psilacs – ufmg – www.psilacs.org

> o núcleo psilacs (psicanálise e laço social no contemporâneo – universidade federal de minas gerais) articula transmissão, pesquisa e extensão em psicanálise em cinco frentes <

> programa já é – psicanálise, juventudes e cidade – coordenação: *christiane matozinho e fidias siqueira* <

> programa transmissão lacaniana – a letra de jacques lacan – coordenação: *ernesto anzalone e renata mendonça.* <

> programa interfaces – psicanálise, direito, interdisciplinaridade e contemporaneidade – coordenação: *adriana goulart, alexandre marcussi, camila nicácio, marina otoni, monica lima, paula penna, rodrigo lima* <

> programa conexão – radar psilacs nas redes sociais – *diego nery, fernanda dupin, julia alves, luna castro, sofia freire, victor felix, victor sidartha, vitor pimenta* <

> programa ocupação psicanalítica – psicanálise, clínica e antirracismo – O Coletivo Ocupação Psicanalítica, responsável pela realização deste volume, atua em quatro estados brasileiros (MG, RJ, ES e BA) e recebe financiamento das Chamadas Abertas e Públicas de 2020 e de 2022 do Edital Emenda Geral da Deputada Federal Áurea Carolina, a quem agradece a aposta num mundo sem racismo.

> coordenação geral: *andréa máris campos guerra* <

A Coleção Decolonização e Psicanálise, como movimento em elipse nas terras psicanalíticas, inaugura um programa continuado de descentralização. Às voltas com os impasses do horizonte da subjetividade de nossa época, criamos um espaço livre para formulação de perguntas sobre os alcances de nossa práxis, sobre os fundamentos de nosso saber, sobre o gozo singular que impera adestrado em nosso contemporâneo, sobre a ontologia do corpo falante e sobre a estética de mundo que daí deriva.

O programa pretende enumerar as perguntas para as quais já vivemos as respostas, sem termos criado o tempo de sua nomeação. A clínica psicanalítica, na sua experiência mais íntima com o falasser, é interrogada pelos movimentos sociais e feministas, pelas teorias críticas, pelo mal-estar colonial. E, desde fora, recebe o impacto do edifício pulsional, que atualiza modos de sofrimento, de resistência, de invenção. Esta coleção recolhe e testemunha em ato seus efeitos.

Em obras coletivas e obras autorais, nacionais ou estrangeiras, buscamos recolher o saber-fazer com o resto que escreve respiradouros para a Psicanálise. Sustentamos um espaço no qual o acontecimento traumático se escreve pela contingência do desejo. Seu desenho, cuja imagem se constitui a cada pincelada, subverte a ideia original ao tocar o real.

A cada nova obra, esperamos forçar a necessária presença desvelada da herança colonial nos confins do mundo em que habitamos: nosso corpo. Nossa geopolítica, latina, desde a qual a transmissão da psicanálise se renova universal na escuta singular, torna viva sua lâmina afiada. De nossa língua mãe de gozo, ensaiamos ler os contornos e os excessos de nosso agora.

Sinta-se parte.

Dados Internacionais de Catalogação na Publicação (CIP) de acordo com ISBD

O21 Ocupar a psicanálise: por uma clínica antirracista e decolonial / organizado por Andréa Máris Campos Guerra, Fábio Santos Bispo ; ilustrado por Thiago Balbino. - São Paulo : n-1 edições, 2023.
240 p. : il. ; 16cm x 23cm. – (Decolonização e Psicanálise)

ISBN: 978-65-81097-52-3

1. Psicanálise. 2. Decolonização. 3. Antirracismo. 4. Clínica. 5. Política. I. Guerra, Andréa Máris Campos. II. Bispo, Fábio Santos. III. Balbino, Thiago. IV. Título. V. Série.

2023-747 CDD 150.195
CDU 159.964.2

Elaborado por Odilio Hilario Moreira Junior - CRB-8/9949

Índice para catálogo sistemático:
1.! Psicanálise 150.195
2.! Psicanálise 159.964.2!

n-1 edições

O livro como imagem do mundo é de toda maneira uma ideia insípida. Na verdade não basta dizer Viva o múltiplo, grito de resto difícil de emitir. Nenhuma habilidade tipográfica, lexical ou mesmo sintática será suficiente para fazê-lo ouvir. É preciso fazer o múltiplo, não acrescentando sempre uma dimensão superior, mas ao contrário, da maneira mais simples, com força de sobriedade, no nível das dimenões de que se dispõe, sempre n-1 (é somente assim que o uno faz parte do múltiplo, estando sempre subtraído dele). Subtrair o único da multiplicidade a ser constítuida; escrever a n-1.

Gilles Deleuze e Félix Guattari